KB143252

명문가, 그 깊은 역사

명문가, 그 깊은 역사

500년 조선사회를 이끈 정신 ― 권오영 외 9인 지음

글항아리

고구려, 백제가 멸망한 이후 한국은 중국의 대륙문화에 예속되어 중국화의 길을 걸어왔습니다. 문자도 한문을 썼고, 문화도 중국 것을 본떴습니다. 세종대왕이 한글을 만들었다고는 하지만, 우리 역사는 그늘에 가려졌고 중국 역사만 우뚝이 서서 그 중심 줄기가 되곤 했습니다. 이른바 중국화의 길을 걸어온 것입니다.

그러던 중 17세기로 접어들면서 서세동점의 물결을 타고 서양의 해양문화가 닥쳐오자 대륙문명은 폐기되기 시작했습니다. 이에 따라 이른바 전통적인 가치인 중화주의는 버려야 할 것으로 치부되었고, 양반 유학자들도 나라를 망친 자들로 매도되곤 했습니다.

오늘날에는 서구의 가치가 보편적 가치로 자리잡게 되었는데, 이런 상황에서 동양적 가치를 재발견해 제3의 체제를 참조할 방법은 없겠는가 하는 고민에서부터 '뿌리회'가 만들어졌습니다. 즉 우리의 오랜 역사와 문화를 바탕으로 전통에서 현대에 맞는 좋은 것은 재창조하고 나쁜 부분은 과감하게 고쳐나가자는 취지에서 출발한 것입니다. 그리고 이런 역사적 운동에는 한국 명가名家의 지도자들부터 동참시켜야 한다는 뜻을 세웠습니다.

이렇게 2004년 5월 첫발을 내디딘 뿌리회에서는 한 해도 거르지 않고 매년 네 차례씩 조선의 명문가들을 찾아 그들이 이어온 역사의 맥을 짚고, 그들을 창窓으로 삼아 역사를 읽는 작업에 매진해왔습니다. 그렇게 시작한 것이 여태껏 120여 개 가문이 되며, 이로써 문중의 역사를 통해 조선의 역사를 읽는 작업을 진전시킬 수 있었습니다.

그런데 답사 때마다 자료를 찾고 글로 남긴 것들을 우리끼리만 나누기에는 무척 아쉽다는 생각이 들어 이를 '조선의 양반문화'라는 시리즈로 펴내게 되었습니다. 그동안 연구와 답사를 병행해온 필자들이 가진 생각은 가문을 제대로 알아야만 조선의 역사를 남김없이 꿰뚫어볼 수 있다는 것이었습니다. 그리하여 역사 답사 기행집들이 넘쳐나는 시대임에도 이 시리즈가 남다른 의미를 지닐 수 있을 거라 생각합니다.

이 시리즈는 앞으로 여러 명문가를 찾아다니는 작업을 좀더 심도 있게 해나갈 것이므로, 독자 여러분의 많은 관심과 질정을 바랍니다.

뿌리회 회장 이성무

예와 덕으로 조선왕조 500년을 지탱한 명가들

조선왕조는 성리학을 지배 이념으로 하여 성립한 중앙집권적 양반 관료 국가였다. 당시 지식인들은 유교 경전과 역사서를 공부해 과거를 통해 양반 관료로 나아갔다. 양반들은 이른바 학자적 관료들이다. 조선시대에는 어려서부터 학업이 넉넉해지면 벼슬길에 나아가는 것이 흔히 기대되던 바였다. 그러나 조선 후기에 접어들면 한정된 벼슬자리 때문에 과거에 합격했더라도 재야에 학자로 남아 연구와 저술에 매진하는 경향이 나타나기도 했다.

조선 양반사회를 500여 년간 지탱한 저력은 유교의 예禮와 덕德이었다. 불교사회를 대체할 새로운 유교 질서를 세우기 위해 이미 고려 말기부터 사대부 의례인 가례가 점차 보급되어나갔다. 이러한 사대부 가례는 16세기 후반 이후 그 연구가 철저하게 이뤄지면서 전국적으로 널리 퍼졌다. 오늘날 우리가 알고 있는 이른바 조선시대 양반 명가名家의 탄생도 조선 후기에 예학이 발달하면서 나타난 현상이다.

그런데 관료를 많이 배출했다고 해서 명가라고 할 수 있을까? 물론 전통 시대에 벼슬하는 인물을 얼마나 많이 배출했는가가 명가를 판가름할 중요한 기준이 될 수 있겠지만 관료 중에는 시세에 영합하거나 부패할뿐더러 무능한 이들도 많았던 까닭에 이런 기준을 쉬이 적용할 수는 없다. 그래서 벼슬보다는 오히려 학문과 예절을 숭상하는 것이 명가의 중요한 조건 중 하나라고 할 수 있다. 그러기 위해서는 가문에서 문집을 남긴 학자가 많이 나와야 했고 유교의 예를 실천하는 것이 중요했다.

명가를 찾아가보면 아직 조상을 모신 사당이 있고, 또 서당이나 서원도 남아 있다. 혹 경제적 여유가 있으면 정자나 정원 등을 만들어 문화생활을 즐겼던 것을 볼 수 있다.

이 책은 『조선을 이끈 명문가 지도』에 이은 두 번째 권으로 한양 조씨 정암 가문, 창녕 성씨 청송 가문, 창녕 조씨 남명 가문, 영일 정씨 송강 가문, 풍산 류씨 겸암·서애 가문, 무안 박씨 무의공 가문, 해주 오씨 추탄 가문, 파평 윤씨 명재 가문, 한양 조씨 주실 가문, 여주 이씨 퇴로 가문 등 모두 열 가문을 다뤘다. 머리말에서 왜 이 가문들을 주목해야 하는지, 그 간략한 내용을 다루고자 한다.

한양 조씨는 고려 말 조선 초 왕조 변혁기에 이성계 측에 가담하여 새 왕조의 건국에 주도적으로 참여한 가문이다. 한양과 경기 지역 일대에 세거하던 한양 조씨는 시간이 흐르면서 재지 기반을 확대했으며, 15세기 중반경에는 일부 계파가 용인 지역에 정착했다. 용인에 뿌리 내린 계파는 조온의 다섯째 아들인 조육과 그 후손들이다. 조육이 용인으로 터를 옮긴 뒤 한양 조씨는 조충손·조원상·조원기·조광조 등이 과거에 급제하면서 3대에 걸쳐 과거합격자를 냈다.

16세기 사림 세력의 영수는 조광조다. 그는 조선 사회에서 도학道學정치의 이상을 내걸고 이를 몸소 실천하여 보여줬다. 그는 일찍이 김굉필의 문하에 들어가서 학문을 닦았다. 당시 조선 사회는 아직 사장詞章과 도학이 팽팽히 힘겨루기를 하던 때였다. 조광조를 중심으로 중앙에 진출한 사림 세력은 도학정치의 이상을 실현하기 위해 여러 개혁정치를 추진했다. 그는 어진 선비들을 등용하기 위한 현량과 실시를 주장하여 이를 시행했다. 그러나 사화로 그의 꿈이 좌절되는 듯했는데, 다시금 선조의 즉위를 계기로 사림들이 정치를 주도하는 시대가 활짝 열렸다. 조광조가 뿌린 사림의 씨가 열매를 맺기 시작한 것이다.

조선 전기의 학자인 성현 스스로가 말했듯이 창녕 성씨는 조선조의 대표적인 명문 집안이다. 특히 이 가문은 조선 전기와 중기에 성삼문, 성담수, 성현, 성수침, 성혼 등 많은 관료와 학자를 배출했다. 이 책에서는 성수침과 성혼의 집안을 중심으로 살펴보았다. 성수침은 바로 조광조의 문인이다. 그는 파주와 서울 백악산을 중심으로 활동했다. 그의 아들 성혼은 이이와 가장 절친한 벗이었다. 이황과 조식이 성수침의 묘갈명과 제문을 지었고, 성혼과 이이는 이기심성理氣心性에 대해 진지하고도 깊이 있는 학문적 토론을 펼쳤다. 성혼의 삶의 자취와 제향 공간은 「청송당유지」와 파산서원을 통해 알 수 있다. 훗날 파평 윤씨 윤증을 중심으로 하는 소론 명가는 바로 성혼의 외손으로서 그 학통을 잇고 있다. 따라서 조선 성리학의 주요 학통을 이루는 조선의 대표적인 명가라 할 수 있다.

16세기 사화의 시대에 지식인들은 산림에 은거하는 처사의 삶을 살았다. 경기도 개성의 서경덕, 호남 태인의 이항, 충청도 보은의 성제원, 영남 산청의 조식이 바로 당대를 대표하던 산림 처사였다. 조식은 지리산 천황봉처럼 우뚝한 벽립천인壁立千刃의 처사였다. 그는 늘 성성자惺惺子라는 방울과 경의검敬義劍을 차고 생활했다. 조식은 자기 집 벽에 '경의敬義' 두 글자를 써서 붙이고 이 두 글자는 하늘에 해와 달이 있는 것과 같다고 말했다. 조식은 국왕 선조에게는 '군의君義' 두 글자를 올렸다. 그가 그린 「신명사도」 안에 '국군사사직國君死社稷'이란 말이 있는데, 이것은 국왕에게 나라가 누란累卵의 위기에 처했을 때는 사직을 위해 목숨을 바칠 수 있어야 한다는 강한 메시지를 표현한 것이다.

갑술환국 이후 영남 인물들은 정계에 진출할 수 있는 길이 막혔다. 그 뒤 영조 연간에 일어난 무신란은 영남 사람의 정계 진출을 더 어렵게 만들었다. 특히 조식의 학문적 기반이 있는 영남 우도는 시간이 흐를수록 벼슬에서 멀어져갔고 드러난 학자도 나오지 못했다. 그러던 중 19세기 중반에 이르러서 영남 우도에서 훌륭한 학자들이 배출되기 시작했다. 이들은 대부분 조식의 학문과 사상을 계승하고 있음을 표방하고 나섰다. 20세기를 거치면서 조식의 경의의 정신이 되살아나기 시작해 이 지역에서는 학자, 관료, 경제인이 다수 배출되었다. 그리고 오늘날 국내외에서 조식에 대한 연구도 활발하게 이뤄지고 있다.

영남과 마찬가지로 호남에도 조선조에 많은 명가가 있었고 오늘날까지 그 전통이 이어져 내려오고 있다. 기대승의 행주 기씨, 김인후의 울산 김씨, 고경명의 창평 고씨, 정철의 영일 정씨, 윤선도의 해남 윤씨 등이 호남의 명가를 대표한다. 이 책에서 다루는 호남 명가는 영일 정씨다. 영일 정씨는 고려 인종조에서 추밀원지주사를 지낸 정습명과 감무를 지낸 정극유를 시조로 하는 두 파로 나뉜다. 정철은 정극유의 후손으로 정유침이 그 아버지다. 정철은 선조대에 좌의정을 지낸 정치가이자 가사문학의 대가로서 윤선도와 함께 한국 시가사상 쌍벽으로 일컬어진다.

정철이 살았고 오늘날까지 그 후손이 살고 있는 담양의 지실마을은 북쪽으로 삼봉 중 장원봉 아래에 자리 잡고 있으며, 서쪽이 별뫼, 동쪽은 바리뫼와 괸돌마을로 나뉜다. 산과 강물의 풍광이 몹시도 잘 어울려 「성산별곡」의 산실이 된 식영정과 정철의 청소년 시절을 풍요롭게 해주었던 환벽당, 그리고 우리나라의 대표적인 원림으로 알려진 소쇄원 등도 모두 이 마을에 있다. 영일 정씨 정철 가문의 전통을 통해 학문과 예술을 만끽할 수 있을 것이다.

영남 안동에는 시례詩禮를 숭상해온 명가가 많다. 이황을 배출한 진성 이씨, 류운룡·류성룡을 배출한 풍산 류씨, 김성일을 배출한 의성 김씨 등이 대표적인 명가다. 이 책에서 다루는 풍산 류씨는 조선 후기는 물론이고 오늘날까지도 국내외에 널리 알려져 있는 명가다. 잘 아는 바와 같이 류성룡은 임진왜란 때 영의정으로 국난을 수습한 명재상이다. 그는 국가에 대한 충성과 백성에 대한 근심, 부모와 형제에 대한 효제의 투철함뿐만 아니라 국방과 경제에 관한 각종 대책을 입안하고 집행했던 경세가였다. 그의 사상과 학문을 계승한 후손들로는 류상조·류이좌·류도성 등이 널리 알려져 있다. 풍산 류씨의 터전인 하회마을은 2011년 세계 문화유산으로 등재되었다. 풍산 류씨 대종가인 양진당은 보물 제306호로 지정되었고, 류성룡의 종택인 충효당은 보물 제414호로 지정되어 있다.

영남 동해안에 위치한 영해에는 농수산물이 넉넉해 조선 후기에 탄탄한 경제적 배경을 기반으로 이름을 높인 가문이 많았다. 영해는 예부터 안동 지역 명문가의 혈연적·학문적 연대를 통해 이황의 학통을 계승하고 꽃피운 곳이라 하여 이른바 '소안동'으로 불렸다. 영해의 무안 박씨 가문은 고려의 멸망과 조선의 건국 과정에서 이성계를 중심으로 한 신흥 무인 세력과 연대했다. 이 무안 박씨가 영해에 정착하게 된 것은 박지몽에 의해서였다. 박지몽은 부모를 여의고 나서 백부 박이가 영덕군수로 부임한다는 소식을 접하고는 그를 수행해 영해에 함께 와서 정착했다고 전해진다.

영해의 무안 박씨 가문은 박의장에 의해 일약 명가로 부상했다. 박의장은 임진 왜란이라는 국가적 위기에 직면하여 10여 차례의 크고 작은 전투를 승리로 이끌면 서 이름이 났다. 무안 박씨는 박의장이 전공으로 높은 벼슬을 지냈을 뿐만 아니라 덕망도 높아 그를 현조로 받들고 종가를 구성해 결속을 다져나감으로써 영남 굴지 의 명가가 되었다.

오윤겸을 명조名祖로 하는 해주 오씨는 경기도 용인에 기반을 두고 있는 기호 지역의 명문이다. 이 가문은 1401년에 그려진 우리나라에서 가장 오래된 계보 기 록, 즉 「해주오씨족도」를 소장하고 있다. 오효충의 아들 오광정이 기초하고, 아들 오선경이 완성한 이 족도는 계보 연구에 매우 중요한 자료다. 오윤겸은 오효충의 후 손으로 성혼의 문인이다. 그는 일생 학문에 정진한 학자이자 고위 관료로서 청렴했 고 근면했다. 광해조에 절의를 지키고 반정 이후 영의정을 지냈으며, 이런 기반 위 에서 그의 조카 오달제의 절의와 손자 오도일의 문장, 그리고 현손 오명항의 훈공이 더해지면서 명문 집안으로서 발전해나갔다. 즉 도학과 충절, 문장과 훈업을 두루 갖춘 명가의 전통을 품고 있다.

파평 윤씨 노성파는 윤돈이 충청도에 정착한 뒤 세거하면서 형성된 문중이다. 경기도 파주에 살던 윤돈은 유연의 차녀 문화 유씨와 혼인하면서 처향인 충청도로 내려가서 노성 지역과 인연을 맺게 되었다. 그 시기는 16세기 중엽으로 추정된다. 윤돈의 후손 중에서는 문과급제자가 40여 명이나 배출되었다고 한다.

그 뒤 윤황의 아들 8형제가 이름을 드러냈는데, 윤증은 윤선거의 아들이다. 윤 증은 노성의 유봉 밑에 종학당宗學堂을 설립하고 문중 자제들을 교육시켰다. 윤증 을 명조로 하는 노성의 파평 윤씨는 연산의 광산 김씨, 회덕의 은진 송씨와 더불어 충청도를 대표하는 3대 사족의 하나다. 윤증은 17세기 호서 사림의 대표로서 호서 뿐만 아니라 중앙 정치에도 커다란 영향을 끼쳤고 효종 말년에는 학업과 행실이 뛰 어나 조정에 천거되었다. 그러나 그는 벼슬을 일체 마다하고 재야에서 생활하며 학문을 쌓아 '백의정승'이라 불리기도 했다. 조선 후기 이른바 노론·소론 간의 당쟁을 거론하면서 윤증의 파평 윤씨 가문을 살펴보지 않을 수 없다. 현재 논산 노성에는 윤증 종택이 잘 보존되어 있어 소론 명가의 모습을 확인할 수 있다.

영해의 인근 고을인 영양의 일월산 자락에 위치한 주실마을은 한양 조씨 집성 촌이다. 한양 조씨가 영남 지방으로 이주한 것은 기묘사화 때다. 조종이 새로운 삶의 터전으로 잡은 영남의 영주는 외가 및 처가라는 연고가 있었던 곳이다. 그 뒤 조원이 1535년 영양으로 이주함으로써 조씨가 영양 일대에 많이 살게 되었다.

주실 한양 조씨 가문은 조선 후기에 조덕순·조덕린 형제가 문과에 급제해 벼슬길에 나아가면서 영남의 명문으로 부상했다. 조덕순은 1690년 문과에 장원으로 급제해 여러 벼슬을 역임했다. 조덕린은 1728년 무신란이 일어나자 영남의 호소사로 임명되어 활동하기도 했다. 그 뒤 이 가문은 많은 학자를 배출했다.

주실 한양 조씨 가문은 영남 산골에 살면서도 다른 어느 가문보다도 더 일찍 개화에 눈을 떴다. 1899년 조종기·조인석·조두석 세 사람이 조창용·조술용과 함께 조병희를 따라 상경해 개화사상을 받아들였던 것이다. 오늘날 주실 한양 조씨가 각계각층에서 훌륭한 인재를 많이 배출하고 있는 것은 일찍이 서울을 오르내리면서 개화 문물을 앞서서 수용했기 때문이다.

주실마을에 가보면 18세기 말에 지어진 월록서당이 남아 있고, 마을 앞에는 문필봉이 솟아 있다. 오늘날까지도 주실 한양 조씨 가문의 종가는 세 가지를 남에게 빌리지 않는다는 '삼불차三不借'의 전통을 자랑한다. 첫째 양자를 빌리지 않고, 둘째 글을 빌리지 않고, 셋째 재물을 빌리지 않는다는 것이다. 주실 한양 조씨 명가의 전통은 이같이 면면히 이어지고 있다.

여주 이씨 밀양파는 15세기 초에 서울에서 밀양으로 이주하여 근 600년간 시례를 숭상해온 명가로 영남의 유림사회에서 아주 높은 명망을 유지해왔다. 그 가운데 여주 이씨 퇴로 가문은 이종극의 아들인 이익구와 이능구, 이명구 삼형제가 1890년에 세거지인 밀양 단장면 무릉리에서 부북면 퇴로리로 이주한 뒤에 형성된 명가다.

퇴로 가문은 영남에 내려온 뒤 영남의 명가는 물론이고, 근기 실학의 종사인 이익 일가와도 밀접한 관계를 맺어왔다. 이 가문은 19세기 후반의 급격한 사회 변동 속에서 전통적인 유학의 가치를 고수하면서도 이익에서 허전으로 이어지는 근기 실학의 학통과 학문을 계승함과 동시에 새로운 세계에 적응할 신학문을 수용해 교육했고, 또 각종 사회 공헌 활동을 펼쳤다. 현재 퇴로리에는 쌍매당, 천연정, 청덕당, 서고정사 등 고가들이 잘 보존되어 있다. 이 책에 실린 글을 통해 빛나는 명가의 법고의 전통과 더불어 창신의 정신도 함께 느낄 수 있을 것이다.

조선은 붓을 숭상한 문치주의의 나라다. 조선 명가의 인사들은 문文을 좋아하고 도덕적 수양과 예의를 중시했다. 그래서 스스로 마음을 수양할 줄 알았고 예의와 염치를 덕목으로 삼았다.

이 책은 뿌리회에서 해마다 네 차례 명가를 탐방한 결과물이다. 회원들은 명가의 현장에 가서 현조의 사당을 참배하고 종가를 둘러본 뒤 후손들을 만나 사라져 가는 우리의 역사와 문화와 전통을 배우고 재해석하는 작업을 하고 있다. 이 책에 실린 명가의 후손들이나 이 책을 읽는 독자들이 도덕과 충절, 문장과 예의에 힘쓴 우리나라 명가의 전통을 깊이 있게 이해하고, 그 명가의 전통 속에 배어 있는 정신을 찾는 일에 함께하기를 바라 마지않는다.

2014년 3월
저자들을 대신하여 권오영 씀

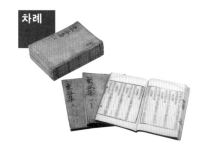

차례

1장

조선 사회에 도학정치의 이상을 실천하다

— 한양 조씨 정암 가문 이근호

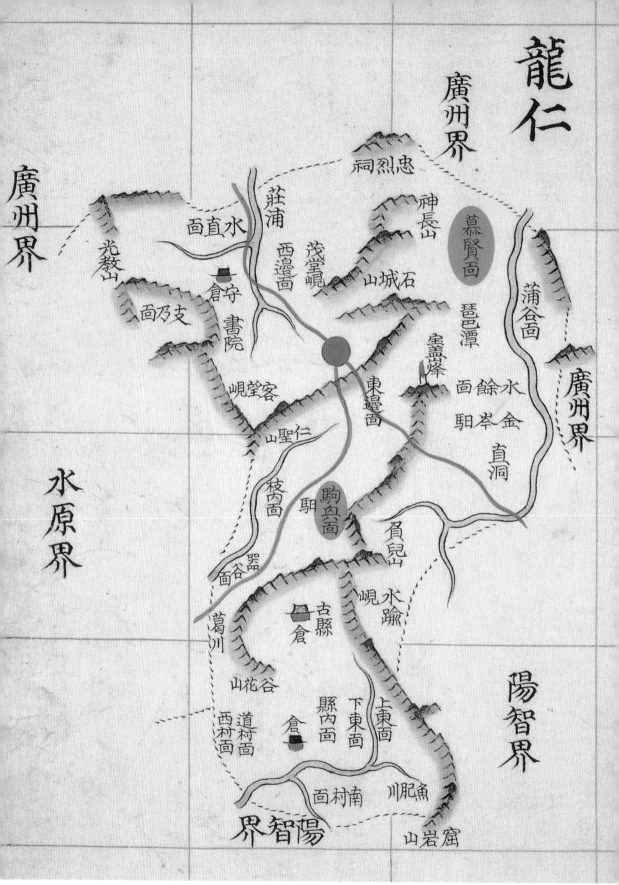

「용인지도」, 종이에 채색, 47.7×34.2cm, 조선 후기, 장서각.

한양 조씨, 조선 건국에 세운 공功

한양 조씨는 조지수趙之壽를 시조로 한다. 한양으로 본관을 두게 된 것은 조지수가 당초 한양에 정착한 것이 계기가 된 듯하다. 그러나 조지수는 말년에 영흥 용진현龍津縣으로 옮겨갔고, 이후 후손들이 한동안 이곳에서 세거했다. 그런 이유로 조지수의 증손인 조돈趙暾은 용진인으로, 조휘趙暉는 용진현인으로 분류되었다. 또한 조돈은 용성부원군에 봉해졌고, 고손인 조인벽趙仁璧은 용원부원군에 봉해졌다. 용성과 용원은 용진현의 다른 이름이다.

조돈의 초명은 조우趙祐로, 그는 충숙왕 때 출사해 여진족의 포로가 되었던 백성 60여 가구를 쇄환하는 공을 세웠고, 감문위낭장·좌우위호군을 비롯해 공민왕 때는 검교밀직부사를 역임했다. 조돈의 아들 조인벽은 호군·밀직부사·판사·만호·강릉도원수·판의덕부사 등을 지냈고, 공민왕 때는 홍건적에게 함락되었던 개경을 수복하는 공을 세워 2등공신에 책록되었으며, 우왕 때는 왜구를 물리치는 데도 공을 세웠다. 1390년(공양왕 2)에는 위화도회군을 성공시켜 회군공신에 봉해졌다.

조선이 건국되면서 역사적으로 많은 변화가 뒤따랐는데, 한양 조씨 가문에도 새로운 전기가 되었다. 즉 세거지가 영흥 용진에서 시조가 처음에 거주했던 한양으로 바뀐 것으로, 이때부터 명실상부 한양은 본관지이자 세거지가 되었다. 고려 말 조선 초 왕조 변혁기에 한양 조씨 일원은 이성계 측에 가담해 새 왕조를 건국하는 데 주도적으로 참여했다. 그 결과 조영무趙英茂와 조인옥趙仁沃은 한산부원군으로 봉군되었고, 조온趙溫은 한천부원군으로, 조연趙涓은 한평부원군으로 관향의 지명 에 따라 봉군되는 등 당대에 집안의 위상을 높였다.

조인옥은 고려 말 이성계에게 위화도회군을 종용한 인물로 알려져 있으며, 회 군이 성공한 뒤 남은 등과 이성계의 추대를 적극 추진했다. 이 공이 인정되어 그는 회군공신과 개국공신 1등에 책봉되었으며, 태조 사후에는 이화李和·이지란李之蘭· 조준趙浚 등과 함께 배향공신에 선정되었다. 조영무는 조선 개국의 공으로 개국3등 공신에 봉해지고 이어 태종이 집권하는 데도 공을 세워 정사공신과 좌명공신 1등 에 책봉되었으며, 우정승과 도총제 등을 지냈다. 뿐만 아니라 그는 태종묘정 배향 공신이 되었다. 조연은 초명이 조경趙卿으로, 일곱 살 때 음서로 산원散員에 보임되었 고, 우왕 때 진사시에 급제했으며 공양왕 때는 열아홉 살의 나이에 공조총랑에 제 수되었다. 조선 개국 초에 태조를 측근에서 보좌했고, 태종 때는 좌명공신에 책록 되었다. 이때 조연에게는 노비 6구와 전田 60결, 내구마 1필, 은 25냥 등이 내려졌다. 세종조에는 우의정에 제배되기도 했다. 조온은 개국공신과 정사공신, 좌명공신 등 3훈勳에 모두 참여해 한천부원군에 봉해졌고, 관직이 좌찬성에 이르렀다.

한양 조씨 일원이 이렇게 이성계 측에 참여해 활동하고 그 성과로 대거 봉군이 된 것은 당시 이성계와 중첩하여 혼인관계를 맺은 것이 중요한 계기가 되었다. 즉 조 인벽은 이성계의 매부로, 그의 부인은 이성계와 남매간인 정화공주貞和公主다. 그뿐 아니라 시간을 거슬러 올라가면 조인벽의 증조부인 조휘의 딸이 이성계의 조부인 도조度祖 이춘李椿의 부인이다. 즉 이성계의 조모가 한양 조씨 조휘의 딸이다. 이것 으로 봐도 한양 조씨와 조선 왕실의 관계는 상당히 밀착되어 있었음을 알 수 있다.

조선 건국을 전후하여 한양 조씨는 경기지역에 재지 기반을 마련했다. 조영무 가 광주廣州 퇴촌 일대에 자리를 잡았고, 조온은 교하에 기반을 확보했다. 이들이 재지 기반을 마련한 근거는 사패지賜牌地였다. 이와 관련해서 1398년(태조 7) 이른바

조선 사회에 도학정치의 이상을 실천하다

[그림 1] 고려 말 조선 초 한양 조씨와 전주 이씨의 혼인 관계

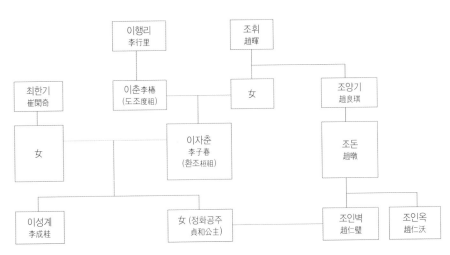

제1차 왕자의 난 이후 조온이 정사2등공신에 책봉되고 포상한 내용을 담은 문서가 전한다. 이른바 '정사공신조온사여왕지靖社功臣趙溫賜與王旨'다. 당시 조온에게 사여된 토지는 양주부를 비롯해 개성, 마전 등 상당히 광범위한 지역에 걸쳐 있었으며, 교하 역시 포함되었다.

[표 1] 정사공신 조온이 사여받은 토지의 분포와 규모

지역	지번地番	면적(결結－부負－속束)
양주부	업자業字	5-0-4
견주	문자文字	16-33-3
견주	인자人字	10-42-9
교하	습자習字	10-0-0
개성	입자位字	4-14-0
광주	염자廉字	20-0-1
광주	초자招字	10-1-7
연안	초자草字	10-34-9
이천	화자禍字	15-0-0

강화	세자歲字	14-92-3
서원	황자皇字	10-0-0
마전	월자月字	5-8-5
마전	영자盈字	5-9-9
수원(영신)	신자臣字	10-0-0
수원(송장)	장자張字	5-0-0
계		151-38-0

＊출전: 허흥식, 『한국의 고문서』, 민음사, 1988

한양과 경기 일대에 세거하던 한양 조씨는 이후 시간이 흐르면서 재지 기반을 넓혀나갔으며, 15세기 중반경 일부 계파가 용인에 정착했다. 즉 조온의 다섯째 아들인 조육趙育과 그 후손들이었다. 조육은 사온서승을 비롯해 의영고사를 역임했는데, 이것은 후손들이 고사공파庫使公派를 이루는 계기가 되었다.

조육이 용인에 기반을 마련한 것은 이 지역 토성土姓 사족인 용인 이씨 이백지李伯持의 딸을 부인으로 맞으면서였다. 조육의 처가인 용인 이씨는 성종 연간에 편찬된 『동국여지승람東國輿地勝覽』 용인현 인물조에 이사위李士渭·이백지·이길보李吉甫가 오름으로써 당대에 상당한 위상을 지녔다. 이백지는 1385년(우왕 11) 문과에 급제한 뒤 강원도도관찰출척사를 거쳤으며, 태종 연간에는 동부대언·이조전서·형조전서를 거쳐 세종대에 전라도도관찰사를 지냈다. 용인 이씨는 용인지역 내에서도 모현촌·심곡·포곡 등지를 기반으로 했다. 조육이 용인 이씨의 사위가 됨으로써 이 지역에 뿌리 내릴 기반을 확보하게 되었다.

사림의 영수, 정암 조광조의 정치적 굴곡

조육이 용인으로 이거한 뒤 한양 조씨는 조충손趙衷孫·조원상趙元常·조원기趙元

조선 사회에 도학정치의 이상을 실천하다

『국조공신록』, 32.5×23.1cm, 19세기 말, 장서각. 1392년 녹훈된 조선조 최초의 공신인 개국공신에서 마지막 공신인 1728년 분무공신에 이르는 역대 공신들을 기록한 책.조인옥의 이름이 기재되어 있다.

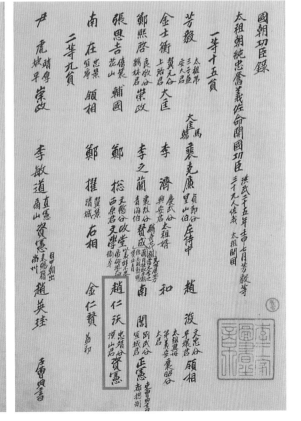

「삼공신회맹문」, 108.0×108.0cm, 1404, 국립중앙박물관. 1404년(태종 4) 11월 16일에 태종이 개국·정사·좌명공신과
함께 회맹할 때 작성한 공신회맹문으로, 조영무는 태종이 집권하는 데에도 큰 공을 세웠다.

王旨

推忠恊賛開國定社功臣資憲大夫商議門下府事兼都評議使司事義興三軍府左軍同知節制使漢川君趙溫

宗社爲子切勞重大可賞是去有等以功臣録券付楊州土古漢陽業字丁伍結隹東古見州土文字丁拾陸結叅拾叅員叁

卿矣段推誠恊謀定難功臣載安

束人字丁拾結隹拾貳員扒東交河土習字丁拾結開城留後司土古開城菊字丁隹結拾隹員廣州土簾字丁貳

拾結壹東招字丁內始面拾結壹員叅東延安府土草字丁拾結叅拾員牌昌扒束利川土禍字丁拾伍結江華土歲字丁拾里

結玖拾貳員叅東瑞原地皇字丁拾結麻田土月字丁伍結捌員伍束盆字丁伍結玖員玖束水原任內永新土邑字丁拾結泰

原任內松莊土張字丁伍結合田當幷壹佰伍拾壹結叅拾捌員乙賜與爲臥乎事是去子孫傳持領長喫持是良於爲教

建文元年貳月初八日伏奉

王旨安印

都承旨通政大夫經筵森賁官兼尙瑞月修文殿直學士知製教充藝文館修撰官知吏曹事臣李

紀·조광조趙光祖 등이 과거에 급제하면서 3대에 걸쳐 과거합격자를 배출했다. 조충손은 1442년(세종 24) 과거에 급제했고, 사예와 병조정랑을 지냈다. 그러나 계유정난과 관련해 피화됨으로써 정치적 좌절을 겪었다. 즉 조충손이 병조정랑으로 재직할 때 계유정난이 일어났는데, 이때 그는 수양대군 쪽 인사들로부터 안평대군의 복심腹心으로 병권을 장악했다는 빌미가 잡혀 변방으로 유배되었다가 사망했다. 조충손은 이후 1468년(세조 14)에 복권되었다.

조충손의 아들인 조원상과 조원기 등은 과거를 통해 중앙에 진출했는데, 조원기는 갑자사화 때 연루되어 처벌되었다가 중종반정 이후 중앙에 다시 나아가 성균관 사성을 시작으로 형조와 공조, 이조판서 및 좌참찬을 역임했다. 그는 1512년(중종 7) 대사간으로 있을 때 사림 세력이 소릉昭陵(문종비) 복위 문제를 제기하자 이를 적극 지지하는 모습을 보였다. 소릉은 문종비인 현덕왕후 권씨를 일컫는데, 현덕왕후는 통상의 예에 따라 사후 종묘에 부묘祔廟되었다. 그러나 1456년(세조 2)에 있었던 단종복위운동이 실패로 끝나면서 현덕왕후는 폐위되어 서인庶人으로 전락하고 종묘에서도 출향黜享되었다.

소릉 복위에 대한 논의는 성종대 이후 이따금씩 제기되었다. 이는 사림 세력이 성장하면서 세조 정권에 대한 인식이 변화하고 성리학적 의리가 고양된 결과였다. 이후에도 사림 세력은 소릉복위론을 끊임없이 제기했고, 결국 1513년(중종 8) 3월에 결실을 맺어 소릉 복위에 대한 전교가 내려졌다. 소릉복위론의 제기나 그 결정은 사림 세력의 성장과 맥락을 같이하면서 이뤄졌다고 할 수 있다.

조원기의 소릉 복위 지지는 그를 비롯한 한양 조씨의 정치적 성향 변화가 중요한 배경이 되었다. 한양 조씨는 친이성계 세력으로 활동한 대표적인 공신 가문이었다. 이 점은 길재吉再를 비롯한 사림 세력의 원류라 일컬어지는 인물들의 면면과는 다른 모습이었다. 그런데 이 시기 조원기의 정치적 자세는 한양 조씨 가문이 점차 사림 성향으로 전환해가는 것을 보여줬던 것이다. 조원기는 이후 안당安瑭·신상申鏛 등과 함께 훈구와 사림 가운데서 중도 입장을 견지하면서도 본격적으로 등장하는 사림 세력의 후원자 역할을 했다. 이런 변화를 배경으로 조광조는 이른바 '소학동자小學童子'로 말해지는 김굉필金宏弼에게서 학문을 배움으로써 사림 세력의 적통을 잇고, 사림의 영수로 활동하게 되었다.

조원기는 또한 한양 조씨 족보를 처음으로 편찬한 인물로 가문의 역사에서 중요한 위치에 섰다. 이때의 한양 조씨 족보는 그 가문에서 '갑신단권보甲申單卷譜'로 불린다. 족보 편찬 작업은 조원기의 부친인 조충손이 첫발을 내딛었다. 조충손은 가승家乘의 편찬을 위해 족친이나 인친姻親 등을 만나면서 상당한 자료를 모았지만 끝내 결과를 보지 못했다. 그리고 그 작업이 아들 조원기에게 이어졌으나, 그 역시 젊은 시절에는 과거 공부나 관직생활로 소홀했던 데다가 연산군 때 발생한 갑자사화에 연루되어 귀양가면서 그나마 수집했던 기록들이 여기저기 흩어졌다. 조원기는 이후 관련 자료를 다시 수습해 1524년(중종 19)에 마침내 족보를 완성했다.

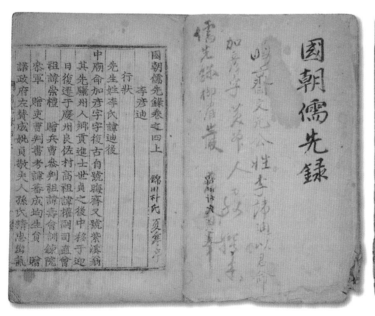

『국조유선록』, 20.7×31.8cm, 소수박물관. 1571년 유희춘이 선조의 명을 받들어 편찬한 책으로 김굉필, 정여창, 조광조, 이언적 등 사현四賢의 행적을 담았다. 선조는 "이언적의 문집은 내가 이미 보았으나 김굉필·정여창·조광조는 모두 불세출의 현작들인데 남긴 저술이 어찌 없겠는가. 경은 나를 위해 찬집하여 올리도록 하라"고 명하였다.

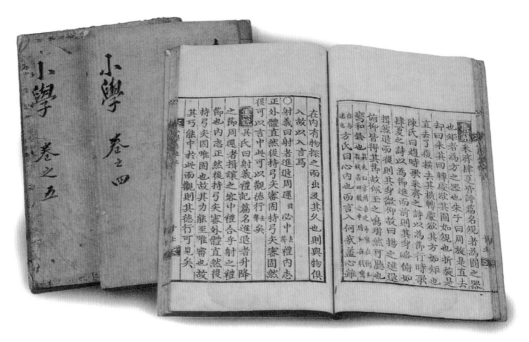

『소학』, 조선시대, 유교문화박물관. 조광조는 성리학적 사회질서를 수립하기 위한 방법으로『소학』을 보급하고 이를 실천할 것을 강조했다.

조원기의 주도로 이뤄진 족보 편찬은 당시 사회에서 물론 새로운 것은 아니다. 잘 알려져 있듯이 현전하지 않지만 문화 유씨 족보가 이미 오래전에 간행되었고 이후 안동 권씨 족보를 비롯해 16세기 들어 전의 이씨, 남양 홍씨 등의 족보가 간행되었기 때문이다. 그럼에도 한양 조씨 가문에서는 처음으로 족보가 제작되었다는 데 중요한 의미가 있으며, 그 주도적인 역할을 조원기가 맡았던 것이다.

용인으로 이거한 뒤 집안의 정체성을 다지는 데 기반이 될 족보 편찬 등이 이뤄지던 16세기 전반 한양 조씨 집안에 역사상 걸출한 인물이 등장하니, 그가 바로 조광조다. 조광조는 1515년(중종 10) 이조판서 안당의 추천으로 김식金湜 등과 함께 중앙에 진출, 이후 사림 세력의 영수로 활동했다. 그는 부친 조원강의 주선으로 김굉필 문하에 들어가 배움을 얻었다. 또한 성균관에 들어가서는 당시 성균관대사성으로 있던 유숭조柳崇祖의 훈도 아래서 생활하기도 했다.

조선 사회에 도학정치의 이상을 실천하다

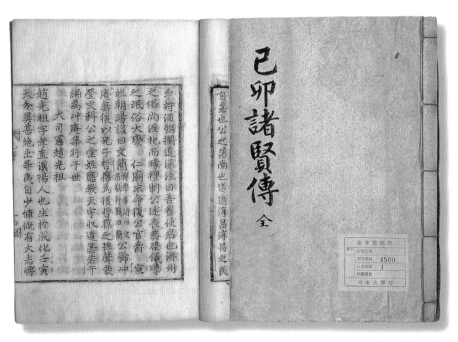

『기묘제현전』, 김육, 1639, 규장각한국학연구원. 기묘사화己卯士禍로 화를 입은 선비들에 관해 그 전기를 서술한 것이다.

이 시기 조광조의 정계 진출은 즉위 후 반정공신 세력에 의해 친정親政의 기회를 잃었던 중종이 대부분의 공신이 사거한 뒤 정치 혁신을 꾀한 것과 관련 있었다. 조광조를 중심으로 중앙에 진출한 사림 세력은 도학정치道學政治의 이상을 실현하기 위한 제반의 개혁정치를 추진했다. 군주의 수신을 위한 경연의 강조라든지 언로의 개방 등과 함께 도교 제사 기관인 소격서의 혁파를 주장했다. 아울러 정치질서를 회복하고자 잘못된 공신을 삭제하자는 위훈삭제 운동을 펼치기도 했다. 또한 어진 선비들을 등용하기 위해 현량과賢良科를 실시할 것을 주장, 이를 관철시켰다. 사회적으로도 사림들의 자치自治를 중시하면서 성리학적 사회질서를 수립하기 위한 방편으로 『소학』의 보급과 그 실천을 강조했고, 지방 사림들의 자치 기구인 유향소留鄕所의 복립을 추진했다.

그러나 사림들이 추진하던 각종 개혁은 결국 공신 세력의 견제를 받아 기묘사

『정암선생문집』에 실린 소격서 폐지를 건의하는 글, 31.2×20.6cm, 조선 후기, 국립중앙박물관.

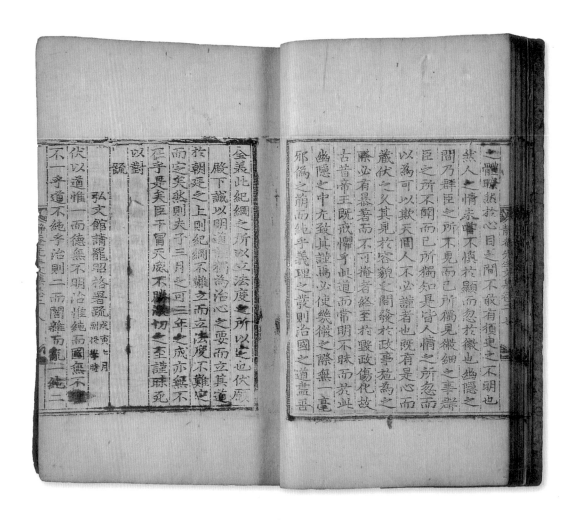

화가 일어나면서 무위로 돌아갔다. 조광조 역시 전라도 능주로 유배되어 그곳에서 사사되었다가 다음 해 선영이 있는 용인으로 이장되었다. 조광조를 위시한 당시 사림들의 실패에 대해 율곡 이이는 다음과 같이 진단했다.

기묘년에 조광조가 중종의 예우를 받아서 크게 사업할 가망이 있었으나, 나이가 적은 선비로서 일하는 것을 점진적으로 하지 않아 소요騷擾함을 면하지 못해서 소인이 이 틈을 타 사림을 해쳤습니다. 지금까지 정사를 맡은 사람들이 기묘년의 일로써 경계를 삼으니, 기묘 인물들이 일을 함에 점차로 하지 못한 것은 비록 실수였다고 해도 어찌 금일처럼 전혀 일을 하지 않는 것보다야 낫지 않겠습니까.(이이, 『석담일기』 상권 1573년(선조 6))

이 시기 한양 조씨는 당대에 내로라하는 성씨들과 통혼권을 형성했다. 이 가운데 먼저 주목되는 가문은 남양 홍씨로, 승지 홍형洪洞이 조광조의 고모부다. 홍형의 아들로 훗날 영의정을 역임한 홍언필洪彦弼이 있는데, 홍형 집안은 당대에 대표적인 훈구 계열의 가문들과 통혼권을 이루고 있었다. 홍언필의 처가인 여산 송씨 송질 가문, 홍언광의 처가인 남원 양씨 양성지 가문, 홍세필의 처가인 기계 유씨 유여림 가문 등이 이에 속한다. 이밖에도 홍언필의 아들들로 홍섬의 처가인 진주 유씨 유순정 가문과 홍담의 처가인 창녕 조씨 조구서 가문 역시 공신 계열의 가문이다. 단 16세기 남양 홍씨는 이런 가운데서도 홍형·홍식·홍한 등 무오사화와 갑자사화 때 피화인을 배출하면서 사림적 성향으로 전환하고 있었다.

이외에도 한양 조씨 가문은 여흥 민씨 민의閔誼를 사위로 맞아들이는데, 민의의 부친은 좌찬성을 지낸 민승서閔承序였다. 민승서는 세종의 왕자인 밀성군 이침의 처부이기도 하다. 이들 가문 외에 이 시기 한양 조씨의 인척으로 주목할 만한 가문은 조광조의 처가인 한산 이씨다. 조광조의 처가는 그중에서도 이색李穡의 셋째 아들인 이종선李種善의 계통을 잇는 가계로, 조광조의 처조부가 이한李垾이고, 처부가 이윤형李允洞이다. 이한은 세조 연간 문과에 급제한 뒤 이조정랑을 역임했으며, 좌

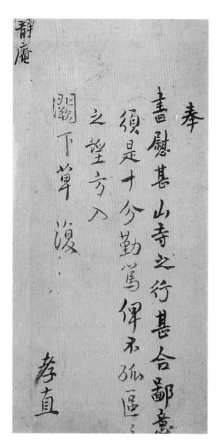

서간, 조광조, 26.0×13.0cm, 조선시대, 성균관대박물
관. 서간의 글씨는 결구가 넉넉하면서 선획이 순박하게
진행되어 글쓴이의 인품이 잘 드러나 있다.

의정을 지낸 김광국金光國의 사위다. 이 시기 한산 이씨의 일원으로 조광조와 정치
적 동지관계였던 인물이 이자李粍다. 그는 이색의 둘째 아들인 이종학의 현손이므
로 혈연관계로 따진다면 조광조와는 조금 거리가 있다. 그러나 인척간이라는 사실
은 그들이 정치적 동맹을 더욱 굳건히 다지는 요인이 되었을 것이다.

이처럼 이 시기 한양 조씨의 혼인은 일부 훈구 계열 가문 외에도 새롭게 정치세
력화하던 사림 계열 가문과도 관련 있다. 이러한 통혼관계는 조충손이 정치적 사
건에 연루되어 죄를 입었음에도 불구하고 복직되고 이후 한양 조씨 가문에서 과거
합격자가 계속 배출되면서 중앙정치에서 입지를 넓힐 수 있었던 보호장치로 기능했
다. 뿐만 아니라 조광조 등이 중앙 정치에서 사림의 영수로 활동할 수 있었던 사회
적 배경이 되기에 충분했다.

조선 사회에 도학정치의 이상을 실천하다

조광조 친필.

세상의 큰 유자, 정암의 문묘종사

　기묘사화로 조광조 등 사림 세력이 화를 당한 뒤 이들이 추진했던 현량과도 폐지되고 그들이 추진했던 개혁도 모두 부정되었다. 그러나 역사는 사림이 정치, 사회, 문화 등 각 분야를 주도하는 방향으로 흘러갔다. 이런 상황에서 조광조의 복권 문제가 거론되었다. 조광조 사후 이 문제가 처음 제기된 것은 중종대 후반으로, 당시 의정부 좌찬성이었던 김안국이 그의 관작 회복을 주장하고 나섰다. 김안국은 김굉필과 조광조의 제자로 당시 사림을 대표하던 인물이었다. 그를 비롯한 사림 세력이 자신들의 활동에 명분을 얻고자 할 때 조광조의 신원은 반드시 이뤄져야만 했다. 당시 김안국의 주장은 받아들여지지 않았다. 그러나 그로부터 몇 년이 지난 1545년(인종 1) 성균관 유생 등이 상소를 올렸는데, 이것이 받아들여지면서 조광조의 관직이 회복되었다.

　선조의 즉위를 계기로 사림들이 정치를 주도하는 사림정치가 본격화되었다. 이때 사림들은 자신들의 정치적 명분을 확보하고 구정치를 청산하기 위해, 앞서 기묘사화와 을사사화에서 화를 당한 사림계 인사들의 신원을 요구했다. 조광조도 그중 한 명으로, 기대승을 비롯해 이황·노수신 등 당대 사림을 대표하던 인물들을 통해 그의 신원이 거론되었다. 결국 조광조는 1568년(선조 1) 영의정으로 추증되었고, 1570년(선조 3)에 문정文正이라는 시호가 내려졌다. 영의정으로 추증하면서 내린 선조의 전교 일부를 옮겨본다.

　죽은 대사헌 조광조는 세상에 드문 순수하고 아름다운 자품으로서 사우師友 연원淵源의 전수를 얻었고 도학을 드러내 밝혀 세상의 큰 유자儒者가 되었다. 중종의 신임을 받아 충성을 다하고 정성을 다해 임금을 요순과 같이 만들고 백성을 요순 시대의 백성으로 만들고자 학교를 일으키고 교화를 밝혀 사문斯文을 부식扶植하는 것으로 자기 임무를 삼았다. (…) 즉위한 초반에 국시國是를 정하지 않을 수 없고

　　　　　조선 사회에 도학정치의 이상을 실천하다

靜庵趙先生謫廬遺墟追慕碑記

嗚呼此 靜庵趙先生謫廬而仍為臨命之遺址也嗚呼今奪去己卯之歲百四十有九年而

學士大夫慕其學黎民肯徒懷其澤愈久而愈不忘皆曰使我東偏知君臣父子之倫免夫

狄禽獸之域者 先生賜也其過此者無不蕭然發敬嗚呼呼此孰使之然就其秉彝之心自

然而怵俞嗚呼彼家自景舟之逸果何人我蓋我箕邦自殷師以後上下數千年間道學理

昧聞有鄭圃隱金寒暄諸賢前後倡明之然其承洛建之淵源志唐虞之熙雍卓然以明德

新民為此學之標準者則肇自 先生不可誣也 先生諱光祖字孝直漢陽人成化壬寅

生焉正德庚午進士壯元乙亥及第官至大司憲己卯十一月禍作是月謫居于此其屋主

官奴文厚從也望月二十日後 命至焉今 上丁未則崇禎紀元之四十年也本州收

學其何可忘嗚呼斯可以銘矣四月丙辰後學崇亨銘曰水不忍廢地不忍荒嗚乎正

閔侯汝老懼久而尖其慶建碑以表之音程夫子顏樂亭銘

酒世子貳師宋時烈記正憲大夫原任議政府左參贊兼成均館祭酒 世子侍講院貳

善宋浚吉書通政大夫守忠清道觀察使兼兵馬水軍節度使巡察使閔維重篆

「정암조광조선생추모비」, 송준길 서書·송시열 기記·민유중 전篆, 종이에 탁본, 164.0×79.2cm, 고예가.

선비의 풍습을 바르게 하지 않을 수 없다. 이는 곧 선왕의 뜻을 잇고 이를 계승하는 일로서 세상의 도를 옮기는 것은 이 한 가지 일에 달렸다. 이에 큰 벼슬과 아름다운 시호를 추증하여 사림의 나아갈 방향을 밝히고 백성의 큰 소망에 보답할 것이니, 이를 이조에 내리라.(『선조실록』 권2, 1년 4월 11일)

이제 조광조는 사림의 적통을 잇는 자로서 위상을 점해 사림사회에서 추앙되었다. 조광조에 대한 추증이라는 성과를 이룬 사림들은 이후 김굉필·정여창·조광조·이언적, 그리고 이황 사후에는 이황까지 포함한 이른바 동방 5현에 대한 문묘 종사를 추진했다. 그러나 사림들의 요구를 경솔하게 시행할 수 없다는 선조의 의지로 당시에는 이뤄지지 못하고 1610년(광해군 2)에 가서야 교서가 반포되며 결정되었다.

조광조의 복권, 추증, 문묘 종사를 거치면서 그를 제향하는 서원들이 세워졌다. 대표적인 곳이 양주의 도봉서원道峯書院으로, 1573년(선조 6) 양주목사로 부임한 남언경南彦經이 주도해 도봉산 밑 영국사지寧國寺址에 지었다. 당시 서원 건립은 조광조의 문인인 백인걸白仁傑·허엽許曄·박소립朴素立 등이 주도해 전국적으로 추진되었다. 이듬해인 1574년에는 김우옹金宇顒·유희춘柳希春 등의 청에 따라 사액이 내려졌다.

당대 사림사회에서의 조광조의 위상을 반영하듯 도봉서원은 건립 때부터 중앙 관원들의 관심을 받아 경비가 조달되었고, 사액 후에는 국가로부터 막대한 전답을 받음으로써 경제적 기반을 확립했다. 이후에도 동교東郊에 폐지된 목마장을 재원으로 받기도 했고, 사림 개개인의 부조도 끊이지 않았다. 도봉서원은 도성 인근에 위치해 있으면서 조광조의 도학을 기리는 제향처라는 상징성을 갖게 되며 당색을 떠나 명사들의 발길이 끊이지 않았다.

도봉서원 이외에도 조광조를 제향하는 서원으로 1570년(선조 3) 능주에 죽수서원竹樹書院이 건립되었고, 1650년(효종 1) 용인 조광조의 묘소 아래에 심곡서원深谷書院이 세워졌다.

당초 용인에는 1576년(선조 9)에 이계·이지 등이 주도해 포은 정몽주와 정암 조

심곡서원, 경기도 용인시 수지구 심곡로 16-9 소재.

충렬서원, 경기도 용인시 모현면 능원리 118-1 소재.

양주 도봉서원에서의 춘향제.

[표 2] 조선시대 조광조 제향 서원

명칭	소재지	건립 시기	사액 시기	제향 인물
죽수서원竹樹書院	능주	1570년(선조 3)	1570년(선조 3)	조광조, 양팽손
도봉서원道峯書院	양주	1573년(선조 6)	1573년(선조 6)	조광조, 송시열
상현서원象賢書院	희천	1576년(선조 9)	1690년(숙종 16)	김굉필, 조광조
정원서원正源書院	신천	1588년(선조 21)	1710년(숙종 36)	주희, 조광조, 이황, 이이
도동서원道東書院	송화	1605년(선조 38)	1698년(숙종 24)	주희, 조광조, 이황, 이이
인산서원仁山書院	아산	1610년(광해군 2)		김굉필, 정여창, 조광조, 이언적, 이황, 기준, 이지함, 홍가신, 이덕민, 박지계
소현서원紹賢書院	해주	1610년(광해군 2)	1637년(인조 15)	주희, 조광조, 이황, 이이, 성혼, 김장생, 송시열
흥현서원興賢書院	영흥	1612년(광해군 4)	1617년(광해군 9)	정몽주, 조광조
죽림서원竹林書院	여산	1626년(인조 4)	1665년(현종 6)	조광조, 이황, 이이, 성혼, 김장생, 송시열
정퇴서원靜退書院	온양	1634년(인조 12)		조광조, 이황, 맹희도, 홍가신, 조상우, 강백년, 조이후
심곡서원深谷書院	용인	1650년(효종 1)	1650년(효종 1)	조광조
봉강서원鳳崗書院	문화	1656년(효종 7)	1675년(숙종 1)	주희, 조광조, 이황, 이이
미원서원迷源書院	양근	1661년(현종 2)		조광조, 김식, 김육, 남언경, 이제신
망덕서원望德書院	정평	1668년(현종 9)		정몽주, 조광조, 김상헌, 조익, 민정중
약봉서원藥峯書院	영변	1688년(숙종 14)	1707년(숙종 33)	조광조

*『증보문헌비고』 학교고에 의거함

광조를 향사하기 위해 세워진 사우인 충렬사가 있었다. 사우가 창건된 곳은 죽전으로, 이곳이 정몽주와 조광조의 묘소로부터 중간 지점이었던 것이다. 사우가 건립되자 포은 정몽주를 주향으로 하고, 정암 조광조를 종향으로 하여 신위를 봉안했다. 그러나 충렬사는 임진왜란 와중에 소실되었다. 충렬사는 이후 1605년(선조 38) 이정구가 경기관찰사로 부임하면서 중수를 본격적으로 추진했고, 이후 충렬서원으로 사액을 받았다. 다만 이제 충렬서원은 정몽주를 모시는 대표적인 서원으로 자리잡았고, 대신 정암 조광조를 제향하기 위해 그의 묘소 아래에 독립된 사우가 세워졌다. 그곳에 대해 1631년(인조 9) 진사 유문서柳文瑞 등이 사액을 요청했으나, 이미 도봉서원과 죽수서원에 사액한 터에 또다시 사액을 하는 것은 부당하다는 인조의 판단에 따라 실행되지 못했다. 그러던 중 1649년(효종 즉위) 10월 용인지역 유생 심수경沈守卿 등이 다시 요청해 마침내 사액되었다. 정암은 경기 도봉서원·심곡서원 외에도 전국 각처의 서원에 배향되었다.

'해동대현海東大賢' 가문의 빛과 그늘

조광조가 문묘에 종사됨으로써 이후 후손들은 선현先賢의 후손으로 대접받아 봉사손을 중심으로 음직蔭職이 제수되었다. 조광조 가문은 둘째 아들인 조용趙容에게로 이어졌다. 조광조의 증손 조의현趙義賢이 감역監役에 제수되었고, 조의현의 아들 조송년趙松年에게도 음직이 제수되었다. 조송년은 1629년(인조 7) 오수찰방에 제수되었고, 1638년에 내시교관과 빙고별검, 1639년에 회덕현감을 거쳐 1647년에 평시서령을 지냈으며, 1648년에 금산군수의 벼슬이 내려졌다가 같은 해 임소에서 사망했다. 조송년의 아들 조한수趙漢叟는 1652년(효종 3)에 제릉참봉을 시작으로 이후 군자감봉사를 지냈다.

조한수 사후에는 아들 조원붕趙遠朋이 어렸던 까닭에 조한수의 동생인 조위수

趙渭叟에게 관직이 주어져, 그는 1663년(현종 4) 종묘서봉사를 시작으로 전설서별검·종부시직장을 거쳐 1668년에 형조좌랑과 영평현감을 지냈고, 숙종 초인 1675년(숙종 1)에 익산군수에 제수되었으나 이듬해 모친의 병이 위중하다며 휴가를 받았다가 재직하는 곳으로 되돌아가기 어렵다고 하여 파직되었다. 1677년에 다시 호조정랑에 제수된 뒤 이후 강화부경력과 남원부사·부평부사·오위장·공주목사를 지냈고, 1692년(숙종 18)에는 수원부사, 1693년에 나주목사에 제수되었으나 병으로 부임하기 어렵다는 정장呈狀을 받고는 다시 수원부사에 제수되었다.

한편 조위수의 행적 가운데 주목할 만한 점은 남원부사로 있을 때 정암의 문집 간행을 주도한 사실이다. 정암 문집의 간행은 17세기 후반에 이뤄졌는데, 정황상 두 경로에서 각각 추진된 듯하다. 하나는 서울 유생들이 주도한 듯하며, 그 중심인물은 이기주李箕疇였다. 이기주는 본관이 전주로, 훗날 이기홍李箕洪으로 이름을 바꾸었다. 그는 이지렴과 송시열의 문인이었는데, 1689년(숙종 15) 기사환국으로 제주에 유배된 송시열을 변호하다가 회령으로 귀양갔으며, 1694년(숙종 20) 갑술환국 이후 서인 정권하에서 집권 세력의 추천으로 자의諮議에 제수되기도 했다. 이기주를 중심으로 한 정암의 문집 간행은 그가 송시열의 문인이라는 사실로 볼 때, 송시열이 추진했던 도통道統의 확립 차원에서 이뤄진 듯하다. 다른 문집은 남원부사 조위수가 이기주와 별도로 간행을 진행했던 것으로 보인다.

이렇게 두 경로로 추진되던 정암의 문집 간행은 대구 서씨 서문숙徐文淑의 중개로 공표되었다. 당시 서문숙은 이기주가 중심이 되어 추진하던 정암의 문집 편찬 작업을 남계 박세채에게 맡겨 추진하고 있었다. 서문숙은 이 같은 사실을 서찰을 통해 조위수에게 알리고, 정확한 명칭이나 지역이 어딘지는 알 수 없으나 조광조를 모시던 일부 서원에서 돕겠다는 의사도 전달했다. 서문숙이 도봉서원 원임을 지낸 사실로 미루어 본다면 그 서원은 바로 도봉서원이었을 것으로 여겨진다. 아울러 송시열과 김수항에게 서문을 청한 사실도 통보했다.

서문숙의 서찰을 접한 조위수는 매우 황당해하면서 자신은 원래 서문을 구할 뜻이 없었다며 서문숙의 제안을 거부했다. 그러고는 독자적으로 문집을 간행한 듯하다. 이런 사실은 훗날 박세채가 찬한 정암집 발문에서 확인할 수 있다. 박세채는 조위수가 간행한 문집이 자신이 편수한 것과 상당히 다르고 부록도 소략할 뿐 아니라 연보도 누락되었음을 지적했다. 그리고 자신은 이런 이유로 사림들의 협조를 받아 경상감영에서 다시 간행하게 되었음을 언급했다. 현재 전하는 문집에는 박세채의 발문 외에도 송시열이 찬한 서문이 같이 실려 있어 당시 조위수가 남원에서 간행한 판본과는 다른 것으로 추정된다.

　정암이 문묘 종사된 인물이고 당시 사림사회에서 차지했던 정신사적 위상으로 볼 때 그의 문집 간행 과정에서의 역할은 사림의 정통 혹은 도통道統을 계승한다는 측면에서 중요한 의미를 갖는다. 박세채가 발문을 찬하고 송시열이 서문을 찬한 이유도 바로 이 때문이었다. 그럼에도 이 과정에서 가문 일원과 갈등을 보이는데, 이와 관련해 훗날 조위수의 행장을 찬한 이서우李瑞雨는, 송시열 등의 서문을 거부한 사실로 인해 조위수가 "시배들과 크게 거슬리게 되었다大忤時輩"고 표현했다. 이것은 문집 간행 과정에서 조위수 등 가문의 일원과 송시열 등 서인들 사이에 틈새가 벌어졌음을 알려준다.

　조위수와 서인의 갈등은 17세기 이후 정암 가문의 혼맥과도 관련이 있다. 부록으로 첨부한 가계도에 따르면, 조위수의 처가는 서인으로 인조반정에 큰 공을 세운 전주 이씨 이서李曙 가문이다. 또한 조위수의 딸 가운데는 서인 계열의 남양 홍씨 홍수량洪受亮과 혼인한 이도 있다. 그러나 17세기 이래 정암 가문의 통혼은 대체로 당시 남인 내 유력 가문과 이뤄진 점이 주목할 만하다.

　예를 들어 14세 조송년의 처가인 안동 권씨 권이중權履中 가문은 숙종 연간 남인을 대표하던 권대운·권대항 등과 같은 집안이다. 15세 조한수는 인조 연간 남인계를 대표하던 우복 정경세의 손녀를 부인으로 맞았고, 조기수는 박지계의 손녀를 역시 부인으로 맞이했다. 또한 15세의 딸들 가운데 한 명은 진주 유씨 유명천과 혼인함으로써 당대 남인 내 명가들과 인연을 맺었다. 뿐만 아니라 16세 조십붕의 처가는 전주 이씨 이수광 가문으로 그의 처는 이당규의 딸이었고, 17세 조문보의 처가는 숙종대 남인 정권의 대표 가문인 여흥 민씨 민희 가문이었으며, 조덕보의 처가는 동복 오씨 오정항 가문이었다. 그리고 이를 통해 한양 조씨는 연안 이씨 이관 징 가문이나 진주 강씨 강대수 가문 등과 연결되는 등 17세기 이후 대개 남인 내 유력 가문들과 통혼이 이루어졌다. 그런 까닭에 문집 간행 때 송시열의 서문을 받지 않고 독자적인 간행을 한 듯하다.

한편 이런 사회적 관계는 여기서 그치지 않고 영조 집권 초반 정치적 사건에 연루되면서 가문은 위기를 당했다. 먼저 정암의 봉사손인 조문보가 1726년(영조 2)에 일어난 홍성룡의 옥사에 연루되었다. 이 사건은 민진원의 발의로 제기된 옥사로, 홍성룡 등이 경종 연간에 국왕의 비답批答을 위조했다는 죄목으로 발생했다. 이때 조문보가 이 옥사에 연루되어 수감되었으나, 그는 정암의 봉사손이라는 이유로 해가解枷의 특혜를 받았다. 그러나 여기서 주목할 점은 민진원 등 당시 노론 세력에게 한양 조씨 정암 가문이 공격 대상이 되었다는 것이다. 아마도 노론은 정암 가문이 당시 남인계에서 위상을 얻어감에 따라 촉각을 곤두세우고 감시했을 것이다. 이것이 결국 영조 4년 무신란으로 완전히 표면에 드러났던 것이다.

주지하듯이 1728년(영조 4) 무신란은 영조의 왕위 계승 과정에 의문을 제기하며, 영조를 폐위시키고 대신 밀풍군 탄을 왕위에 올리기 위해 이인좌 등 남인과 소론 세력 일부가 일으킨 반란이었다. 이 사건에 가담한 남인계는 대개 서울과 강원도, 경기 일대에 세거하던 가문들이 중심으로, 조문보의 처가인 여흥 민씨는 반란의 대표적인 주도 세력이었다. 훗날 반란 세력이 진압되고 이들에 대한 토죄가 진행되는 과정에서 보은현감으로 재직하던 조문보는 승도들을 이끌고 반란군에 참여하기로 했다는 사실이 드러나 몇 차례 친국에서 추문을 당하기도 했다. 이후 수습 과정에서 조문보 외에도 조원보나 조덕보 등의 가담 사실이 드러났다. 결국 조문보는 반란의 주도 세력으로 처벌받았다.

조광조의 봉사손 조문보의 반란 가담 사실은 조야에 충격이었다. 더구나 조문보가 죽음을 맞음으로써 절손絕孫 또한 문제가 되었다. 그리하여 한동안 입후立後 논의가 없다가 1738년(영조 14)에 이르러서야 비로소 송인명의 건의에 따라 봉사손을 다시 세우는 문제가 조정에서 논의되기 시작했다. 대가 끊김으로 인해 조광조의 사판祠版(신주)은 의탁할 땅이 없어졌다. 1745년(영조 21) 풍덕 유학幼學 박유朴維 등은 상소에서 그 쓸쓸함을 묘사하기를, 홍주洪州에 있던 조광조 사우에 향화香火가 영원히 끊기고, 용인에 있는 조광조 무덤은 거의 황무지가 되었다고 진술했다. 박유 등의 언급이 사실인가를 논할 필요는 없을 것이다. 다만 후손을 잇지 못함으로 인한 조광조 가문의 고단한 상황을 짐작하기에 충분하다.

문묘에 종사된 정암 가문의 이런 상황은 도통을 중시하던 당시 사회에서 지나칠 수 없는 사안이었다. 앞서 송인명의 건의는 그러한 차원에서 제기된 것으로, 정암 봉사손의 입후가 조야에 시급한 문제로 떠올랐다. 1746년 이 문제가 조정 대신들 사이에서 논란이 되었는데, 당시 영의정 김재로는 조위수의 셋째 아들인 조익붕 계열로의 이종移宗을 건의한 바 있다. 그러나 이때 결정을 내리지 못했고 이후 1767년(영조 43) 조익붕도 대를 이을 자손이 없으니 조위수의 넷째 아들인 조일붕의 손자 조사엄이 봉사손으로 적당하지 않겠는가라는 의견이 개진되었다. 이 논의는 봉사손에게 관직을 제수하라는 하교가 내려져 진행된 것으로, 당시까지 조광조의 봉사손에 대해서는 결정이 내려지지 않았음을 알 수 있다. 이에 대해 영조는 조광조 가문의 쇠락을 안타까워하면서 속히 논의해 결정하도록 지시했다. 다음 해에 결국 예조판서 한광회의 보고로 조사엄이 봉사손으로 결정되고 관직이 제수되었다.

조광조 가문에 이처럼 위기만 있었던 것은 아니다. 17세기 후반을 거쳐 18세기 이래 조광조는 국왕들의 존숭 대상이 되었다. 숙종은 『정암집』을 읽고 그 느낌을 「독정암집유감讀靜菴集有感」이라는 어제로 표현했고, 영조는 앞서 언급한 바와 같이 몇 차례 후손들을 등용할 것을 지시하는 한편 그를 일컬어 '해동대현海東大賢'이라 칭하기도 했다. 정조대에도 후손들에게 벼슬자리뿐 아니라 치제문을 내리는 등 숙종대 이후 국왕들에 의한 조광조의 포장襃獎은 지속되었다.

여기에는 당연히 국왕들의 정치적 의도가 있었다. 즉 앞선 17세기 사림정치 시기에 조광조는 주로 사림들에 의해 포장되었는데, 이는 사림들이 도통의 맥을 계승했음을 천명하기 위한 것이었다. 그러나 17세기 후반 탕평책이 정국에 시행되고 왕권이 강화되는 와중에서 국왕들은 조광조의 포장을 통해서 앞서 사림들이 차지했던 도통을 자신들이 장악함으로써 군사君師로서의 이미지를 확고하게 구축하려던 의도가 아니었을까 한다. 그렇더라도 국왕들의 이 같은 포장은 조광조 개인에게는 영광이며, 후손들에게 가문을 유지하는 데 중요한 매개가 되었음을 부정할 수 없다.

정암의 흔적들, 서원 건립과 사은정

조광조 묘소는 경기도 용인시 수지구 상현동 심곡서원 맞은편 응봉산(236미터) 산자락 남동쪽에 자리잡은 한양 조씨 세장지에 안장되어 있다. 조광조는 유배지인 화순에서 사망한 다음 해에 선영이 있는 용인으로 이장되었다. 그 묘역을 조성하고는 그의 사적을 기록한 신도비를 건립했다. 묘는 정경부인貞敬夫人으로 추증된 이씨 李氏와의 합장묘이며, 원형의 봉분이다. 신도비 앞면 상단에는 전자篆字로 "문정공정 암조선생신도비명文正公靜庵趙先生神道碑銘"이라 횡서橫書했다. 비문은 노수신盧守愼이 짓고, 이산해李山海가 글씨를 썼으며, 김응남金應南이 전액을 썼다.

묘소 전면부에는 정암을 모시는 심곡서원이 있다. 심곡서원은 1650년(효종 원년)에 사액받았으며 흥선대원군이 서원철폐령을 내렸을 때에도 무사했던 47개 서원 중 하나로, 선현들의 제사와 지방 교육을 담당했다. 사액을 받을 때 양팽손梁彭孫을 추가 배향했다. 1673년(현종 14)에 강당을 중건했고, 1974년과 1975년에 중수했다. 강당 안쪽 벽에는 숙종 어제어필의 현판을 비롯해 「심곡서원 강당기深谷書院 講堂記」 「심곡서원 중건기深谷書院 重建記」 「심곡서원 중건상량문深谷書院 重建上樑文」과 총 18개 조문의 「심곡서원 학규」가 걸려 있다. 장서각에는 67종 486책이 소장되어 있었다고 하나 1985년에 도난당해 현재는 『정암집』 외에 몇 권만 남아 있다. 서원 서쪽 담장 밖에는 조광조가 직접 심었다고 전해지는 수령 500년쯤 된 느티나무가 경기도 보호수로 지정되어 있다. 느티나무 앞에는 연당이 있다.

묘소와 서원 인근에는 조광조가 용인에서 주로 활동하던 무대인 사은정四隱

조광조 묘소와 신도비.

亭이 있다. 지금의 경기도 용인시 기흥구 지곡동 기와집 마을이다. 사은정은 중종 11년 족인族人인 조광보趙廣輔·조광좌趙廣佐와 한산 이씨 이자李耔가 조성한 곳으로, 취봉산과 보개산 사이에 위치했다. 이곳은 조광조 등이 학문을 강론하던 곳인 동시에 당시 사림 세력들의 집결지와 같은 기능을 했다. 특히 조광조와 이자는 도의지교 道義之交를 맺을 만큼 막역한 사이였다. 이곳은 사림 세력의 구심점이 되어 중종대에는 핵심 위치로 활약했다.

사은이라는 명칭은 '은거하면서 농사짓고, 나무 하고, 고기를 낚고, 약초를 캐는 네 가지 즐거움'을 뜻한다. 1796년(정조 20)에 정암 조광조와 음애 이자, 회곡 조광좌, 방은 조광보 선생의 후손들이 힘을 합쳐 정자를 고쳐 지었는데, 서재書齋를 다시 짓고 방도 만들었으며 단청도 다시 했다. 1876년(고종 13)에는 정자를 지은 지 오래되어 훼손된 탓에 후손들이 이를 중창했으며, 1925년과 1988년에 보수 공사를 해 오늘에 이른다는 기록문도 배치되어 있다. 사은정 인근에는 사은고개가 있다. 경기도 용인시 기흥구 지곡동 하동마을과 보라동 음지촌을 연결하는 고개로, 사은현·사은고개·사은정고개·사은정이고개·산쟁이고개 등으로 불리다가 최근에 사은정고개로 표기되었다. 사은정에서 유래된 지명이다.

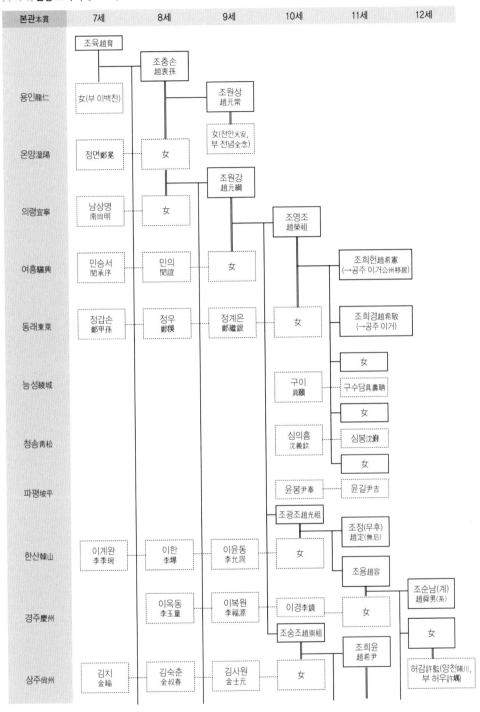

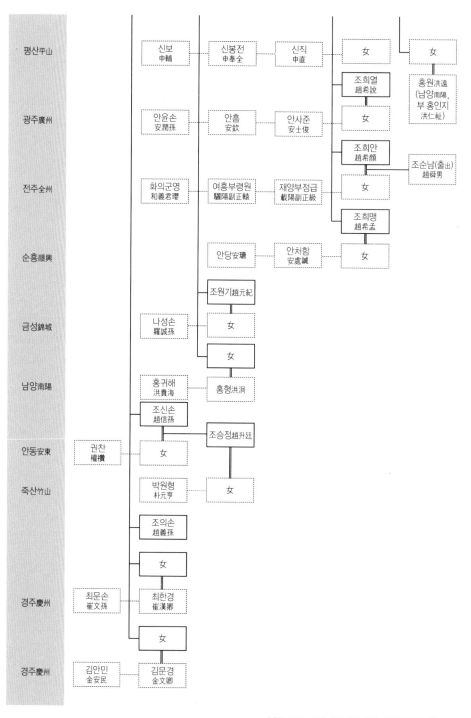

평산平山		신보 申輔	신봉전 申奉全	신직 申直	女	女

조희열 趙希說

홍원洪遠 (남양南陽, 부 홍인지 洪仁祉)

| 광주廣州 | 안윤손 安潤孫 | 안흠 安欽 | 안사준 安士俊 | 女 |

조희안 趙希顔

조순남(出出) 趙舜男

| 전주全州 | 화의군영 和義君瓔 | 여흥부령원 驪陽副正轅 | 재양부정급 載陽副正級 | 女 |

조희맹 趙希孟

| 순흥順興 | | 안당安瑭 | 안처함 安處諴 | 女 |

조원기趙元紀

| 금성錦城 | 나성손 羅誠孫 | 女 |

女

| 남양南陽 | 홍귀해 洪貴海 | 홍형洪泂 |

조신손 趙信孫

조승정趙升廷

| 안동安東 | 권찬 權攢 | 女 |

| 죽산竹山 | 박원형 朴元亨 | 女 |

조의손 趙義孫

女

| 경주慶州 | 최문손 崔文孫 | 최한경 崔漢卿 |

女

| 경주慶州 | 김안민 金安民 | 김문경 金文卿 |

*「漢陽趙氏大譜」권9 庫使公派, 2005에 근거참

조선 사회에 도학정치의 이상을 실천하다

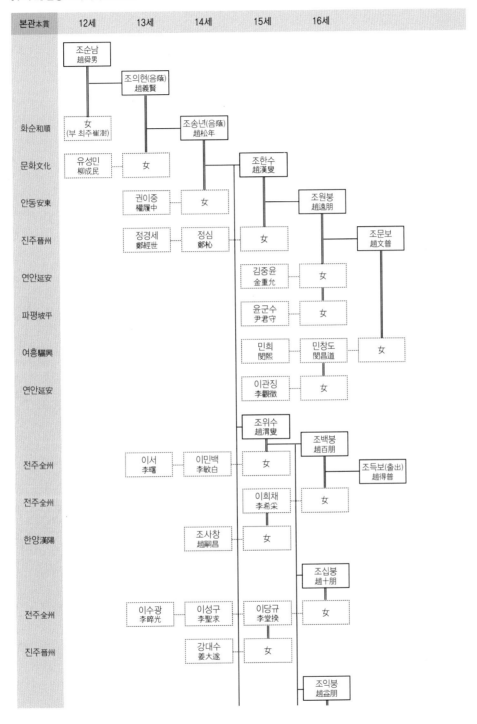

본관本貫	12세	13세	14세	15세	16세

화순和順

문화文化

안동安東

진주晉州

연안延安

파평坡平

여흥驪興

연안延安

전주全州

전주全州

한양漢陽

전주全州

진주晉州

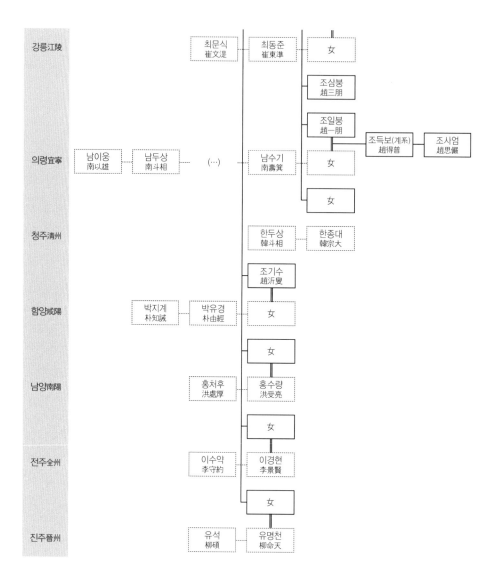

강릉江陵		최문식 崔文湜	최동준 崔東準	女
의령宜寧	남이웅 南以雄	남두상 南斗相	(…)	남수기 南壽箕

조삼붕
趙三朋

조일붕
趙一朋 — 조득보(계系)
趙得普 — 조사엄
趙思儼

女

女

청주淸州			한두상 韓斗相	한종대 韓宗大

조기수
趙沂叟

함양咸陽		박지계 朴知誡	박유경 朴由經	女

女

남양南陽		홍처후 洪處厚	홍수량 洪受亮	

女

전주全州		이수약 李守約	이경현 李景賢	

女

진주晉州		유석 柳碩	유명천 柳命天	

*『한양조씨대보漢陽趙氏大譜』권9 고사공파庫使公派, 2005에 근거함

【 2장 】

은군자와 도학자를 배출한 조선의 명가

— 창녕 성씨 청송·우계 가문 권오영

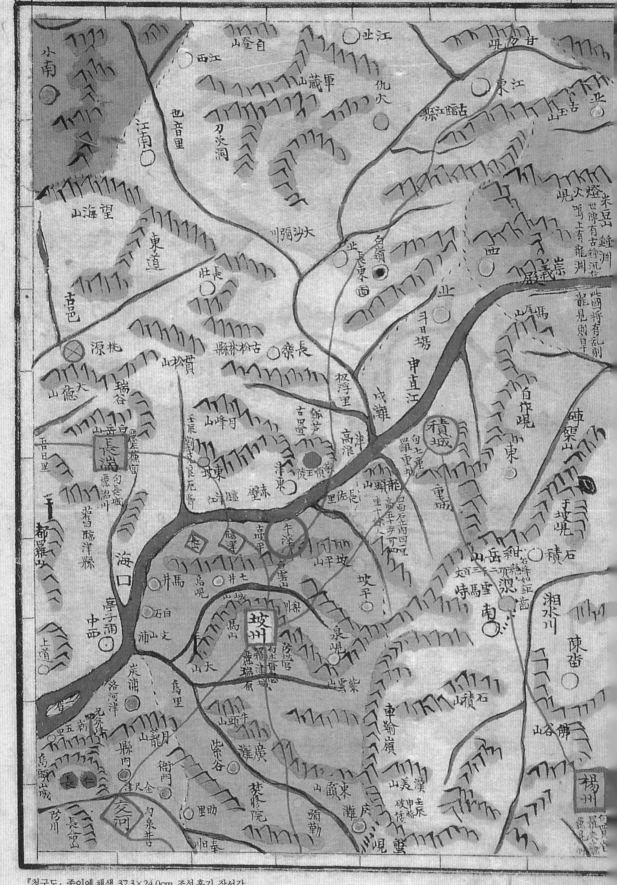

『청구도』, 종이에 채색, 37.3×24.0cm, 조선 후기, 장서각.

창녕 성씨, 조선의 명문으로 떠오르다

　　조선 중기의 학자 성현成俔은 자신의 저술인 『용재총화慵齋叢話』에서 "지금 문벌이 성하기로는 광주 이씨가 으뜸이고 그다음이 우리 창녕 성씨昌寧成氏"라고 했다.

　　창녕 성씨는 조선 전기 대표적인 가문의 하나로 성삼문成三問, 성담수成聃壽, 성현成俔, 성수침成守琛, 성혼成渾 등 많은 인물을 배출했다. 창녕 성씨는 고려 때 향리직인 호장중윤을 지낸 성인보成仁輔를 시조로 하여 세계가 이어져 내려왔는데, 성수침과 성혼 부자를 중심으로 그 가계를 살펴보면 [그림 1]과 같다.

　　창녕 성씨는 성여완成汝完(1309~1397)이 조선 개국에 공을 세우면서 집안이 크게 일어난다. 그는 1336년(충숙왕 복위 5년)에 문과에 급제해 예문춘추관 검열이 되고, 군부 정랑과 양광도 안렴사를 거쳐, 상서우승·지형부사·어사중승·전법 판사 등을 역임했다. 그 사이에도 해주와 충주 목사로 나갔고, 첨서밀직·정당문학 등으로 승진되었다. 조선 개국 초에는 나라의 기로耆老로서 검교문하시중에 임명되어 창성부원군昌城府院君이 되었다. 그 성품이 간결하여 화려한 것을 좋아하지 않았고, 아들을 가르치는 데에도 법도가 있었다고 한다.

　　성여완은 고려 말 관직으로 나아가 조선 개국에 공을 세움으로써 가문이 조

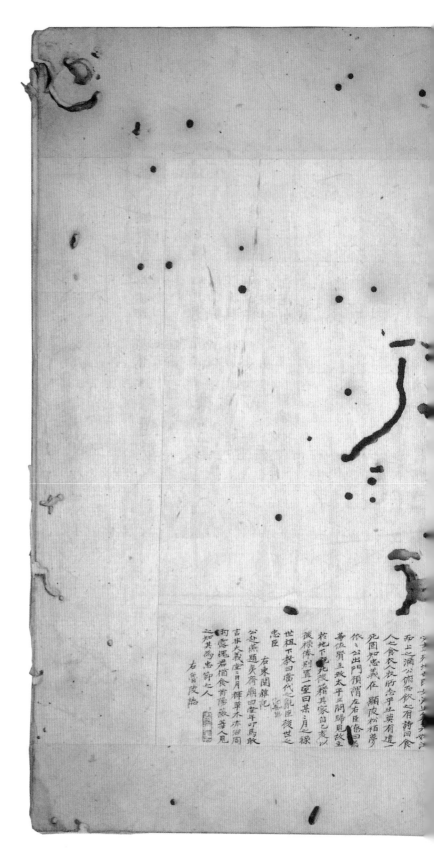

「이기가 시은 '학鶴 판관을 송별하며'」, 성삼문, 종이에 먹, 35.5×23.2cm, 경남대박물관. 당나라 시인 이기가 지은 시를 성삼문이 행초로 쓴 작품이다.

世宗朝科湖
堂重試承旨
世祖朝與朴彭
年等謀復
魯山事覺誅
後伸贈職賜
謚六臣之一
能文章

成渼亭

送郝判官

楚城木葉落夏口春山殘鴻雁向南時

天寒使者傳楓林常水辭夜火明

縣子遲送行人蔡柯如眠其江遠清漢東

逶迤舟望荊雲相巖戲雁別衰橫

風俗爲金踦馬贈家池

公赴上京時有人以鷺障子求詩呈示其本公走筆先成二句後出示乃水

墨圖也遂足成之詩曰雪汀汝等玉作趾窺奧幾多時偶欲飛過山

陰縣誤落義之洗硯池其人大驚

世宗命公見珮曾問音韻凡數返遠東十二廩

文宗人在承華春秋向高而光諸友東步之集誠其麤與之問舜時成三問等纂集致政敗歟衣帶一宵刻將半夜

鶴駕不出脫衣欲卧窓開戶外偶賢暮時謹甫公煌顧倒而輩學之勤千古崇人出全福一強送集賢巖橘盡盤中有詩曰

流禮偏宜異脆膏洞其橫香茶甘以御無書不高草行書怒代至奇覩

公生於洪州魯邑洞其外家生時空中有聞人語曰第三敢名爲人談歸放浪是學故名三問

光廟受禪左右從臣皆失聲痛哭無不飲泣壁庭顧有不存坐貶刑訊金宗瑞

爲集聞諸孟賢新功臣滿公脫之獨不護家內坐人勝及其弟三顧三頌皆死

公臨死有詩回擊鼓催人

令四百日次幸黃公共一百八人

[그림 1] 창녕 성씨 가계도

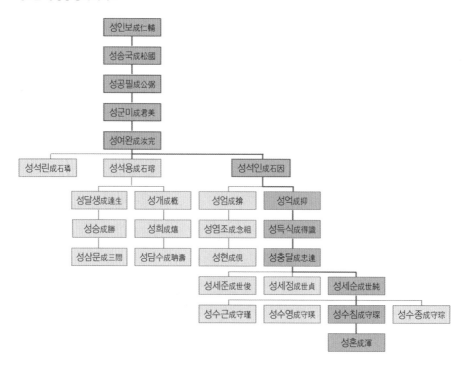

선조의 명문가로 발돋움할 수 있는 기반을 마련했다. 그의 세 아들이 모두 과거에 급제하고 높은 벼슬에 올라 창녕 성씨 가문은 더욱 번성한다. 맏아들 성석린成石璘(1338~1423)은 우의정을 지냈고 시호가 문경文景이며, 둘째 아들 성석용成石瑢(?~1403)은 보문각대제학을 지냈고 시호는 문숙文肅이며, 셋째 아들 성석인成石因(?~1414)은 예조판서를 지냈다. 조선 전기 창녕 성씨를 대표하는 인물은 이들 세 사람의 가계에서 배출되었다. 특히 성석용의 가계는 그의 증손인 성삼문과 성담수를 대표로 꼽을 수 있는데 이들은 각각 사육신과 생육신의 한 사람으로 단종의 복위를 도모하고 세조의 찬탈을 비판해 충절의 표상이 되었다.

성석인은 초명이 석연石珚이었는데, 나중에 인因으로 고쳤다. 1377년(우왕 3) 문과에 급제해 고려에서 지평과 경연강독관을 지냈다. 다시 조선왕조에서 강원도도관찰사, 충청도도관찰사를 거쳐 경연관, 대사헌, 예문관대제학과 형조·호조·예조

『월중도』중「창절사」(제5폭), 종이에 채색, 36.0×20.5cm, 보물 제1536호, 1820년대, 장서각. 생육신의 한 사람인 성담수가 배향되어 있다.

등의 판서를 두루 역임했다. 그는 예조판서로서 조정의 일을 의논하던 중 졸도하여 순직했다. 이에 태종은 3일간 조회를 정지하고 관리를 보내 대신 조문하도록 했다. 뒤에 우찬성에 추증되었다. 그에 대하여 사신史臣 유사눌柳思訥은 "행동이 온화하고 양순하여 청환과 요직을 역임했으나, 일찍이 교만하지 않았다. 그러나 중국 조정에 봉명 사신奉命使臣으로 가서 무역을 하여 돈을 벌었다는 비난을 면치 못했다. 예조판 서가 되어서 또 사리에 어둡다는 비난을 받았으나, 오히려 무슨 허물이 되겠는가" 라는 평을 남겼다. 아들로 성엄成揜과 성억成抑이 있다.

성억(1386~1448)은 음직蔭補으로 공정고주부가 되어 여러 벼슬을 거쳐 사헌감 찰과 공조 좌랑·정랑 등을 지냈다. 1414년(태종 14) 딸이 태종의 넷째 아들인 성녕 대군誠寧大君에게 시집가서 경녕옹주敬寧翁主로 봉해졌고, 1418년(세종 즉위)에 성녕 대군이 홍역으로 14세의 나이에 요절하자 상왕인 태종이 이를 애통히 여겨 그의 일 족을 공신의 예로 대우하도록 했다. 이로써 창녕 성씨는 조선의 대표적 문벌 가문 으로서의 위치를 굳혔다. 이후 그는 대호군, 중군도총제, 공조판서, 우찬성 등을 지 냈다. 판중추원사가 되었을 때 63세의 나이로 죽었고, 후에 좌의정에 추증되었다. 아들로 성득식成得識과 성중식成重識이 있다.

성억 이후 성득식과 그의 아들 성충달成忠達 대에 가문의 위세는 전만 못해졌다. 하지만 성충달의 아들 성세정成世貞, 성세순成世純 형제가 과거에 급제하면서 가문이 다시 일어났다. 성세순은 성종 때 과거에 급제해 뒷날 벼슬이 대사헌, 이조참판에 까지 이르렀다. 그는 평소 용모가 단정하고 진중하며 사람을 접대하는 데 있어 진실 했다. 이조참판이 되었을 때는 그의 집에 벼슬을 구하러 오는 자가 없을 정도로 청 렴했다. 성세순의 졸기에는 포부와 식견이 높았지만 변고에 대처함이 부족하다고 되어 있는데, 이는 연산군 때 벼슬한 것을 두고 한 말이다. 하지만 중종반정 이후 조정에 중용되어 제 역할을 했기 때문에 '전의 허물을 뉘우치는 것을 사思라 하고, 마음을 지켜 결단하는 것을 숙肅이라 한다'는 시법諡法에 따라 사숙思肅이라는 시호 를 받았다. 중종 때의 공을 인정한 것이다. 또 그가 죽던 날 김안국金安國은 '조정은 한 양좌良佐를 잃었다'고 탄식했다 하니 그에 대한 당대의 평가를 짐작케 한다. 성세순을 기점으로 그의 아들인 성수침, 손자 성혼은 조선 전기 창녕 성씨 가문의 학문적 위상을 높여주었다.

청송 성수침, 조광조 문하에서 공부하다

성수침成守琛은 1493년(성종 24) 2월 19일 서울에서 태어나 1564년(명종 19) 1월 25일 우계牛溪에서 죽었다. 그는 성종, 연산군, 중종, 인종, 명종 이렇게 다섯 임금의 시대를 살았는데, 이 시기 조선은 무오사화, 갑자사화, 기묘사화, 을사사화가 차례로 일어나 매우 혼란했다.

이러한 시국에도 불구하고 조선의 선비들은 성리학에 대한 이해를 심화시키며 토착화를 모색했다. 성수침은 성리학 자체에 대한 연구를 남기지는 않았지만, 벼슬하지 않고 은둔하면서 자기 수양에 온 마음을 쏟아 성리학에 대한 깊은 이해와 학문 자세를 보여주었다. 이를 통해 아들 성혼을 비롯해 당시 많은 선비에게 학문적으로 커다란 영향을 미쳤다.

그의 저서로는 『청송집聽松集』이 있지만 극히 적은 분량이며, 여느 문집과는 달리 그 자신의 학문에 대해 직접적으로 언급한 글을 찾아볼 수 없는 까닭에 그의 학풍과 인품을 깊이 살펴보기는 어렵고, 행장과 묘지명 등에 나타나는 언행을 통해 짐작해볼 뿐이다. 이황은 묘갈명에서 "누가 『은일전隱逸傳』을 짓는가誰傳隱逸/ 바라노니 선생을 쓸쓸하게 하지 말아서庶無落寞"라고 함으로써 성수침의 풍모를 은일로 나타냈다. 또한 아들인 성혼과 깊은 관계를 맺었던 이이는 그의 인품과 학문을 몹시 존경해 성수침의 행장을 직접 작성했을 뿐만 아니라, 조정에 포증褒贈을 청하는 데도 힘을 썼다. 이이는 그를 서경덕과 함께 추존하면서, "학문의 공은 비록 서경덕이 깊으나 덕기德器의 두터움은 성수침이 낫다"고 했다. 후대에 김창협 역시 "청송은 강학에 힘쓰지 않았지만, 그의 덕성은 혼후渾厚하고 실행이 순실醇實했다. 비록 은

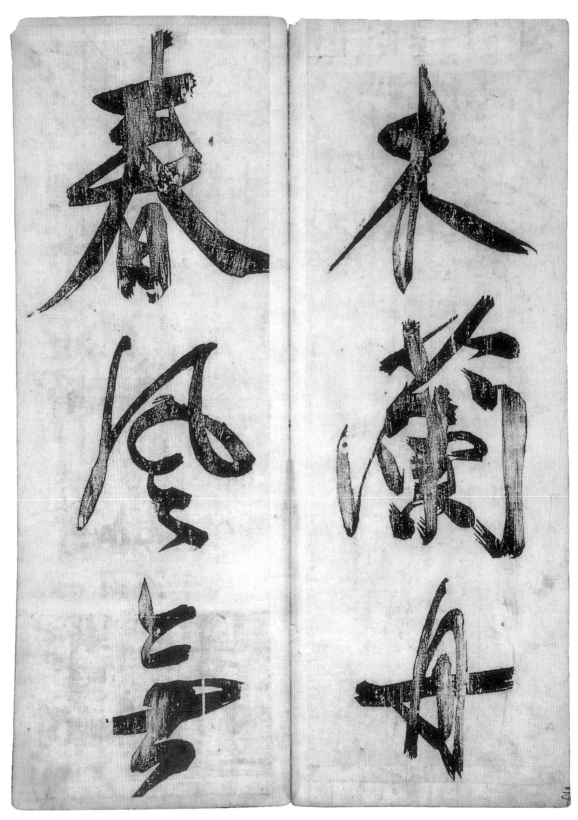

「상현에서 소식을 보낸 조시랑에게 답하며」, 성수침, 목판본, 49.0×18.0cm, 경기도박물관. 당나라의 문장가 유종원의 시를 쓴 것이다. 송설체를 바탕으로 행초서로 썼는데, 날카롭고도 속도감 있는 필치로 힘찬 기운을 느낄 수 있다.

거하여 고상하게 행동했으나 군세고 과격한 의사가 전혀 없었으며, 또한 속이 텅 빈 병통이 없었으니, 같은 시기의 여러 현자 가운데 중정中正한 것에 가깝다. 이것은 그가 한번 전해져서 우계가 된 것인가 한다"라고 하여 성수침을 높이 평가했다. 그의 덕행은 말하자면 효행과 은일로 표현할 수 있다.

성수침은 어려서부터 효성이 지극해 집안에서 '효성스런 아이孝兒'로 불렸다. 그는 22세 때인 1514년(중종 9) 부친상을 당해 파주 향양리에서 시묘살이를 했다. 삼년상을 치르는 동안 날마다 상식上食을 반드시 몸소 장만하여 올렸고, 아침저녁으로 묘소를 청소하고 향 사르는 일을 추운 겨울이나 더운 여름날이라도 하루도 거르지 않았다.

당시 어떤 나그네가 성수침·성수종成守琮 형제가 시묘살이하는 여막을 지나다가 효성에 감동해 시를 지어 던져주고 갔다. 그 시는 아래와 같다.

성씨 가문의 두 아들이	成門有二子
효행은 아버지를 이었네	孝行繼家君
미음 마신 정성은 해를 가로지르고	啜粥誠橫日
분향 뒤의 곡성은 구름을 꿰뚫었네	焚香哭徹雲
조석으로 신주에 상식을 올리고	禮神朝與夕
새벽과 황혼엔 묘소를 알현하네	謁墓曉兼曛
한결같이 주자 예제 법을 삼으니	一法朱門制
오늘날 이에서 처음 들어본다네	當今此始聞

성수침은 삼년상을 다 마치고 난 뒤에도 언제나 기일을 당하면 열흘 전부터 재계했으며 초상 때처럼 애통해했다. 그는 아침저녁으로 사당에 배알했으며, 출입할 때도 반드시 고했다.

성수침은 효행뿐 아니라 남다른 자질과 견식으로 당대 선비들 사이에서 옛날 은군자隱君子의 풍모를 지녔다는 칭송을 받았다. 그는 아우 성수종과 함께 조광조

「조상숭배」, 김준근, 종이에 채색, 118.3×68.6cm, 19세기 후반, 로열온타리오 박물관. 성수침은 어려서부터 부모를 향한 지극함이 커서 '효성스런 아이'로 불렸다.

문하에서 배움을 얻었으며 형제 모두 공히 명망이 높았는데, 성수종은 청결 영특했으나 악한 것을 지나치게 미워한 데 반해 성수침은 혼후 독실하며 침중沈重 강의剛毅하면서도 온화하고 순실했다고 한다.

성수침의 서재에는 도서圖書가 가득했다. 그는 종일 방에서 우뚝하게 홀로 생활하면서 세상일에는 아무 뜻이 없는 듯 보였지만 시사에 대한 격분과 나라에 대한 걱정은 모두 그의 진정에서 우러난 것이었다. 그는 술을 좋아하지 않았으나 약간 취하면 언제나 소리 높이 읊조렸는데 맑은 음운音韻이 집 안에 가득하여 화기가 감돌았다고 한다. 그는 문장을 경시하고 글짓기에 뜻을 두지 않았으나 산중생활을 읊조려 묘사하면 그 시의 뜻이 유원幽遠하여 문장 꾸미기를 일삼는 자들이 미칠 바가 아니었다. 그는 평소 도연명의 사람됨을 사모하여 그의 시를 즐겨 읽었으니, 시대를 초월하여 무언가 서로 마음이 통하는 뜻이 있는 듯했다. 그는 일찍이 자찬自贊의 글을 지어 뜻을 표현했다.

그 얼굴은 야위었고	其容枯槁
그 모습은 예스럽네	其貌亦古
마흔 살이 지나도록	行年四十
아직 일개 포의로다	猶一布衣
순결한 그 본심은	初心不馼
평생 어김이 없어라	終始無違

성수침의 학문은 자기 몸을 돌이켜 가장 절실한 것을 구하는 일을 우선시했다. 그는 일찍이 학자들에게 이르기를 "도道란 큰길과 같다는 성인의 가르침이 분명한데 어찌 알기 어렵다고 하겠는가. 가장 고귀한 것은 힘써 배워 그 지식을 행동으로 옮기는 것이다"라고 했다. 즉 그는 실천을 강조하면서 언어만의 학문은 큰일을 이룰 수 없다고 했다.

성수침은 항상 사람들에게 『소학小學』을 권하며, "수신修身의 대요가 모두 이 책

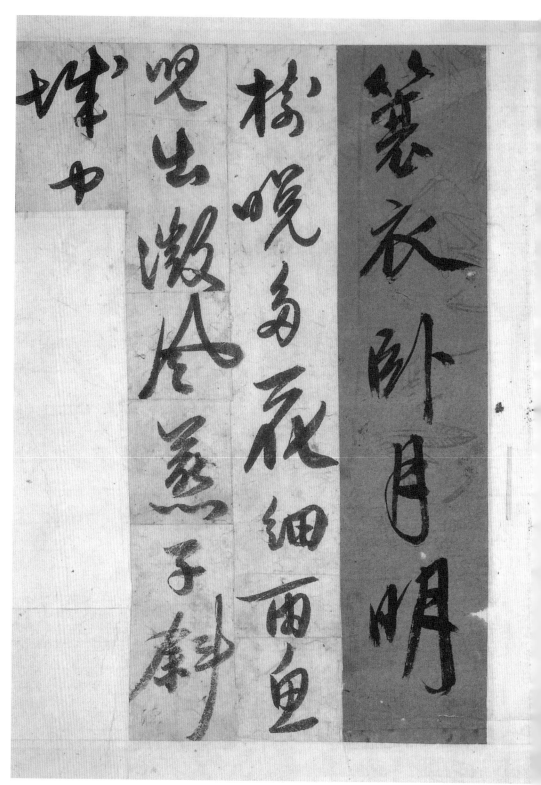

簑衣卧月明

楊晚爲花細雨重

呢出激人燕子斜

堆也

「칠언시」, 『해동필수』, 성수침, 종이에 먹, 28.6×39.8cm, 16세기, 경남대박물관.

草鋪横野六七

里弄笛晚風

三四聲歸來飽

飯黄昏後不脱蓑衣臥月明

靖節先生詩集

梁昭明太子

靖節徵士傳

陶淵明字元亮或云潛字淵明尋
陽柴桑人世曾祖侃晉大司馬淵
明少有高趣博學善屬文穎脫不

群任真自得嘗著五柳先生傳以
自況時人謂之實錄親老家貧

為州祭酒不堪吏職少日自解歸
州召主簿不就躬耕自資遂抱羸

疾江州刺史檀道濟往候之偃卧

『청송서법』, 성수침, 35.8×18.0cm, 조선 초기, 경기도박물관. 『정절선생시집』에 있는 「도연명전」을 쓴 것이다. 필의는 드물게 활달하고 자유분방한 형세를 띠고 있다.

에 있다. 이 글을 읽지 않으면 집에서 어떻게 어버이를 섬기며 조정에 나아가서는 어떻게 임금을 섬기겠는가?"라고 했다.

성수침은 일상의 일에는 담박한 풍모로 자신을 지켰고 비단옷과 같은 것은 입지도 않았으며, 보통 사람의 마음으로는 견디기 어려운 것 또한 즐거움으로 삼았다. 친척 중에 가난한 자가 있으면 재산을 기울여서 구제해주었고 벗과 형제들에게 노비까지 나눠주면서도 조금도 아까워하는 기색이 없었다. 그는 다른 사람의 한 가지 선한 일을 들으면 언제나 칭찬하고 사모하며 잊지 않았고, 남의 허물을 보면 곧바로 배척하지 않고 은미한 뜻만을 보여 자신이 스스로 깨달아 고치게 했다. 언어나 행동에 있어서 모가 드러나게 하지 않았지만 의리로 결단하는 데 이르러서는 지극히 엄격한 바가 있어서 누구도 범할 수 없는 기상을 지녔다고 한다.

1519년에 기묘사화가 일어나자 성수침은 세상과 더불어 살아갈 수 없음을 스스로 헤아리고 드디어 과업科業을 버리고 백악산白嶽山 아래 집 뒤에 두어 칸 집을 짓고 '청송당聽松堂'이란 현판을 달고는 문을 닫은 채 혼자 그 속에서 날마다 성인의 교훈을 외우며 태극도太極圖에서부터 정주서程朱書에 이르기까지 손수 다 베껴가면서 의리를 탐구했다.

성수침은 1541년(중종 36)에 유일로 천거되어 후릉 참봉에 임명되었지만 사은만 하고 벼슬에 나아가지 않았다. 그러고는 파평산 아래 우계 부근으로 어머니를 모시고 돌아갔는데, 식량이 떨어지는 등 극히 가난한 처지에서도 어머니 봉양에는 갖추지 않은 것이 없었다. 그는 1552년(명종 7)에 다시 유일로 천거되어 내자시주부에 임명되고 이어 예산현감·토산현감·적성현감 등의 자리가 주어졌지만 어머니의 병환을 이유로 끝내 나아가지 않았다. 1560년(명종 15)에는 임금의 특명으로 조지서 사지로 부름받았으나 역시 병을 이유로 물리치고 끝내 응하지 않았다.

1564년 성수침은 향년 72세로 작고했다. 당시 사간원에서 아뢰기를 "성수침에게 처음에 유일로 관직을 제수했으나 병을 핑계하여 사양했고, 끝까지 관직에 나아가지 않고는 문을 닫고 평소 자신이 지켜온 도道를 찾으며 옛 도를 힘써 행하다가 72세의 나이로 곤궁과 검약 속에서 죽었으니 이는 한 나라의 훌륭한 선비이며 당대

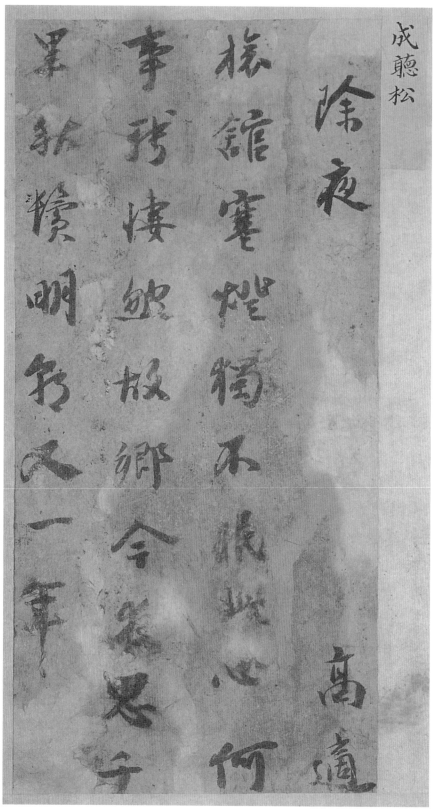

「고적高適 '제야除夜'」, 『보묵』, 성수침, 28.0×13.5cm, 16세기, 한국서예박물관. 당나라 고적의 칠언절구 시를 적은 것이다.

성수침 묘갈 탁본, 이황 찬병서, 175.4×78.7cm, 1568, 한신대박물관.

의 일민逸民이라고 하겠습니다. 마땅히 휼전恤典을 베풀어 국가의 어진 이를 높이고 노인을 존경하는 뜻을 보여야 합니다"라고 했다. 이 말은 들은 명종은 곧바로 곽椁 1부部를 하사하고 이어서 경기도에 명하여 쌀과 콩도 필요한 만큼 지급하게 했으며 역군도 내어서 장례 제구를 갖춰 돕게 했다.

성수침은 파평 땅에 살았던 까닭에 호를 파산청은坡山清隱이라고 했다가 그 뒤 우계한민牛溪閑民이라 고치고서 "나를 청은清隱이라고 할 수 있겠는가?"라고 했다고 한다.

성수침은 사후 1566년(명종 21)에 사헌부 집의에 추증되었다. 그 뒤 1628년(인조 6) 파산서원坡山書院에 제향되었고 1685년(숙종 11) 영의정에 추증되었다.

우계 성혼, 도학의 종사가 되다

성혼은 이이와 함께 도학의 종사로 16세기 기호학계를 대표했던 학자다. 그는 1535년(중종 30) 서울 순화방順和坊에서 태어나 1598년(선조 31) 6월 파주 우계에서 죽었다. 자는 호원浩原, 호는 묵암黙庵·우계牛溪다. 열 살 되던 해에 아버지를 따라 경기도 파주 우계로 거처를 옮겼고, 일찍부터 아버지인 성수침에게 가르침을 받아 자질이 순후하다는 평을 얻었다. 1551년(명종 6) 열일곱 살 때 감시監試 초시에 급제했으나, 병으로 복시에 응하지 못했다. 그해 겨울 그는 백인걸白仁傑(1497~1579)의 문하에서 가르침을 받았으며, 1554년(명종 9)에는 같은 고을의 이이와 사귀면서 평생지기가 되었다. 그는 과거를 단념하고 학문에 온 힘을 쏟아 20대에 이미 학문으로 일가를 이루고 덕기德器가 완숙했다. 1561년(명종 16)에는 어머니 상을 당했고, 1563년(명종 18)에는 아버지의 병환이 위독하자 다리의 살을 잘라 약에 타서 올리기까지 했지만 그 이듬해에 아버지 상을 당했다. 1568년(선조 1)에는 이황을 뵙고 깊은 영향을 받았다.

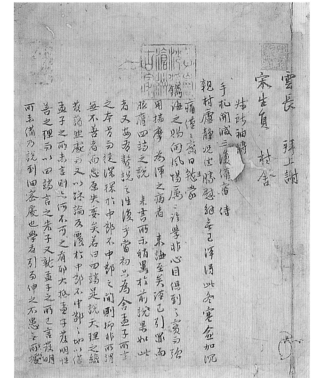

『삼현수간』, 보물 제1415호, 16세기, 삼성미술관 리움. 율곡 이이, 우계 성혼, 구봉 송익필 사이에 왕래한 편지를 송익필의 아들이 모아서 정리한 것이다.

선생(성혼)은 퇴도(이황)를 존경하여 법문法門이 올바르고 마땅하다고 여겼다. 그리하여 항상 배우는 자들에게 말씀하기를 "이른바 마음을 고르게 간직하고 간략히 수습한다는 것은 바로 심법心法의 요체다"라고 했는데, 이때 서울의 집에서 배알했다.(「우계선생연보」)

1568년(선조 1) 2월에 경기감사 윤현尹鉉(1514~1578)의 천거로 전생서참봉에 임명되고, 이듬해에는 목청전참봉·장원서장원·적성현감 등에 제수되었다. 그러나 모두 사양하고, 조헌趙憲(1544~1592) 등 사방에서 모여든 학도들을 가르치는 데 힘썼다. 이때 그는 서실의書室儀 22조를 지어 벽에 걸어놓고 제자들을 지도했으며, 공부하는 방법에 관한 주희의 글을 발췌하여 이를 새기도록 했다.

> 선생(성혼)은 손수 『주자대전朱子大全』과 『주자어류朱子語類』를 초抄하여 한 책을 만들고 책머리에 쓰기를, "배우는 자들은 모름지기 먼저 이것을 읽어서 기본을 세워야 하니, 읽지 않으면 안 된다"고 했다.(「우계선생연보」)

성혼이 졸한 뒤 『선조수정실록』을 기록한 사관은 성혼의 졸기卒記를 쓰면서 "그의 학문은 주자를 기준으로 하여, 강론하여 밝히고 실천하는 공을 아울러 힘써 본원本源의 바탕에 더욱 독실했다. 이이와 더불어 사단칠정四端七情과 이기理氣의 선후先後에 대한 설을 수천 마디 주고받았는데, 선유들이 밝히지 못했던 것이 많았다"고 평했다.

1572년(선조 5) 여름부터 성혼은 이이와 사단칠정에 대한 논쟁을 시작했다. 이 논쟁은 이미 6년 전에 이황과 기대승 사이에 있었던 사단칠정 논쟁의 연장선으로 볼 수 있다. 성혼은 이 편지에서 이황과 기대승 사이에서 일어났던 논쟁에 대해 이이에게 의문을 제기했는데, 이렇게 시작된 것이 6년여 동안 아홉 차례에 걸친 서신 교환으로 이어지면서 치열한 학문 토론으로 발전한다.

> 선생(성혼)이 퇴계와 고봉의 이기 논변을 가지고 율곡에게 묻기를 "주자의 인심人心과 도심道心이 혹 생겨나고 혹 근원했다는 말은 이미 주리主理와 주기主氣의 구분이 있으니, 그렇다면 퇴계의 이른바 '사단四端은 이理가 발하고 칠정七情은 기氣가 발한다'는 말씀도 잘못된 것이 아닙니까?"라고 하니, 율곡은 대답하기를 "발하는 것은 기이고 발하게 하는 것은 이입니다. 성정性情의 사이에는 기가 발하고 이가 타는 한 길이 있을 뿐이니, 사단과 칠정, 인심과 도심이 모두 기가 발하고 이가 타는 것입니다"라고 했다. 서로 장문의 편지를 주고받아 의심스러운 것을 논란하고 이끌어 비유해 선현들이 미처 발명하지 못한 것을 많이 발명했는데, 편지가 모두 아홉 편이다.(「우계선생연보」)

『율곡우계양선생연보』, 조선시대, 개인.

　　성혼은 처음에 이황의 말이 분명하지 못하고 기대승의 주장이 명백하다고 여겼
다. 하지만 뒤에 가서는 주자의 「중용장구서中庸章句序」에서 "인심은 형기의 사사로
움에서 생기고, 도심은 성명의 바름에 근원한다人心或生於形氣之私 道心或原於性命之正"
는 구절을 읽고 나서 이황의 주장이 옳다고 여겼다. 하지만 전적으로 이황의 주장
을 따르기에는 의심을 떨치지 못했다. 즉 사단·칠정과 인심·도심이 그 의미와 뜻을
같이하는지를 알아내 '이와 기가 서로 발한다理氣互發'는 이황의 주장이 이에 합치되
는지 알고자 했던 것이다.

　　저(성혼)는 퇴계의 말씀에 대하여 항상 분명하지 못하다고 생각했고, 고봉의 변설
辨說을 읽을 때마다 명백하여 의심이 없다고 여겼습니다. 그런데 전날에 주자의 인
심과 도심에 관한 설명을 읽어보니 "형기形氣의 사사로움에서 생기기도 하고 성명
性命의 바른 데에 근원을 두기도 한다"는 의론이 있어 퇴계의 뜻에 부합되는 듯했
으므로 개연히 '여러 의론이 없던 순 임금 때에도 이미 이처럼 이와 기가 호발한다

는 말이 있었으니, 퇴계의 견해는 바꿀 수 없는 이론이다'라고 여겼습니다. 그리하여 다시 예전의 견해를 버리고 이 의론을 따르고자 하므로 감히 고명한 형(이이)에게 묻는 바입니다. (…) 제가 묻는 것은 사단과 칠정 그리고 인심과 도심의 의미와 뜻이 같은가 같지 않은가를 알아서 이와 기가 호발한다는 이론이 과연 여기에 부합하는가 부합하지 않는가를 알고자 하는 것입니다.(『우계집』권4 「율곡과 이기를 논한 두 번째 편지」)

성혼은 이이와 서신을 통해 논쟁을 펼치면서 사단칠정에 대한 자신의 생각을 정리하고 이에 대한 의견을 제시하기에 이른다. 그는 이 논쟁을 하면서 목에서 피가 나기도 했다. 이 편지글들은 모두 남아 있지 않고 여섯 번째 편지까지만 전한다. 이 여섯 번째 편지를 통해 성혼의 주장을 살펴볼 수 있다.

성혼은 이이의 '기가 발함에 이가 올라탄다氣發理乘'는 주장에 대해서 '미발未發일 때에는 비록 이와 기가 각각 발용發用하는 싹苗脈이 없다 하더라도 처음 발할 즈음에 의욕意欲이 동動하는 것은 마땅히 주리主理나 주기主氣라고 말할 수 있다. 이것은 각각 나온다는 것이 아니요, 한 가지 길에서 그 중한 쪽을 취하여 말한 것이다'라고 함으로써 퇴계의 호발과 이이의 말에 모두 동의함을 드러냈다.

형(이이)은 반드시 "기가 발함에 이가 타고 그 밖에 다른 길이 없다"고 말했는데, 저(성혼)는 반드시 '미발일 때에는 비록 이와 기가 각각 발용하는 싹이 없다 하더라도 처음 발할 즈음에 의욕이 동하는 것은 마땅히 주리나 주기라고 말할 수 있다. 이것은 각각 나온다는 것이 아니요, 한 가지 길一途에서 그 중한 쪽을 취하여 말한 것이다. 이는 곧 퇴계가 말씀한 호발의 뜻이요, 형이 말한 말馬이 사람의 뜻을 따르고 사람이 말이 가는 대로 맡긴다는 설이며, 곧 형이 말한 성명性命이 아니면 도심道心이 발하지 못하고 형기形氣가 아니면 인심人心이 발하지 못한다는 말씀이다'라고 생각합니다. (…) 정情이 발하는 곳에 주리와 주기의 두 가지 뜻이 있어 분명 이와 같다면 이는 말이 사람의 뜻을 따르고 사람이 말이 가는 대로 맡긴다는 설이요, 미발일 때에 두 가지 뜻이 있는 것이 아닙니다. 또 잠시 발할 때에 이理에 근원하거나 형기에서 나옴이 있는 것이오, 이가 발함에 기가 그 뒤를 따르고 기가 발함에 이가 그다음에 탄다는 것이 아닙니다. 곧 이와 기가 하나로 발하는데 사람이 그 중한 쪽을 취하여 주리 또는 주기라고 말하는 것입니다.(『우계집』 권4 「율곡과 이기를 논한 여섯 번째 편지」)

성혼은 이와 기는 미발일 때 두 가지가 아니지만, 잠시 발할 때 이에 근원하거나 형기에 나옴이 있기 때문에 이이처럼 '기가 발함에 이가 탄다氣發理乘'고 주장해서는 안 된다고 보았다. 또 성혼은 '이와 기는 하나로 발한다'는 주장을 폈다. 사람들이 주리 또는 주기를 말하는 것은 자신들이 중요하게 여기는 부분을 취함일 뿐이라는 것이다. 이이는 성혼의 이러한 견해에 대해 지기의 벗인 성혼이 자기 학설을 이해해주지 못함을 매우 애석해하며 자기 학설을 시로 읊어 보내면서 마감했다.

성혼의 '이기일발설理氣一發說'은 이후 이황과 이이 문하 양쪽으로부터 모두 공격받기도 했지만 이황과 이이의 견해를 절충했다는 평가와 함께 윤증·박세채를 비롯한 소론계와 김창협·김창흡 등 몇몇 노론 학자에게 계승되어 하나의 학맥을 형성했다.

성혼은 1573년(선조 6) 12월에 사헌부지평에 제수되었다. 과거 출신이 아닌 사람으로서 사헌부 관직에 임명되기는 기묘사화 이후 처음 있는 일이었는데, 이는 이이의 주장으로 이뤄진 것이었다. 이후 그는 수차례 고위직에 임명되었으나 대부분 고사했다. 결국 이이의 강력한 천거로 관직이 좌참찬에까지 이르렀다. 비록 재직한 기간은 길지 않았으나 선조에게 수차례의 봉사소封事疏를 올렸으며, 경연에도 참석했다. 그는 국왕의 심성수양과 인사 처리의 중요성을 강조하는 한편 역법役法과 공법貢法의 개혁을 주장했다. 이이가 죽은 뒤에 그는 서인의 영수가 되었으나 1585년(선조 18)을 기점으로 동인들이 득세해 그를 공격하자 스스로를 탄핵하는 상소를 올렸고 자찬 묘지문인 자지문自誌文을 짓기까지 했다. 1590년(선조 23)에는 양민養民·보방保邦·율탐律貪·진현進賢의 방도를 논하는 장문의 봉사소를 올리고 귀향했다.

『우계집』, 20.9×32.6cm, 소수박물관. 우계 성혼의 시문집으로 6권3책이다.

『율곡집』, 17세기 초, 개인.
성혼은 『율곡집』 편집에 관여했다.

1591년(선조 24)에는 『율곡집栗谷集』 편집에 관여했다.

1592년(선조 25) 임진왜란이 일어나자 이천에서 세자의 부름을 받고 의병의 군무를 도왔다. 이후 대사헌·우참찬·비국당상·좌참찬을 지냈다. 1594년(선조 27) 명나라는 군대를 전면 철군시키면서 총독 고양겸顧養謙 등이 조선 조정에 대왜강화對倭講和를 강력히 요구해왔다. 당시 조정의 여론은 강화하여 구차하게 종묘사직을 보존하느니 차라리 의義를 지키다가 망하는 편이 낫다는 주장이 힘을 얻었다. 하지만 그는 영의정 류성룡과 함께 입시하여 강화할 수밖에 없는 사정을 선조에게 밝혔다. 당시 조선에서 명나라 원군이 철수하면 다시 왜와 전쟁을 치르기는 사정이 여의치 않았다. 따라서 의리만을 고집하기보다 일시적인 강화를 통해 나라의 재건과 중흥을 도모하는 쪽에 힘을 실었던 것이다.

또한 성혼은 군사적인 대치 상태를 풀어 강화하기를 건의한 전라감사 이정목李廷目의 주장을 옹호하고 그에 대한 처벌을 가벼이 해줄 것을 청하다가 선조의 노여

為己反愛之言邪更增愧嘆今前續說
除命皇迷震慄令人魂府亭字炷獻沈造
而唱之

又為抱屈野外泥隨方遊閒自獨立之喧此時
僴蒙

托駕宣但逃空堂然之喜己邪章悚
重水鈍濡勾負山中鵝素之約即披襟討懷輸
寫好脩在此時烏伏惟

尊血素氣猶動汗零又心將如去牟壽日詢户
羸卧真色夏月刊太胎重整也閒然之參雞
注如有名得重秋何如何以至今
未須餓邪然後餓即志丁心閒已鑿枝没

石宣　四月二十一日　　澤邦晉

　　　　　　　　　　　　田之乎悚

沈高陽 宅文狀謹封後 內贍同沈司僕

某生遷伏承
情問備審新年
尊侯萬福無任欣賀之至渾年之盞五十
不及此寺志業撫成殘疾屢塞向途
事履轉愈凜衛彌韆韆源悔石可追於今雨
可不强者方寸石獨自昌三吾

서간, 『선현간독』, 종이에 먹, 32.3×38.7cm, 1574, 경남대박물관.

파산서원. 성혼을 배향한 서원 중 하나다.

움을 샀다. 이에 성혼은 용산으로 나와 걸해소乞骸疏(나이 많은 관원이 사직을 원하는 소)를 올린 뒤 그 길로 직무를 내놓고 연안의 각산角山에 우거하다가 1595년 2월에 파주 고향으로 돌아왔다.

1597년에 정유재란이 일어나자 주변 인사들이 부난赴難의 취지로 예궐을 권했지만, 큰 죄인으로 엄한 문책을 기다리는 처지임을 들어 고사했다. 고향으로 돌아온 뒤 성혼은 다시는 조정에 나가지 않았고, 여러 당인으로부터 많은 참소讒訴를 받았다. 결국 사후인 1602년(선조 35) 기축옥사와 연루되어 관작이 추탈되기까지 했다. 그러던 중 인조반정 이후인 1633년(인조 11)에 관작이 복구되고 시호가 내려졌다. 성혼의 문묘 종향도 정치적인 문제로 인해 부침을 겪었다. 1681년(숙종 7)에 문묘에 종향되었지만, 1689년(숙종 15) 한때 출향되었다가 1694년(숙종 20)에 다시 종향되었다. 저서로 『우계집牛溪集』 『주문지결朱門旨訣』 『위학지방爲學之方』 등이 있고, 여산礪山의 죽림서원竹林書院, 파주의 파산서원 등 5개 서원에 배향되어 있다.

성혼은 평소 산수를 좋아하여 사람들이 혹 아무 산과 아무 물의 좋은 경치를

은군자와 도학자를 배출한 조선의 명가

성혼은 학문과 덕행으로 여러 차례 관직에 나올 것을 부름받았지만, 주로 산림에 머물면서 학문 탐구와 교육에 힘을 기울였다.

말하면 그때마다 메모해두었다가 때때로 펴보며 깨끗한 생각을 했다고 한다. 그는 파주에 은거하여 자연을 벗 삼아 생활하면서 자신의 뜻을 아래와 같이 드러냈다.

> 말없는 청산靑山이요 태態 없는 유수流水로다
> 값없는 청풍淸風이요 임자 없는 명월明月이로다
> 이 중에 병 없는 이 몸이 분별分別 없이 늙으리라

성혼은 처음에 학문과 덕행으로 천거되어 여러 번 관직을 받았지만 모두 나아가지 않았다. 그러나 선조 임금의 후대함이 더욱 중하여 부름을 받는 일은 계속되었다. 성혼은 힘써 물리쳐도 되지 않자 잠시 서울에 왔으나 항상 오래 머물 뜻이 없었기에 조정에 머물렀던 날짜를 계산하면 1년도 채 되지 않았다. 사실 성혼은 사화 성혼 신도비 탁본, 김상헌 찬, 김집 서, 김상용 전액, 210.4×99.5cm, 1648, 한신대박물관.

가 일어나고 당쟁이 격해지던 시대의 세파 속에서 일찍부터 산림에 은거할 뜻을 품었다. 그리하여 그는 주로 산림에 머물면서 학문 탐구와 교육에 힘썼다. 청산과 유수는 그의 드러난 모습이요 청풍과 명월은 그의 마음이었다. 이 시조 한 편을 통해서도 성혼의 인품과 사상을 그려볼 수 있다.

또한 성혼은 자신이 지은 「자지문」에서 국가에 큰 죄를 지었다는 말과 함께 국가에서 내리는 부의와 은전을 사양하고 묘 앞에 '창녕성모묘昌寧成某墓'라는 다섯 글자만 쓰도록 한 뒤 박장薄葬을 하도록 했다. 성혼과 일생을 벗으로 지냈던 이이는 "만약 견해의 도달한 경지를 논한다면 내가 다소 나은 점이 있겠지만, 조행操行의 독실함과 확고함은 내가 미치지 못한다"고 하여 그의 실천궁행의 독실한 학문 태도를 높이 평가했다.

성혼은 아버지 성수침을 통해 조광조의 학맥을 이은 학자였다. 그는 "글을 읽으면 반드시 실천하라"는 아버지의 가르침으로 실천적 학문의 태도를 지향해 조선 선비들의 표상이 되었다. 조선 후기 소론학자들은 모두 성혼의 학맥을 이어 정계와 학계의 주도 세력으로 활동했다.

성혼 학맥의 계승도

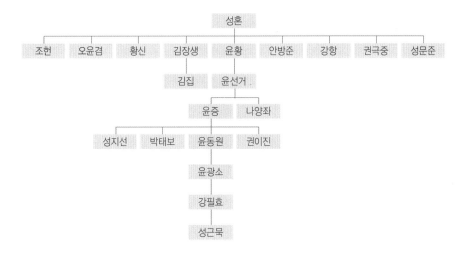

「청송당聽松堂」, 『장동팔경첩』, 정선, 종이에 엷은색, 29.5×33.0cm, 1754, 국립중앙박물관.

　오늘날 성수침·성혼 부자의 자취를 찾아볼 만한 흔적들은 그리 많이 남아 있지 않다. 성수침의 서실이었던 청송당聽松堂의 옛터를 알려주는 바위 글씨, 성수침과 성혼 부자의 묘와 묘비, 그리고 그들을 모신 파산서원 정도다.

　성수침은 기묘사화 이후 백악산 기슭 소나무 숲에 서실을 짓고 은거했는데, 이곳이 바로 청송당이다. 그 건물은 남아 있지 않지만 '청송당유지聽松堂遺址'라고 쓰여 있는 바위가 있어 그 위치를 알 수 있다. 이곳은 현재 서울 종로구 청운동에 있는 경기상업고등학교 경내에 위치해 있으며, 조선 후기 진경산수화로 이름을 높인 정선의 「청송당聽松堂」을 통해 옛 모습을 짐작해볼 수 있다.

　성수침·성혼 부자 묘소는 모두 생전에 살던 파주의 우계 근처(경기도 파주시 파주읍 향양리)에 모셔졌다. 성수침의 묘는 부인 파평 윤씨의 것과 나란히 있다. 두 묘소 사이에 묘표가 세워져 있는데 앞뒷면 모두에 글씨가 새겨져 있다. 앞면에는 청송 성공聽松成公, 윤씨尹氏라고 쓰여 있고, 뒷면에는 휘자인 수침과 윤씨의 본관인 파평이 적혀 있다. 한편 이황이 지은 묘갈명이 새겨진 묘비는 묘소 왼쪽 아래에 성혼의 신도비와 나란히 세워져 있다. 묘갈명의 글씨 역시 이황이 직접 쓴 것이다. 전액은 김상용金尙容의 글씨를 집자한 것이고, 뒷면에 묘갈음기는 조익趙翼이 짓고 조익의 부탁으로 성수침의 외증손자인 윤순거尹舜擧가 1651년(효종 2)에 쓴 것을 새긴 것이다.

　성혼의 묘는 봉분을 중심으로 오른쪽에 묘비가 세워져 있으며 봉분 정면에 상석과 향로석이 배치되어 있다. 상석 앞은 장대석으로 계단을 쌓았으며 좌우에 문인석을 배치했다. 묘비는 팔작지붕형 가수석加首石·비신碑身·비좌碑座로 구성되어 있다. 1649년(인조 27)에 세워진 이 비의 비문은 김집金集이 짓고, 윤순거가 썼다. 비문에는 관직을 적지 않았는데 이는 그의 유명遺命에 따른 것이라고 밝혀놓았다. 묘소 입구 오른쪽에는 대리석으로 된 신도비가 있는데 김상헌金尙憲이 짓고 김집이 썼으며 전액은 김상용이 썼다.

성수침과 성혼의 묘비, 신도비는 당대를 대표하는 인물들이 뜻을 모아 세웠다. 이 사실만 보더라도 이들 부자의 학문과 인품에 대한 조선조 학자들의 존경과 칭송이 어떠했는지 가늠할 수 있다. 성수침·성혼 부자가 함께 배향된 파산서원 역시 이런 점에서 의미가 있다.

파산서원은 1568년(선조 1) 백인걸·이이와 파주 지역 유생들의 발의에 의해 적성현감 성수침을 제향하고, 유생들의 수양과 교육을 위한 장소로 삼고자 세워졌다. 우리나라 최초의 서원인 백운동서원이 1543년(중종 38)에 건립된 것에 견주면 상당히 이른 시기에 건립되었음을 알 수 있다. 그러나 서원 건립이 빨랐던 데 비해 사액은 비교적 늦게 이뤄졌다. 1650년(효종 1)에 이르러서야 비로소 파주 유생 백홍우 등의 청액소請額疏를 계기로 사액을 받게 되었다.

1628년(인조 6)에 성혼을 추가 배향했고, 1705년(숙종 31)에 백인걸의 위패를 인근 자산서원紫山書院으로부터 옮겨와 추가 배향했다. 1740년(영조 16)에는 성수침의 동생 성수종成守琮을 추가 배향했지만, 이듬해 영조의 서원 철폐 정책에 따라 곧바로 출향되었다가 1785년(정조 9)에 다시 배향되었다. 이 서원은 1871년(고종 8) 대원군의 서원철폐령에도 훼철되지 않고 존속한 47개 서원 가운데 하나다.

서원은 경사가 심한 파산을 배경으로 하고 앞으로는 우계가 흐르는 전형적인 배산임수 지역에 지어졌다. 사당과 삼문 등 배향 공간만 있는 단조로운 형태이고, 삼문 앞 중앙에 고목이 한 그루 버티고 서 있다. 사당 내부의 배치는 성수침을 주벽主壁으로 하고, 좌우에 성수종·백인걸·성혼을 배향하고 있으며, 매년 봄가을에 제사를 지낸다. 경기도 문화재자료 제10호로 지정되어 있지만, 세월의 흐름에 따라 점차 퇴락하여 현재는 사당만 남아 있다.

성수침 묘소와 우계 사당.

3장

"경敬으로 안을 곧게 하고
의義로써 밖을 반드시 하다"

—— 창녕 조씨 남명 가문 이상필

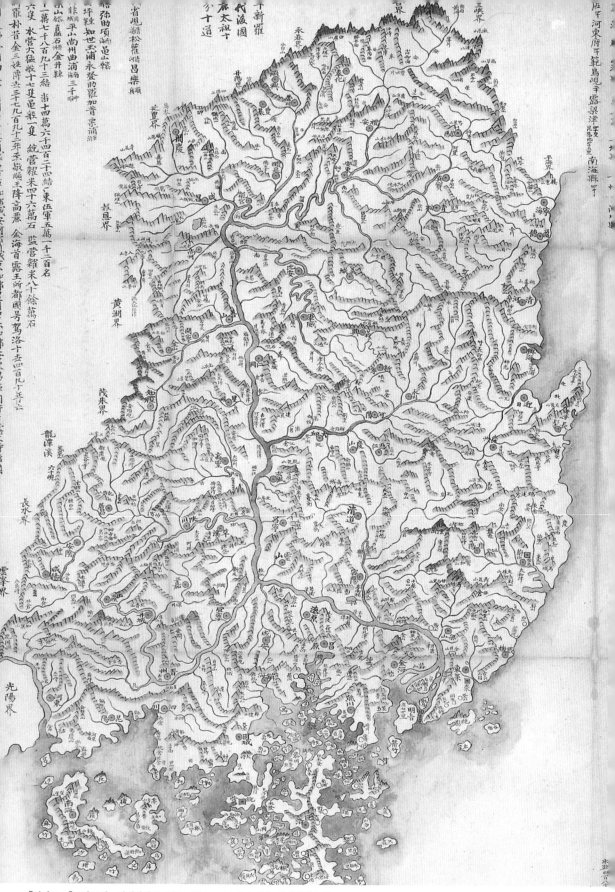

「경상도」,『고지도첩』, 채색필사본, 94.0×65.0cm, 19세기 전반, 영남대박물관.

남명의 선계, 지절과 의기의 정신을 물려주다

남명南冥 조식曺植(1501~1572)은 자신이 지은 「선고통훈대부승문원판교묘갈명
先考通訓大夫承文院判校墓碣銘」에서 "우리 선조는 창산昌山 사람, 9대에 걸쳐 평장가 났
다네"라고 함으로써 자기 가문에 대한 남다른 자긍심을 드러내고 있다. 그러나 9대
동안 평장사가 났다고 한 뒤부터 조부대에 이르는 13대까지는 이름을 크게 떨치지
못했다.

남명 가계에서 가장 먼저 주목되는 것은 증조부 조안습曺安習이 강성군江城君 삼
우당三憂堂 문익점文益漸(1329~1398)의 조카로서 성균관 학유를 지냈던 문가용文可容
의 딸 강성 문씨와 혼인했다는 사실이다. 이에 남명은 목화씨를 들여와 이른바 의류
혁명을 일으켰던 문익점에 대해 남다른 존경심을 품으며 열렬한 찬사를 보냈다.

지정至正 연간에 공이 서장관으로 원나라에 갔다가 어려운 나랏일을 당해 중국 남
쪽 황량한 곳으로 귀양갔다. 3년 만에 풀려나 돌아오다가 도중에 목면화木棉花를
보았다. 엄중하게 금하는 중국의 국법을 돌아보지 않고, 남모르게 감춰서 돌아와
우리나라에 번식시켰다. 우리나라 백성에게 만세토록 혜택을 입도록 했으니, 그 공

을 어찌 작다고 하겠는가? 그러나 시휘時諱를 범해서 남쪽으로 귀양가는 충절이 없었더라면 어찌 그 종자를 우리나라에 옮겨올 수 있었겠는가? 대저 나라 밖을 떠돌면서 오직 나라를 보위하고 백성을 윤택하게 하는 일만 생각한 사람을 나는 공에게서 보았으니, 국조國朝에서 특히 총애하는 명령을 내려 포상한 일이 마땅한 것이었다. (…) 그 후 모친상을 당해 복을 입고 여묘를 사는데 마침 왜구가 날뛰는 일을 만났다. 사람들이 모두 도망쳐 숨었으나 공은 최복衰服을 입고 건질巾絰을 두르고서 하늘을 우러러 통곡하며 제사 음식 올리는 일을 평상시와 같이 했더니, 왜구들 또한 감탄하여 나무를 깎아 '효자를 해치지 말라勿害孝子'는 네 글자를 써놓고 돌아갔다. 이로 인해 조정에서 1383년(홍무 16)에 돌을 새겨 표창했던 것이다. 만년에 고려의 운수가 끝날 것을 알고 병을 핑계하여 벼슬을 하지 않았다. 신라 때와 고려 때 비록 설총薛聰과 최충崔沖이 있어 능히 학문을 창도하여 내려오기는 했으나 말년에 이르러서는 학문이 차츰 쇠퇴하고 학교도 망가져서 세상에서는 모두 불교를 믿게 되었다. 공이 홀로 개연히 여기고 학업에 힘써서 후학의 본보기가 되었다. 스스로 삼우거사三憂居士라 불렀는데, 그가 말하는 세 가지 근심이란 나라가 떨쳐지지 못함을 근심하고, 성학聖學이 전해지지 않음을 근심하며, 자신의 도가 확립되지 못함을 근심한다는 것이었다.

위 글을 통해서 우리는 삼우당에 대한 남명의 경모심을 읽을 수 있다. 남명의 눈에 비친 삼우당은 남다른 효성, 우국충정, 백성에 대한 뜨거운 애정, 성학에 대한 독실함과 도에 대한 주체적 확립을 한 몸에 구현했던 인물일 뿐 아니라, 출처 대의에도 흠결이 없었다. 물론 위 글이 삼우당을 추모하는 성격을 띠지만 그가 갖췄던 여러 면모는 남명이 일생 동안 추구했던 것이라는 점에서 우리 관심을 끌 만하다.

다른 한편 남명의 가계에서 주목되는 점은 조부 조영曺永(1428~1511)이 감찰 조찬趙瓚의 딸 임천 조씨(1444~1506)와 혼인한 것이다. 조찬은 1453년에 문과에 급제해 사헌부 감찰을 역임했는데, 그 인물됨은 알려져 있지 않다. 그러나 지족당知足堂 조지서趙之瑞(1454~1504)가 그의 아들이라는 데서 남명의 성격 형성에 조찬의 딸이

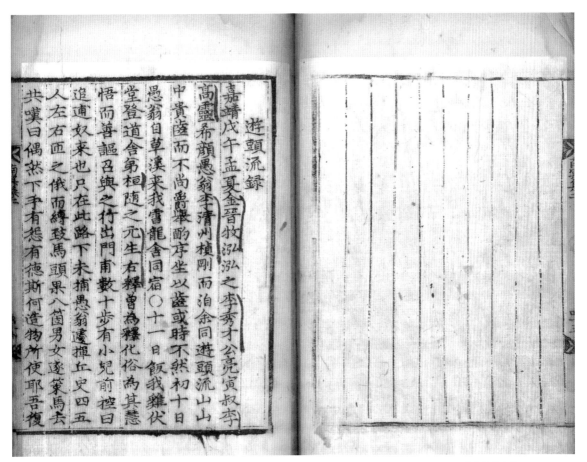

『남명선생문집』에 실린 「유두류록」. 한평생 지리산을 스승으로 삼고 열두 차례 지리산을 오른 남명의 사상과
선비가 지녀야 할 자세를 엿볼 수 있다.

요 조지서의 누이인 조모의 영향도 적지 않았음을 짐작할 수 있는데, 지족당에 대
해서는 남명이 「유두류록遊頭流錄」에서 다음과 같이 언급했다.

승선承宣(조지서)은 의인義人이었다. 그 기상은 높은 바람이 불어오자 벽을 사이에
두고서도 몸이 떨리는 듯하다. (…) 높은 산과 큰 내를 봐오면서 소득이 없었던 것
은 아니나, 한유한韓惟漢·정여창鄭汝昌·조지서 등의 세 군자를 높은 산과 큰 내에

견주어본다면, 십층의 산봉우리 위에 다시 옥玉 하나를 얹어놓은 격이요, 천 이랑 물결 위에 둥그런 달 하나가 비치는 격이다.

지족당은 연산군의 세자 시절 스승으로, 공부하기 싫어하는 연산군을 끝까지 바람직한 방향으로 인도하려다가 연산군에게 소인小人으로 낙인찍혀 훗날 화를 당했다. 지족당은 죽음을 감지하고도 맡은 바 일을 성실히 행하려는 오연한 기상을 지닌 인물이었다. 그러므로 남명은 지족당의 묘갈명에서 "당시에는 소망지蕭望之처럼 보필했고 나중에는 오자서伍子胥처럼 억울하게 죽었다. (…) 자산이 죽자 공자가 눈물을 흘리며 말하기를 '옛날의 곧은 유풍을 간직한 사람이다' 하였는데, 거기에 이어서 '보덕輔德 역시 옛날의 곧은 유풍을 간직한 사람이다'"라고 하면서 비감어린 심정을 토로했던 것이다.

다음은 1496년(연산군 2)에 지족당이 무고로 인해 옥중에 갇혀 있으면서 올린 상소문이다.

신 지서는 간을 베어 종이로 삼고 피를 뿌려 글자를 써서 삼가 말씀 올립니다. 옛 사람이 형이 없는데도 형수를 훔친 자와, 아비 없는 고녀孤女에게 장가들었는데도 장인을 때린 자가 있었다고 하므로 신이 그 사람들을 의심하면서 천하에 어찌 이런 일이 있을까 하고 생각했는데, 이제 와서 승안承顏의 상서上書를 보고서야 확실히 그런 일도 있을 수 있음을 믿게 되었습니다.

이 가운데 "간을 베어 종이로 삼고 피를 뿌려 글자를 써서剖肝爲紙 瀝血以書"라고 한 표현 방식은, 남명이 「욕천浴川」이란 시에서 "만약 티끌이 오장에서 생긴다면, 지금 당장 배를 갈라 흐르는 물에 띄워 보내리塵土倘生五內 直今剖腹付歸流"라고 한 것과 흡사하며 격렬하기 짝이 없다. 말하자면 우리는 조지서의 이러한 행적을 통해 남명 사상과 행동 방식의 한 면을 연상할 수 있으며, 따라서 조지서 역시 남명에게 영향을 미쳤을 것으로 미루어 짐작할 수 있다.

문익점·조지서 집안과 혼인의 연을 맺음과 더불어 남명의 가계에서 주목할 만한 또 다른 사실은 그 아버지 조언형曺彦亨(1469~1526)이 충순위忠順衛 이국李菊(1451~1519)의 딸 인천 이씨(1476~1545)와 혼인한 점이다. 남명의 외조부 이국은 점필재佔畢齋 김종직金宗直이 병마평사가 되어 지나다가 만나 "얼음과 눈같이 깨끗한 마음"이라 허여했다고 하며, 이국의 아버지 이극성李克誠(1426~1512)은 독서를 좋아했고 명리名利에 담박했다고 한다. 또 할아버지 이주李怵도 지조가 높고 생각이 교결해 1417년에 보은현감에 제수되자 도연명의 「귀거래사」를 읊조리며 돌아왔다고 한다. 이국의 고조부 이온李榲은 효자로 정려가 내려진 인물인데, 남명은 그를 "검소한 덕으로 임천林泉에 살며 작록을 영화롭게 여기지 않았다. 여러 어진 이와 함께 공부해서 간사함을 물리치고 바른 도를 잡았으니, 그의 뜻은 본받을 만하며 학문 또한 순수했다"고 칭송한 바 있다.

한편 남명의 외조모 통천 최씨는 소윤少尹 최경손崔敬孫의 딸이요, 세종 때 대마도를 정벌하고 북변의 야인을 진압하는 데 명성을 떨쳤던 무인으로서 좌의정에까지 오른 정렬공貞烈公 최윤덕崔潤德(1376~1445)의 손녀다. 최윤덕은 무관으로서 재상의 직책에 있을 수 없다는 소를 올려 무관직에만 전념케 해달라고 청하기도 했다. 또한 성품이 순진하고 솔직하며, 간소하고 평이해 용략勇略이 많아서 한 시대의 명장名將이 되었다고 한다. 그런데 세조가 어린 조카 단종을 몰아내고 임금이 되자 사육신 등이 이에 불복했던바, 최윤덕의 아들 최숙손崔淑孫 및 손자 최맹한崔孟漢, 최계한崔季漢 등이 이에 연루되어 집안 전체가 몰락하는 화를 당했다. 즉 통천 최씨 집안 역시 목숨을 바쳐 절조를 지켰으며, 이러한 면 역시 남명의 지절志節을 떠올리게 한다.

이렇듯 남명의 타고난 성품과 관련될 만한 혈통적 통서統緖를 살펴보면 남명의 직계 조상으로는 크게 이름을 떨친 사람이 없지만, 외계外系로는 혁혁한 인물이 많았다. 그중에서도 남명이 특히 문익점의 목화 전래를 기층민에 대한 애정의 차원에서 깊이 관심 보인 것이나, "이치를 궁구함은 치용致用을 위한 것이며, 몸을 수양함은 행도行道를 위한 것"이라는 현실적인 학문 태도를 취한 것 역시 삼우당의 삶의 자세와 일정한 연관이 있는 듯하다. 「을묘사직소乙卯辭職疏」의 "자전慈殿은 생각이

남명의 부친 조언형 묘비.

[그림 1] 남명의 가계도

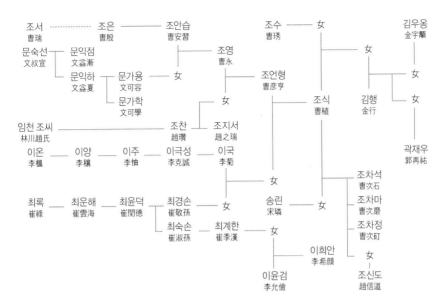

깊으시지만 깊숙한 궁중의 일개 과부에 불과하고, 전하께서는 유충幼冲하시니 다만 선왕의 한 아들일 뿐"이라는 표현에서 보이는 무모하리만치 대쪽 같은 선비 기질은 연산군이 세자 시절이던 때 지족당이 보여준 자세와 흡사하다. 또한 흔히들 남명을 두고 의기義氣를 숭상한다고 하는데, 이는 4대에 걸쳐 뛰어난 무인 가문을 이룬 외족 최윤덕 가계의 영향으로 남명에게도 무인 기질이 잠재해 있었던 것이 아닌가 한다.

아울러 주목하려는 것은 조모의 동생 조지서가 연산군이 동궁으로 있을 때 성의를 다해 가르치려 한 것이 도리어 화근이 되어 죽어서 시신이 강물에 던져졌으며, 외조모의 조부 최윤덕의 자손들이 세조 2년 사육신 사건과 관련되어 몰락했다는 점이다. 남명이 출처에 특별히 엄격했던 점이나, 백성의 어려운 현실에 마음 아파하면서 조정의 처사에 냉소적이었던 점도 이러한 가계의 배경과 무관하지 않을 것이다.

남명의 학문은 '경의지학敬義之學'으로 일컬어지는데, 만년에 자신의 학문을 요약했다는 다음 표현이 이를 뒷받침한다.

만년에 특히 '경의敬義'라는 두 글자를 제시해 창문과 벽 사이에 크게 써두셨다. 그러고는 일찍이 "우리 집에 이 두 글자가 있는 것은 마치 하늘에 해와 달이 있는 것과 같아서, 만고토록 바뀔 수 없는 것이다. 성현의 천언만어千言萬語가 결과적으로는 모두 이 두 글자를 벗어나지 않는다"라고 하셨다.

동강東岡이 쓴 「남명선생행장」과 「행록」에도 비슷한 표현이 있어 남명의 문인들에게는 '경의'가 그의 핵심 사상으로 여겨졌던 듯하다. 뿐만 아니라 이후의 학자들도 남명 사상을 한마디로 '경의'라고 요약하곤 했고, 지금도 진주를 중심으로 하는 지역의 재야 원로 학자들은 남명학을 '경의지학敬義之學'이라 일컫는다. 그렇지만 학계에서는 여전히 '경의지학'의 실체를 구체적으로 밝힌 논문이 없으므로 여기서는 경의에 대해 남명이 선유로부터 학습하여 얻은 것을 어떻게 자기화하여 전개시켜나갔는지를 살펴보려 한다.

경의라는 개념의 원초적 의미와 이것의 성리학적 수양 관계를 따지는 것은 자칫 지루할 수 있지만, 남명의 '경'과 '의' 개념이 그것이 연원하는 『주역』에서의 의미와 어떻게 다르며, 남명이 이를 수양과 어떻게 관련시키는지를 이해하려면 반드시 살펴봐야 할 대목이다.

알다시피 '경의'라는 명제는 『주역』 곤괘坤卦 문언전文言傳의 "경敬으로써 안을 곧게 하고, 의義로써 밖을 반듯하게 한다敬以直內 義以方外"는 데서 비롯되었으며, '경이직내 의이방외'라는 말도 실은 곤괘 육이효六二爻의 효사爻辭 '직방대直方大 불습不習 무불리無不利'에 보이는 '직방'의 의미를 부연한 것이었다. 요컨대 '직直'이란 마음

『남명선생문집』, 조식, 초간본, 개인.

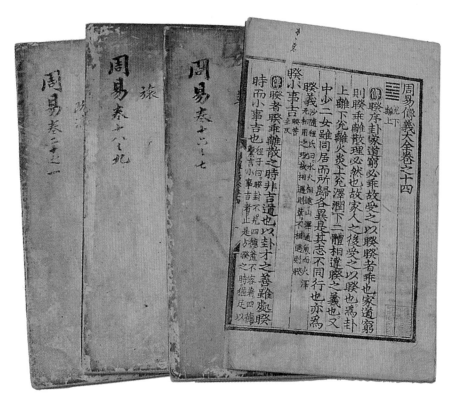

『주역』, 조선시대, 유교문화박물관.

을 곧게 하는 것인데, 이는 '경敬'을 통해야 가능하며, '방方'이란 외물과의 교섭 과정에서 일을 반듯하게 처리하는 것인데, 이는 '의義'를 기준으로 해야 가능하다는 것이다. 경의가 이처럼 직방의 의미와 관련되는 것은 한 사람의 사상을 논하면서 크게 주목할 만한 부분은 아니다.

그렇지만 남명에게 있어 경의 개념은 각별한 의미를 지닌다. 『주역』 곤괘의 '경이직내 의이방외'를 남명이 그의 「패검명佩劍銘」에서 '내명자경內明者敬 외단자의外斷者義'라고 변화를 준 데서 그 단서를 찾을 수 있다. 왜냐하면 이것은 심상치 않은 변화를 그 안에 담고 있기 때문이다.

우선 '직'(곧게 한다)을 '명'(밝힌다)으로 바꾸고, '방'(반듯하게 한다)을 '단'(결단한다)으로 바꿨다는 점부터가 심각한 변화다. 남명이 대체한 '명'은 『대학』 삼강령三綱

"경敬으로 안을 곧게 하고 의義로써 밖을 반듯이 하다"

領 가운데 첫째인 '명명덕明明德'에서 '밝힌다'는 뜻으로 쓰인 앞의 '명'을 염두에 둔 것이며, 『중용』 20장에 나오는 '명선明善'의 '명'과도 연결된다. 『대학』의 '명명덕'은 격물格物·치지致知·성의誠意·정심正心 즉, 궁리窮理를 통한 지식의 획득 및 인욕에 가려진 자신의 마음을 수양하는 포괄적 의미로 쓰이며, 『중용』의 '명선'은, 지선至善이란 무엇이며 지선이 존재하는 곳은 어디인가를 밝혀 스스로 체득하는 것이다. 따라서 남명이 '경'의 의미를 '직'에서 '명'으로 바꾼 것은, 원시 유학의 질박한 개념을 포괄하면서 송대 신유학의 정연한 이론적 개념을 녹여냈음을 보여준다.

'방'에서 '단'으로의 변화도 큰 의미를 지닌다. 남명이 이러한 변화를 가한 것은 '반듯하게 한다'는 의미의 '방'이 일반적이고 원론적인 표현이므로, 강력하게 실천하려는 의지를 보이고자 '결연히 잘라버린다'는 뜻의 '단'으로 대체한 듯하며, 이로써 삼엄한 실천 의지가 감돌기 때문이다.

앞서 언급했듯이 『주역』에서는 직·방의 의미를 부연 설명하고자 경·의를 끌어들였다. 그런데 남명은 경·의라는 글자와 관련시켜 존양성찰存養省察을 뜻하는 '명'과, 처사접물시處事接物時에 결단을 의미하는 '단'을 그 자리에 대체시킴으로써 『주역』이 함의하는 바를 넘어서 자신만의 새로운 용어로 재정립시켰던 것이다.

신명사도, 사생결단의 존양성찰

이처럼 남명이 말하는 경의에는 늘 '명'과 '단'이 전제되어 있고, 이를 가장 분명히 보여주는 것이 「신명사도神明舍圖」와 「신명사명神明舍銘」이다. 그러므로 여기서는 이 둘을 통해 남명의 경·의 사상을 구체적으로 알아보자.

「신명사도」는 태일군太一君이 추구하는 천덕天德과 왕도王道를 펴기 위해 원곽垣郭 안에서는 경敬이 총재冢宰가 되어 주관하고, 원곽 밖에서는 백규百揆가 주관해 외적의 침입을 직접 물리치는 역할을 담당한다는 것을 도형화한 것이므로, 크게 태일군을 지키기 위한 성곽을 뜻하는 원곽의 안팎으로 나눠 볼 수 있다. 「신명사명」은 「신명사도」와 한 조가 되어 부족한 점을 보완하고 있다. 즉, 말로 나타낼 수 없는 부분을 그림으로 표현해 깨닫게 하고, 그림으로 다 표현할 수 없는 부분은 명銘으로 보완했다.

「신명사도」의 성곽에는 심기審幾라 이름 붙인 대장기大壯旂가 삼엄한 모습으로 펄럭이고 있고, 그 아래쪽에 백규와 대사구大司寇가 치찰致察과 극치克治라는 이름과 함께 버티고 있는데, 이는 「신명사명」의 '동미용극動微勇克 진교시살進教廝殺'과 깊은 관련이 있다. 즉, 마음에 사욕私欲이 일어날 기미를 살피는 것이 심기審幾이고, 사욕이 일어났을 때 이를 이겨내는 것이 치찰과 극치인데, 「신명사명」에서는 이를 '낌새가 있자마자 용감하게 이겨내고, 나아가 반드시 섬멸토록 한다動微勇克 進教廝殺'고 표현하고 있다. '시살廝殺'이란 남김없이 모조리 죽여 없앤다는 말로, 여기서 남명의 수

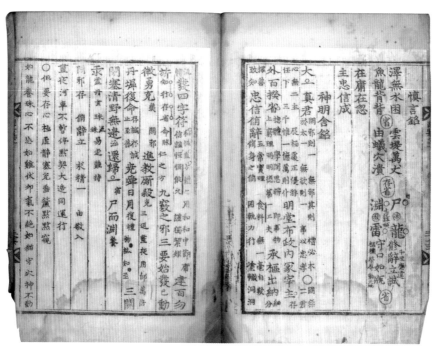

『남명선생문집』에 실린 신명사명과 부주.

"경敬으로 안을 곧게 하고 의義로써 밖을 반듯이 하다"

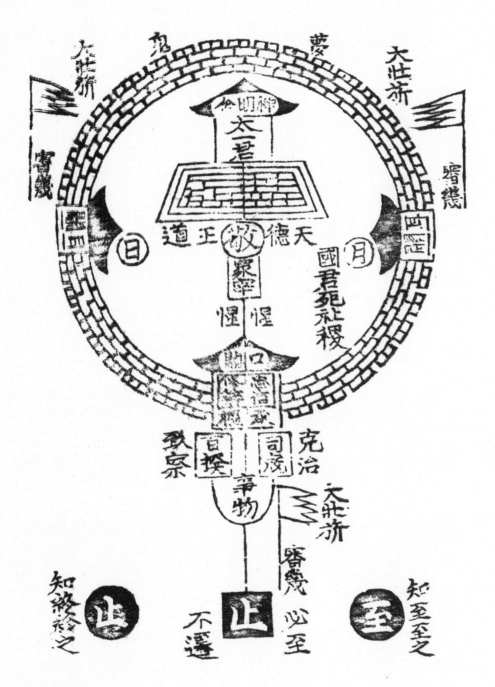

「신명사도」.

양론이 지닌 더할 나위 없는 독실성이나 격렬성을 엿볼 수 있다.

남명은 「신명사명」 부주附註에서 '시살'이란 말의 뜻을 더 분명히 하고 있다.

밥 해먹던 솥도 깨부수고 주둔하던 막사도 불사르고 타고 왔던 배도 불 지른 뒤,
사흘 먹을 식량만 가지고 사졸들에게 죽지 않고는 결코 돌아오지 않으리라는 의
지를 보여줘야 하는데, 이와 같이 해야 바야흐로 시살할 수 있다.

이 글은 항우가 전쟁하면서 쓴 사생결단의 전법으로, 이로 인해 항우는 일약 천
하를 마음대로 부릴 수 있는 위치를 차지했다. 다만 항우는 눈에 보이는 적과 싸우
면서 이런 전법을 썼던 반면, 남명은 눈에 보이지 않는 마음의 적과 싸우면서 사생
을 결단하려 했던 것이다.

미수眉叟 허목許穆(1595~1682)은 남명의 신도비인 「덕산비德山碑」에서 「신명사
명」을 소개하면서 '九竅之邪 三要始發 動微勇克 進敎廝殺'만 인용했고, 부주 가
운데서도 '시살'을 설명한 부분만 인용했다. 이는 미수도 남명 사상 가운데 「신명사
명」이 차지하는 비중이 특별함을 인식했다는 증거인 동시에, 「신명사명」 가운데 마
음의 적을 시살하려는 자세를 남명 사상의 핵심으로 보았다는 증거이기도 하다.

우암尤庵 송시열宋時烈(1607~1689)도 「남명조선생신도비명」에서 "그의 학문은
오로지 경의를 요점으로 하고 있다. 좌우의 집기에 새겨 스스로 경계를 삼은 것이
이 일(경의) 아닌 것이 없다. 그러므로 선생의 신채神彩는 준결峻潔하고 용모는 준위
俊偉했던 것이다. 자신의 사욕을 이겨낼克己 적에는 한 칼에 두 동강 내듯이 했으며,
일을 처리할處事 적에는 물이 만 길 절벽을 만난 것같이 했다"고 적었다.

또한 「신명사도」 성곽 안에 '국군사사직國君死社稷'이란 말이 있는데, 이것은 '임
금이 사직社稷과 그 운명을 같이한다'는 뜻으로, 만약 임금께 그러한 뜻이 없으면 나
라를 보전할 수 없듯이, 학자도 죽음으로써 도를 지킬 생각이 없으면 그 마음을 옳
게 보전할 수 없음을 말한 것이다. 이 '국군사사직'은 외적의 침입에 대해 사생결단
의 각오로 임한다는 앞의 부주의 뜻과 상통하기도 한다.

또 「신명사명」 '태일진군太一眞君' 아래에 "나라에는 두 임금이 없으며, 마음에는 두 주인이 없다. 3000명이 한마음이 되면 억만의 군사도 쓰러뜨린다"라는 세주細註가 보인다. 이는 「신명사도」의 '국군사사직'이란 표현과 표리관계를 이룬다. 즉 '국군사사직'은 임금의 처지에서 국가를 지키려는 마음 자세를 나타낸 것이고, 이 명銘은 신하의 처지에서 올바른 임금을 보위하면서 나라를 지키려는 마음 자세를 드러낸 것이다.

요컨대 「신명사도」와 「신명사명」에서 외적의 침입을 사생결단의 각오로 막으려는 것과 바로 앞의 이 두 가지는 처지에 따라 표현을 달리한 것일 뿐, 마음을 지키려고 할 때에는 오직 한마음 사생결단의 각오로 임해야 한다는 점에서 서로 같다.

남명은 시에서도 이러한 자세를 드러냈는데, 「욕천」이 그런 면모를 여실히 드러낸다.

오십 년 동안 온몸에 찌든 때	全身五十年前累
천 섬 맑은 물로 깨끗이 씻는다	千斛淸淵洗盡休
만약 오장 안에 티끌이 생긴다면	塵土倘能生五內
바로 지금 배를 갈라 흐르는 물에 부치리	直今刳腹付歸流

이 시는 남명이 49세 때인 1549년에 감악산 아래 포연鋪淵에서 삼가, 함양 등지의 선비들과 목욕하면서 읊은 시다. '오장 안에 티끌이 생긴다'는 것은 마음 안에 사욕이 일어남을 빗댄 것이며, '배를 갈라 흐르는 물에 부쳐 보내겠다'는 것은 목숨을 담보삼아 사욕을 시살하겠다는 표현이다. "모름지기 마음 안에서 한마汗馬의 공을 거두어야 한다"는 표현이나, 양손에 물 사발을 받들고 밤을 지새우면서까지 정신을 수렴하려 한 의지도 철저한 수련을 통해 스스로의 정신세계를 고양시키려는 것이었다.

남명이 존양성찰의 측면에서 이처럼 철두철미했던 점을 「신명사명」에 나오는 용어를 빌려 말하자면 시살적이며, 이 점이 바로 남명의 경이 지닌 독특함이다. 송

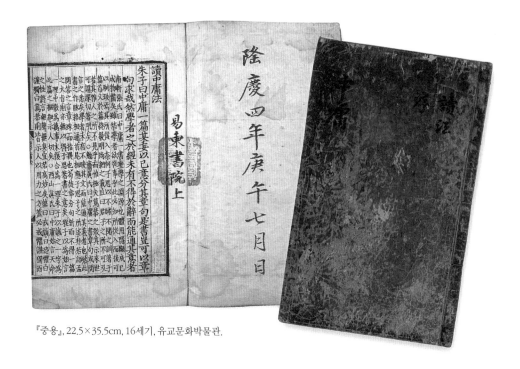

『중용』, 22.5×35.5cm, 16세기, 유교문화박물관.

대 이래 흔히 경의 방법으로 '주일무적主一無適' '수렴기심收斂其心' '정제엄숙整齊嚴肅'
'상성성常惺惺' 등을 들고 있는데, 남명은 바로 이들을 바탕으로 '시살적 존양성찰'이
라는 독특한 방법을 찾아내 적극적인 경의 실천 방법을 제시했던 것이다.

　　남명의 시살적 존양성찰은 적어도 두 가지 측면에서 고찰해야 한다. 하나는 지
식을 축적하는 '명선'의 측면이고, 다른 하나는 명선의 과정을 통해 안 지식을 실천
하는 '성신誠身'의 측면이다. 남명은 「신명사명」에서 "안에서는 총재가 관장하고 밖
에서는 백규가 살핀다內冢宰主 外百揆省"고 한 뒤, 이 부분의 주석에서 "학문사변學問思
辨 즉사물상궁리卽事物上窮理 명명덕제일공부明明德第一工夫"라 표현하고 있다. '학문사
변'은 『중용』에 보이는 박학博學·심문審問·신사愼思·명변明辨을 가리키는 말로, 존덕
성의 절목인 독행에 대한 도문학道問學의 항목이다. 책을 통해 많은 지식을 습득하
며, 모르는 것은 분명히 알 때까지 질문하고, 신중하게 사색하며, 옳고 그름을 분
명하게 가리는 일 등은 '명선'에 속하는 공부이므로, 남명은 이를 '명덕을 밝히는 첫

번째 공부'라고 주석을 달았던 것이다. 요컨대 『주역』에서 '경이직내'의 '직'이 「패검명」에서 '내명자경'의 '명'으로 바뀐 것을 「신명사명」의 이 부분에서 구체적으로 확인할 수 있다.

남명의 시살적 존양성찰 가운데 또 한 측면인 '성신'이야말로 사욕을 이겨내는 공부로, 남명다움이 빛을 발한다. 「신명사도」나 「신명사명」은 전체가 '성신誠身'의 의미를 지니지만, 그중에서도 '백 가지 금지의 깃발을 세운다建百勿旆'는 것이나 '나아가 반드시 섬멸토록 한다進敎斯殺'는 것 등은 바로 '성신' 공부를 뜻하는 대표적인 구절이다.

성신의 특징 가운데 주목할 만한 점은 남명 내부에 자아 정립을 통한 거대 지향의 생각이 늘 깊이 깔려 있다는 것이다. 이와 더불어 남명이 노장 관련 글을 자주 쓴 것은 주자학 일색이던 조선에서 그가 순유純儒가 아니라는 증거로 작용했다. 퇴계가 남명의 「계부당명鷄伏堂銘」을 보고 "이런 글은 노장서老莊書에서도 못 본 것이다"라고 했는데, 「계부당명」이 바로 「신명사명」이다. 주자학적 세계관이 교조적 권위를 누리던 조선시대에는 노장서에서도 볼 수 없는 후대 도가道家의 글을 읽고 그것을 자신의 글에 도입하기란 쉽지 않았다. 그런데도 남명은 문장 곳곳에 이러한 글들을 넣었으며, 특히 「신명사명」처럼 정신 수양과 관련되는 곳에서는 더욱 두드러진다.

예컨대 그의 호 '남명'도 『장자』 「소요유逍遙遊」에 나오는 붕새의 최종 목적지를 뜻하는 '남명'에서 취한 것으로, 붕새는 그 등의 길이가 수천 리나 되는 만큼 '남명'이란 호에서도 자아를 거대하게 정립함으로써 끊임없이 거대한 정신의 실질을 유지하려는 의지가 깊이 깔려 있다. 남명에 대해 흔히 노장 취향을 말하지만 정신세계의 거대 지향 외에 도가에 몰입했다고 보기는 힘들며, 이 점은 다음 시에서도 확인된다.

불 속에서 하얀 칼날 뽑아내니　　　　宮抽太白

서리 같은 검광 광한전까지 닿아 흐르네　　　霜拍廣寒流

견우성·북두성 떠 있는 넓디넓은 하늘에　　　牛斗恢恢地

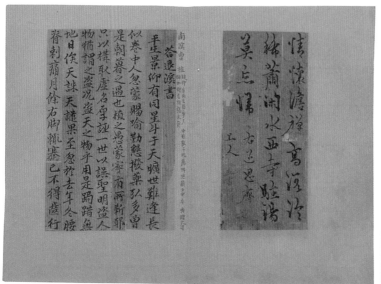

『조선명현필첩』, 29.8×20.4cm, 조선시대, 국립중앙박물관. 조선시대 선비들의 글씨를 모은 서첩으로, 남명 조식이 퇴계 이황에게 보낸 편지가 실려 있다. 평소 하늘의 북두칠성과 같이 흠모하며 만나고 싶어했으나 자신은 몽매한 사람이며, 몸이 좋지 않은 등 만날 수 없게 된 사정을 밝히고 있다.

정신은 놀아도 칼날은 놀지 않는다　　　神遊刃不遊

　이 시는 남명이 검병劍柄에 써서 진사시에 장원한 문인 조원趙瑗에게 준 시다. 『장자』 「양생주養生主」에 나오는 포정庖丁이 칼날을 자유자재로 놀렸듯이, 조원에게 정신을 자유자재로 놀리길 바라는 내용인데, 장원한 조원에게 현실과는 상관없는 도가적 정신세계를 지니라며 이 시를 써주었다고 해석할 수는 없다. 말하자면 이 시에는 조원이 현실생활 속에서 세속적인 이록利祿을 벗어나 무한히 자유로운 정신세계를 유지하기를 바라는 남명의 마음이 드러나 있는데, 이로써 남명 자신이 그러한 정신세계를 추구했음을 알 수 있다.

세상 모든 일을 결단하는 잣대는 '의'다

「신명사도」와 「신명사명」은 표면상 '경'에만 관련되어 있을 뿐 '의'와는 상관없는 듯하다. 그러나 면밀히 살펴보면 「신명사도」는 양면 구조로 되어 있다. 즉 「신명사도」는 마음을 밝히는 '경'을 설명하기도 하고, 경을 통해 마음을 밝힌 뒤 의를 실천하는 것을 보여주기도 한다. 왜냐하면 「신명사도」 자체가 성곽을 지키면서 임금을 보위하는 형태로 이뤄져 있고, 군신이 목숨 걸고 사직을 보위하는 일은 기본적으로 '의'의 영역에 속하기 때문이다.

이 문제를 이해하는 핵심은 원곽 밖의, 치찰과 극치를 담당하는 백규와 대사구의 역할을 '경'으로 볼 것이냐 '의'로 볼 것이냐에 있다. 앞서 언급했듯이 「신명사명」의 '외백규성' 부분 주석에서 "학문사변이다. 사물에 나아가서 이치를 궁구하는 것이다. 명덕을 밝히는 첫 번째 공부다"라고 한 것으로 보아 치찰과 극치를 '경'으로 보는 데는 문제가 없다. 따라서 「신명사명」만 보면 '의'로 해석할 여지가 없어 보이지만, 「신명사도」를 참조할 때 성곽 내외의 상황이 성곽에서 임금을 보위하면서 외적의 침입에 목숨 걸고 싸우는 것을 연상케 하므로 치찰과 극치를 '의'로 해석할 여지가 있다.

패검명의 '밖으로 결단하는 것은 의다'라는 언표는, 인간 세상에서 일어나는 모든 일을 결단하는 잣대가 '의'이며, 따라서 불의를 맞닥뜨릴 때에는 목숨 걸고 결단해야 함을 함축하고 있다. 남명의 문인이자 외손서이기도 한 동강東岡 김우옹金宇顒이 남명의 명命으로 지었다는 「천군전天君傳」에 백규의 이름이 '의'로 되어 있는 것도 이러한 맥락에서 이해할 수 있다. 그러므로 '성곽 밖의 백규와 대사구는 실제로 외적을 물리치는 역할을 맡은 자로 비유되었으며, 이들이 국가를 위해 외적을 물리치는 행위가 바로 '의'라고 해석할 수 있다.

그러고 보면 「신명사명」 부주에 보이는 '국군시사직 대부사관수國君死社稷 大夫死官守'는 물론, 앞서 인용한 '죽을 각오로 싸워야 섬멸할 수 있다'는 내용이 모두 '의'와

『학기유편』, 조식.

깊은 관련이 있으며, 남명이 임종 때 "우리 집에 경·의 두 글자가 있는 것은 하늘에 해와 달이 있는 것과 같다"고 한 것도 이러한 관점에서 설명할 수 있다.

　남명이 공부하면서 주로 송대 학자들 학설의 요점을 적어둔 것이 『학기學記』이고, 이를 『근사록』 체제에 맞게 편집한 것이 『학기유편學記類編』이다. 이 속에는 성리학 관련 그림이 24점 들어 있다. 이 24도 역시 대체로 송대 학자들의 학설을 요약해 도표화한 것인데, 이중 17도를 남명이 지었다. 특히 '경'의 의미를 이해하도록 한 그림은 여러 곳에 보이는 반면, 경·의를 함께 집중적으로 부각시킨 그림은 없다. 다만 「성도誠圖」에 '경이직내'와 '의이방외'가 함께 보이는데, 이 그림에서의 '경이직내'는 '성'의 의미를 드러내기 위해 '물격지지의성物格知至意誠' '한사존기성閑邪存其誠' '수사입기성修辭立其誠'과 함께 제시되었으며, '의이방외'는 '경이직내'의 의미를 드러내기 위해 주석처럼 제시된 것에 불과하다. 이처럼 『학기유편』에서 '의'를 '경'과 대등하게 의미화한 것이 보이지 않는 이유는 남명 이전에 이런 학설이 제기되지 않았기 때문인 듯하다. 따라서 남명이 하늘의 해와 달과 같다고까지 하면서 경·의를 대등하게 이해한 것은, 선현의 학설을 답습한 것이 아닌 아주 독창적인 견해다.

　다음으로 생각해봐야 할 것은 '의'와 남명 사상이 지닌 현실 지향과의 관계다. 남명은 「무진봉사戊辰封事」에서 '궁기리窮其理 장이치용야將以致用也'라 하여, 궁리하는 목적이 치용, 즉 현실세계에서의 쓰임을 극진히 하는 것에 있음을 분명히 했다. 이는 경으로 마음을 밝히는 목적이, 현실에서 처사접물을 할 때 의로써 이를 결단하기 위함이라는 의미로 해석하게 한다.

　남명은 『학기유편』에서 "불교에는 '경이직내'만 있고 '의이방외'는 없다"는 정자程子의 말을 적어두었다. 이는 현실과 무관하게 살아가려는 불교식 삶의 태도를 비판하는 것임과 동시에, 유가는 불교와 달리 사회적 실천 의지가 강하다는 뜻이기도 하다.

　현실 문제에 깊은 관심을 갖는다면 지식인으로서 책임을 통감하지 않을 수 없다. 그러므로 나아가 벼슬함으로써 온축했던 뜻을 펼칠 것인지, 물러나 도를 지킬 것인지를 결정해야 한다. 또 임금에게 직언할 기회가 오면 현실 상황을 분명히 인식

『학기유편』, 조식.

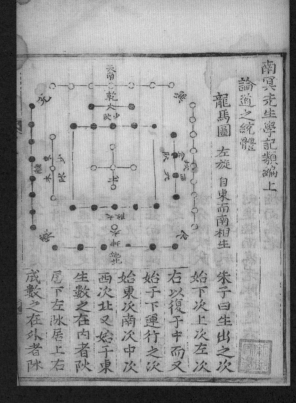

南冥先生學記類編論上

論道之統體

龍馬圖　左旋　自東而南相生

朱子曰生出之次
始下次上次左次
右以復于中而又
始于下運行之次
始東次南次中次
西次北又始于東
生數之在內者陽
居下左而居上右
成數之在外者陰

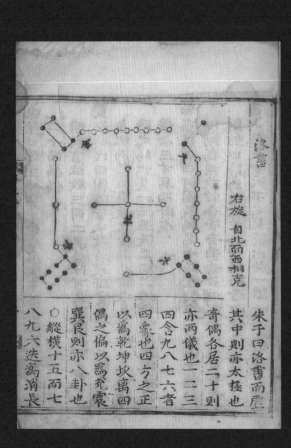

洛書

右旋　自北而西相克

朱子曰洛書而虎

其中則亦太極也
寄偶各居二十則
亦兩儀也一二三
四含九八七六者
四象也四方之正
以爲乾坤坎離四
偶之偏以爲兌震
巽艮則亦八卦也
○縱橫十五而七
八九六迭爲消長

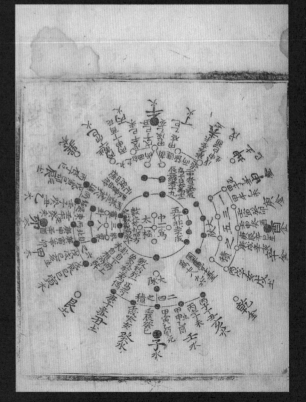

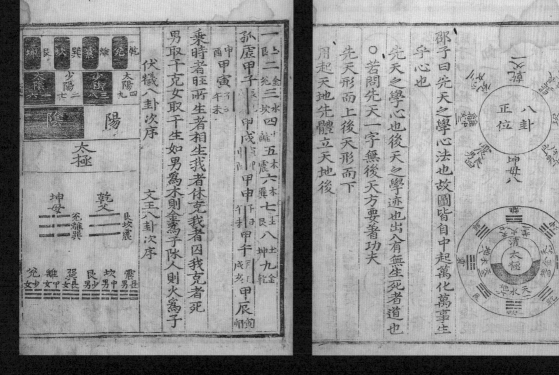

【右上】八卦正位圖・太極圖

邵子曰先天之學心也後天之學迹也出入有無生死者道也

先天之學心法也故圖皆自中起萬化萬事生乎子心也

○若問先天一字無後天

先天形而上後天形而下

用起天地先體立天地後

八卦　正位　坤母八

太極圖

【左上】伏羲八卦次序・文王八卦次序

乾　兌　離　震　巽　坎　艮　坤
太陽　少陰　少陽　太陰
陽　陰
太極

伏羲八卦次序

文王八卦次序
乾父　坤母
兌女　離中女　巽長女
震長男　坎中男　艮少男

一乾二兌三離四震五巽六坎七艮八坤

孫盧甲子

乘時者旺而生者相生我者休克我者因我克者死

男取干克而女取干生如男為木則金為子剋人則火為子

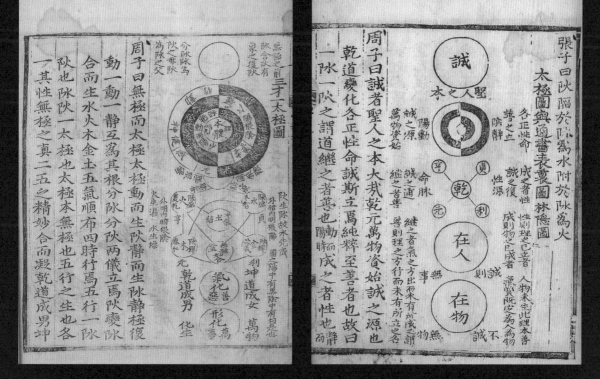

【右下】太極圖與通書表裏圖　林隱圖

張子曰陰陽隔於形為水附於陰為火

太極圖與通書表裏圖　林隱圖

周子曰誠者聖人之本大哉乾元萬物資始誠之源也

乾道變化各正性命誠斯立焉純粹至善者也故曰

一陰一陽之謂道繼之者善也成之者性也

誠　聖人之本

乾　元亨利貞

在人　在物　誠

【左下】三才太極圖

周子曰無極而太極太極動而生陽動極而靜靜而生陰靜極復動

一動一靜互為其根分陰分陽兩儀立焉

陽變陰合而生水火木金土五氣順布四時行焉五行一陰陽也

陰陽一太極也太極本無極也五行之生也各一其性無極之真二五之精妙合而凝乾道成男坤

三才太極圖

乾道成男　坤道成女　萬物化生

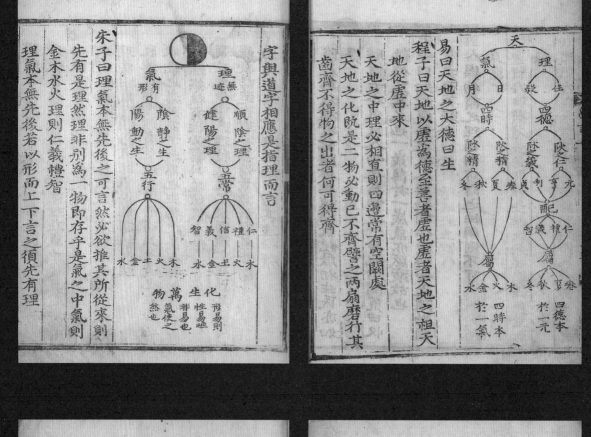

字與道字相應是指理而言

宋子曰理氣本無先後之可言然必欲推其所從來則
先有是理然理非別為一物即存乎是氣之中氣則
金木水火理則仁義禮智
理氣本無先後若以形而上下言之須先有理

理　無迹　順　陰陽之理
氣　有形　靜　陰靜之生
　　　　　　陽動之生
　　　　　　　五行
　　　　　　水金土火木
　　　　　　化
　　　　　　生性易性
　　　　　　形易則
　　　　　　非易也
　　　　　　萬物然也
　　　　　　氣使之然也

健陽之理　善
仁義禮信智
水金土火木

天

易曰天地之大德曰生
程子曰天地以生為德全善者生也生者天地之祖天
地從虛中來
天地之中理必相直則四遍常有空闕處
天地之化既是二物必動已不齊嘗有空闕處
齒齊不得物之出者何可得齊

理　生　惻隱　仁義禮智　元亨利貞　四德本於一元
氣　殺　堅實　　　　　春夏秋冬　四時本於一氣
月　　　　　　　　　　水金火木
日
時
陰精
陽精

人

理　義　仁
　　五性
　　配健
　　配順
　　仁義禮智信
　　水金土火木

氣　魄　魂
　　五臟
　　屬陰　屬陽
　　精　意　神　魂　魄
　　腎　脾　心　肝　肺
　　水金土火木

程子曰心也性也天也一理也又曰理出於天天出於
上蔡謝氏曰天理也人亦理也循理則與天為一與天

太極　陰　陽

伏羲八卦次序

乾兌離震巽坎艮坤
太陽　少陰　少陽　太陰
文王八卦次序

乘時者旺歷生者休相生我者休克我者囚我克者死
男取干克女取干生者相生如男為木則金為子陰人則火為子

一曰二曰金三曰水四曰中五曰木六曰火七曰土八曰九曰金
孤虛甲子

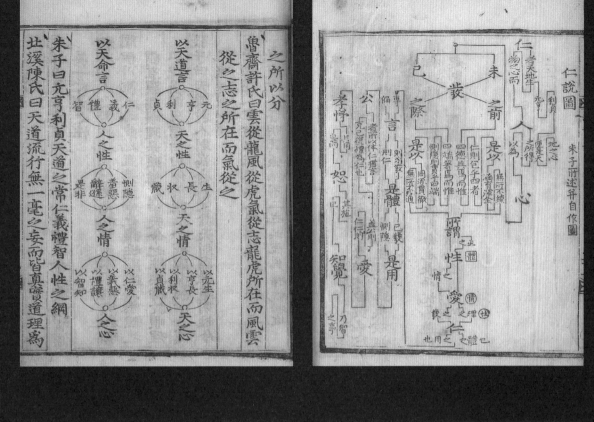

仁說圖　朱子所述幷自作圖

之所以分

魯齋許氏曰從龍風從虎氣從志龍虎所在而風雲

從之志之所在而氣從之

以天道言　元亨利貞　天之性　生長收藏　天之情　天之心

以天命言　仁義禮智　人之性　惻隱辭遜羞惡是非　人之情　以仁愛以義惡以禮讓以智知　人之心

朱子曰元亨利貞天道之常仁義禮智人性之綱

北溪陳氏曰天道流行無一毫之妄而皆真實道理為

忠恕一貫

	天	地	心	言
	忠至誠無息	忠動皆盡天	忠渾然一理	言忠盡己之心
	一本萬殊	萬殊一本	恕各正性命	言恕推己及物
	聖人	無聖人	恕泛應曲當	
	道之體以一學	道之用為	天道一者	言忠恕所謂違道不
			人道一貫	恕違道不遠下學而上達者也

河東侯氏曰心之謂忠無恕不見得忠無忠做不出恕來誠有是

朱子曰惟天之命於穆不已不其忠乎天地變化草木

蓋忠者天下大公之道恕所以行之也忠言其體天道

小學　大學　學

小學　收放心　涵養　對進退　本源

大學　窮理正心　措義理　修己治事　知之深行之大

朱子曰知先行後無難然有淺深小大小學是收放心

禮樂射御養其德性知之淺行之小大學是察義理

誠正修措諸事業知之深行之大欲曰小學之成以

進大學之始非涵養踐履之有素豈能居然以雜亂

紛紜之心格物以致其知忾知事親從兄之際豈可謂

敬　修齊治平　行　誠　貴隱

明新止　格致誠正　知　性道教

義理　智仁勇　天道人道

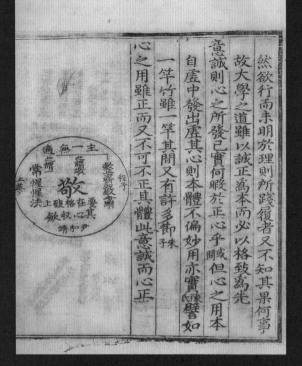

然欲行而未明於理則所踐復者又不知其果何事
故大學之道雖以誠正為本而必以格致為先
意誠則心之所發已實何暇於正心乎賦但心之用本
自虛中發出虛其心則本體不偏妙用亦實　陳氏礜如
一竿竹一竿其間又有許多即　朱子
心之用雖正而又不可不正其體此意誠而心正

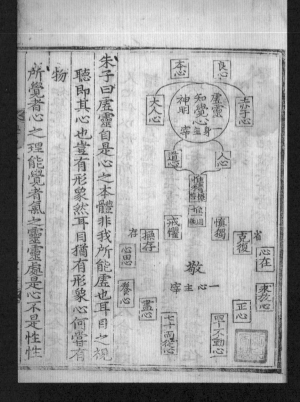

朱子曰虛靈自是心之本體非我所能虛也耳目之視
聽即其心也豈有形象然耳目猶有形象心何嘗有
物
所覺者心之理能覺者氣之靈靈處是心不是性性

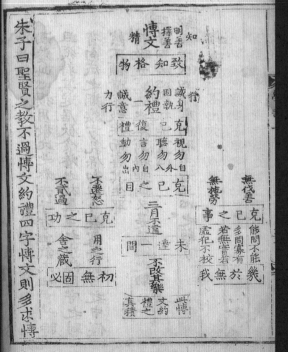

朱子曰聖賢之教不過博文約禮四字博文則多求博

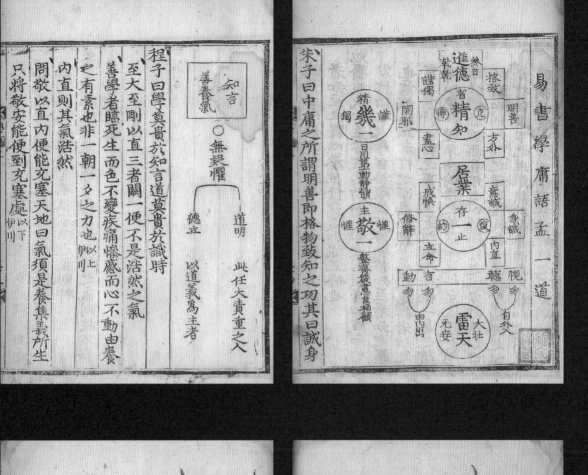

朱子曰中庸之所謂明善即格物致知之功其曰誠身

知言
善養氣
○無畏懼
道明　此任大責重之人
德立　以道義為主者

程子曰學莫貴於知言道莫貴於識時
至大至剛以直三者闕一便不是浩然之氣
善學者臨死生而色不變疾痛慘怛感而心不動由養
也有素也非一朝一夕之力也　以上伊川
內直則其氣浩然
問敬以直內便能充塞天地曰氣須是養集義所生
只將敬安能便到充塞處　以下伊川

南軒張氏曰要須動以見靜之所存靜以涵動之所本
動靜相須體用不離而後為無滲漏也　與尤晦書
易曰知幾其神
知至至之可與幾也
惟幾也故能成天下之務
書曰惟幾惟康
動者是幾靈處是神

幾　省察　格致　克己　地頭　仁勇

誠其意者毋自欺也夫如惡惡
臭如好好色實此之謂自
惡故君子必慎其獨也地頭
惟慎獨可
以付王道

建安葉氏曰寧格雖至涵養不足則其知將日昏而無
以為力行之地
先須存養其本以為省察之地
子曰脩已以敬
君子莊敬日強安肆日偷
程子曰天地設位易行乎其中只是敬敬則無間斷體
物而不可遺
敬而無失便是喜怒哀樂未發之中敬不可謂中道明
嚴威儼恪非敬之道但致敬須自此入
須敬中此心不可惡迫當栽培深厚

시키고 그 대안을 제시해야 한다. 결국 『남명집南冥集』 곳곳에 보이는 현실에 대한 깊은 애정, 엄정한 출처관, 상소문 등에서 나라의 현실 문제를 철저하게 비판한 것은 방단적 처사접물로 요약되는 '의'에 입각한 행위라 할 수 있다.

'의'는 어떻게 실현될 수 있는가

남명의 「신명사도」는 '경'이 총재로 있으면서 신명인 태일진군을 보좌하는 그림으로, 그림 전체가 신명이 신명함을 유지하려면 '경'의 역할이 절대적임을 보여주는 동시에 '의'의 실현을 보여주는 것이기도 하다는 점은 앞서 말했다.

'경'은 자신의 마음을 밝히기 위한 수단이고, '의'는 처사접물 시 일을 반듯하게 처리할 수 있게 하는 잣대다. '경'은 자신과 관계되는 일에 쓰이는 용어이고 '의'는 남과 관계되는 일에 쓰인다. 그러나 '경'에 의해 마음이 수양되어 있지 않으면, 즉 신명이 신명함을 유지하지 못하면 '의'를 실현하는 일은 불가능하다. 요컨대 '경'은 '의'가 반드시 전제되어야 하는 것은 아니지만 '의'는 '경'이 전제되지 않으면 존립 근거가 희박해진다. 그렇다고 '의'가 '경'에 종속되는 것은 아니다. 자신의 내적 수양과 관련된 '경'이 중요한 만큼, '경'이 전제된 사회적 실천이라는 의미의 '의' 또한 '경'만큼 중요하다.

비리非理 내지는 악이 귀·눈·입을 통해 들어오는 것을 막아내되, 목숨 걸고 섬멸해야 한다는 것이 남명의 시살적 존양성찰이다. 그런데 외적이 국경을 넘어 쳐들어올 때, 임금은 사직과 운명을 같이할 각오를 하고, 대부는 자기 직분을 다하다가 죽을 각오를 하며, 장수와 군졸 역시 죽을 각오로 대적한다면 외적을 무찌를 수 있다. 이것이 이른바 개인 또는 단체가 국가 사회를 위해 실천할 수 있는 '의'다. 그리고 개인적으로도 옳지 못한 제의를 받거나 악에의 유혹을 받을 때 목숨 거는 각오로 이를 물리친다면, 이것은 이른바 개인이 그 스스로와 사회를 위해 실천할 수 있는

南冥曹植先生 畫像贊

稟天地純剛之德 才萬一世 智足以追天地之變
錢河設谷洽之精 承蓋千古 勇足以奪三軍之帥
有泰山壁立之像 峯岸如华頭之玉
有鳳凰高卿之趣 頹顏如水面之月 自我而觀之
宜其爲振東方未有之人者矣

門人 鄭逑文

仿月田畫師筆 惹芷補坐稿下未後
蒡田曹元変 謹書

「남명선생영정」.

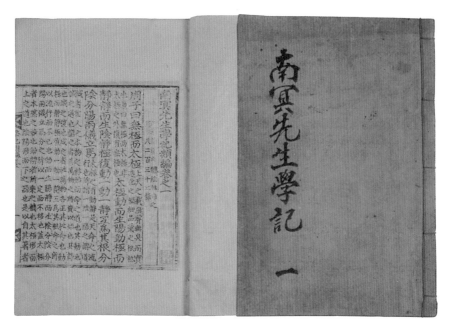

『남명선생학기유편』, 조식, 30.5×21.0cm, 조선시대, 국립진주박물관. 남명이 선현들의 언행에서 정곡만 간추려 엮은 책이다. 유학도로서 공부해야 할 요체와 본질들을 항목별로 묶어 배열해놓았다.

'의'다.

이러한 의는 모두 원곽 안의 신명사를 보호하기 위해 목숨을 바친다는 내용과 따로 떼어 설명할 수 없을 만큼 밀접한 관련이 있다. 또한 '의'에 의한 실천이 없는 상태에서 '경'에 의한 정신 수양 그 자체로는 유가적 의미가 반감된다. 이 점이 「신명사도」가 지닌 양면 구조의 정체이며, '경'과 '의'가 대등한 의미를 지니는 까닭이다.

요컨대 '경'을 바탕으로 사회적 실천을 이루게 하는 것이 '의'인데, 남명이 '의'를 '경'과 대등하게 여겼기에 사회적 실천 의지가 남달랐으며, 남명 학문의 요체를 '경의사상'이라고 하는 이유도 바로 여기에 있다.

"경敬으로 안을 곧게 하고 의義로써 밖을 반듯이 하다"

● 산천재 山天齋

남명이 61세 되던 1561년에 삼가의 뇌룡사로부터 이주해 72세 되던 1572년 2월 8일 임종을 맞이하기까지 거처하던 곳이다. 처음에는 이 앞 개울가에 '상정橡亭'을 지었다고 하는 기록도 있다. 이 건물은 정유재란 때 불탄 뒤 복원되지 못하다가 1818년에 복원되어 지금에 이르고 있다.

전서 글씨는 송하옹松下翁 조윤형曹允亨이 썼고, 해서 글씨는 고동古東 이익회李翊會가 썼다. 마루 위쪽 세 곳에 벽화가 남아 있는데, 이는 「소보허유도巢父許由圖」 「상산사호도商山四皓圖」 「이윤경신도伊尹耕莘圖」로 해석되며, 남명의 정신을 형상화한 것이라 할 수 있다.

1868년부터 1871년 사이에 전국에 서원훼철령이 내려져 덕천서원도 이를 비껴가지 못했는데, 그 뒤부터 산천재에서 '사성현유상四聖賢遺像' 병풍을 모셔두고 해마다 채례采禮를 했다고 한다. 덕천서원이 복원된 뒤에도 채례가 이어지다가 지금은 유계儒契 형식으로 모임이 바뀌었다. 사성현은 공자·주염계周濂溪·정명도程明道·주자를 가리키며, 이 유상은 남명이 직접 모사한 것이다. 산천은 『주역』 대축괘大畜卦를 뜻하며, 남명이 만년에 이곳으로 거처를 옮겨 천왕봉을 보면서 더욱 굳건히 자신을 수양하려는 의지를 드러낸 표현으로 해석된다.

● 남명 묘소

산천재 후강에 있는 이 묘소는 남명이 생전에 정해둔 곳이라고 한다. 묘갈은 평생지기였던 대곡大谷 성운成運이 지었다. 처음 세운 묘갈은 남명 문인 전치원全致遠이 글씨를 썼다고 한다. 그 뒤 1868년에 응와凝窩 이원조李源祚가 글씨를 쓴 비석 및, 1900년대 초기에 세워졌다가 한국전쟁 때 파손된 것 등이 묘소 아래에 세워져 있다.

산천재, 사적 제305호, 경남 산청군 시천면 사리. 남명 조식은 말년에 이곳에서 은거하면서 학문을 닦고 제자를 길러냈으며, 이후 남명학파를 형성해 학맥을 이어갔다.

남명의 묘소와 묘비.

오늘날 남명의 묘사 봉행 장면.

오늘날 덕천서원에서 이뤄지는 춘향 장면.

　　지금의 비석은 1955년에 다시 세워진 것이다. 비제가 '징사증대광보국숭록대부
의정부영의정문정공남명조선생지묘徵士贈大匡輔國崇祿大夫議政府領議政文貞公南冥曺先生
之墓'로 되어 있는데, 이는 퇴계 묘소에 '퇴도만은진성이공지묘退陶晩隱眞城李公之墓'라
되어 있는 것과 절묘한 조화를 이룬다. 남명의 묘소 아래에는 부실副室 은진 송씨의
묘소가 있다.

● 덕천서원

　　이 터는 원래 남명 문인 영무성寧無成 하응도河應圖(1540~1610)의 별장이 있던 곳
으로, 남명이 가끔 거닐던 곳이다. 1576년에 덕산서원으로 처음 세워졌다. 그러던

　　　　　　　　　　　"경敬으로 안을 곧게 하고 의義로써 밖을 반듯이 하다"

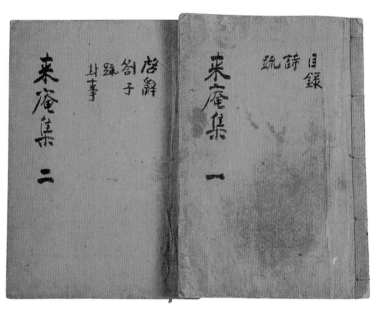

『내암선생문집』, 30.0×20.3cm, 시도유형문화재 제330호(경남), 1919, 개인.
남명의 문인 내암 정인홍의 문집이다.

중 정유재란 때 불에 탔으며 1602년에 중건되었고, 1609년에는 덕천서원으로 사액되었으며 1615년에 수우당守愚堂 최영경崔永慶(1529~1590)이 배향되었다.

1868년 이래 훼철되었다가 1918년에 복원되었다. 이때 수우당의 배향은 이뤄지지 않았으며, 수우당의 채례는 진주 도강서당에서 이뤄지고 있다가 2013년 추향 때부터 다시 덕천서원에 배향되어 향사되고 있다.

● 남명기념관

산천재에서 길 건너 묘소 아래에 위치해 있다. 동쪽에 별묘가 있는데, 이는 남명의 불천위 신주가 모셔져 있는 곳이다. 일제강점기까지는 남명의 종손이 살았으며, 지금도 기일제가 이어지고 있다.

근래에 국가문화재인 사적으로 지정된 뒤 주변 민가를 매입해 남명기념관을 세웠다. 경내에 있는 신도비는 원래 출입구 근처에 있다가 지금 자리로 옮겼다. 남명의 신도비는 정인홍·허목·조경·송시열 등에 의해 지어졌다. 내암 정인홍이 찬술한 것은 인조반정 이후에 없어졌고, 미수 허목이 찬술한 것은 17세기 후반부터 20세기 초반까지 세워져 있다가 후손들에 의해 넘어지고 난 뒤 1926년에 우암 송시열이 찬술한 것이 세워져 지금에 이르고 있다.

백옥상白玉像은 중국에서 만들어 들여온 것이다. 근래에 만들어진 남명 초상화를 근거로 약간의 변화가 가해져서 조각된 것이다.

4장

당쟁의 소용돌이 속에서 불세출의 문장과 언어를 이뤄내다

— 영일 정씨 송강 가문 김봉곤

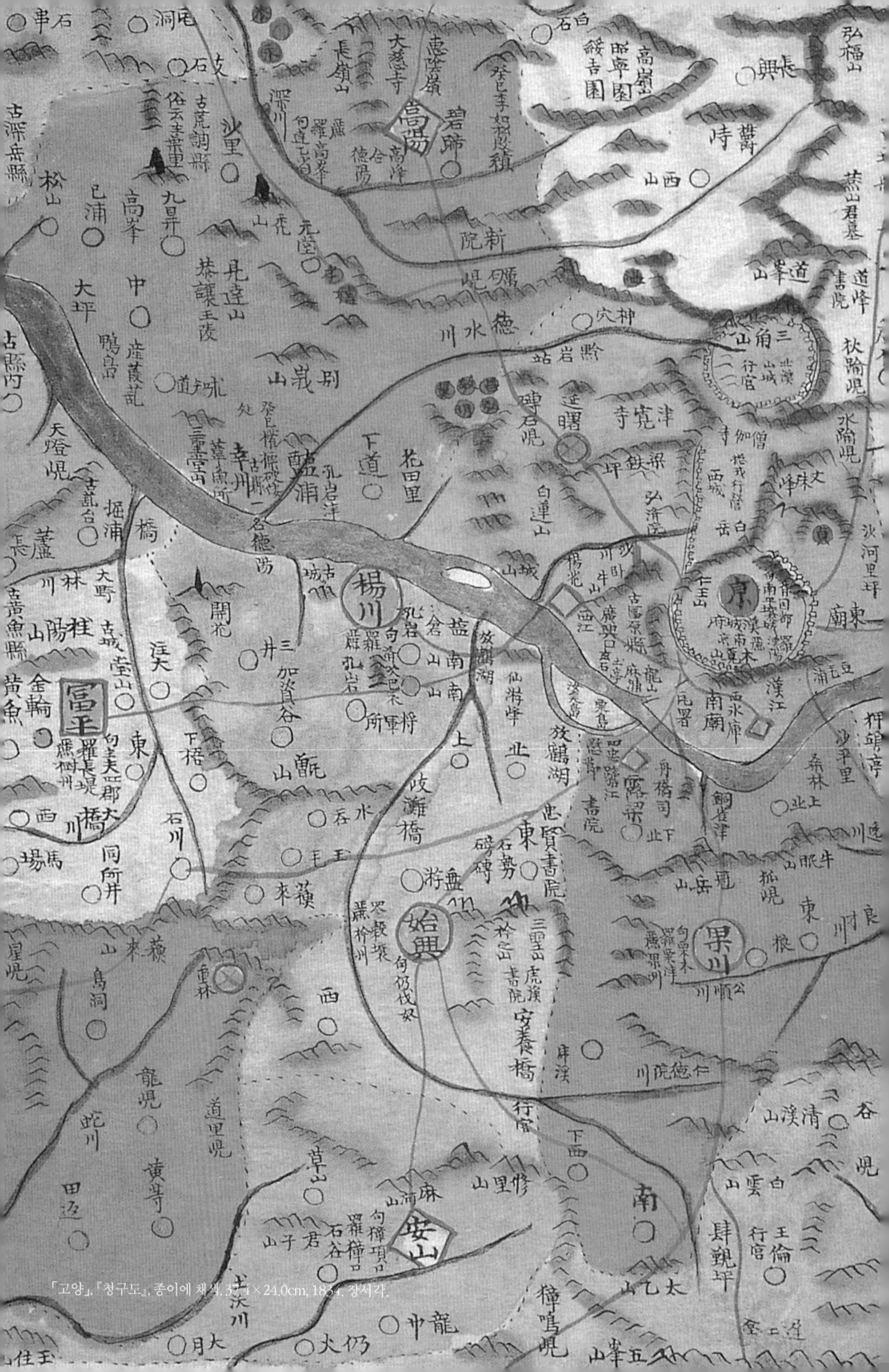

「고양」, 『청구도』, 종이에 채색, 37.4×24.0cm, 1834, 장서각.

흥회가 호방했던 인물의 한평생

　정철鄭澈(1536~1593)의 묘는 사후 70년이 지난 1665년(현종 6) 손자 정양鄭瀁 등에 의해서 진천군 문백면 봉죽리의 지장산地藏山 자락으로 이장되었다. 1594년 2월 장사지냈던 고양군 원당면 신원리의 묘소가 좋지 않아 정철의 체백體魄이 안정되지 못할까 걱정했던 것이다. 이 당시 서인의 영수였던 송시열은 천장시遷葬詩를 지어 다음과 같이 정철을 위로했다.

송강의 묘소를 옮길 때 감상이 있어서 짓다松江遷葬 有感而作 乙巳

을사년(1665년, 현종 6)

시비는 끝내 정해지는 것이니	是非自有當
이제야 비로소 안장했네	宅兆今始藏
하늘에는 일월성신 비추건만	天上三光照
인간 세상은 만사가 거칠구나	人間萬事荒
처량했던 진사辰巳의 해였고	凄凉辰巳歲

충북 진천군 문백면 봉죽리에 있는 정철의 묘.

놀랍고 괴이한 호성虎惺의 글이로세	驚怪虎惺章
무엇으로 밝은 덕에 맞출손가	何以稱明德
맑은 술 한 잔 올리네	寒流薦一觴

    진사辰巳는 임진년(1592)과 계사년(1593)에 정철이 왜란을 맞아 참화를 겪은 해이며, 호성虎惺은 정인홍의 뜻에 따라 성혼과 정철을 간흉으로 몰았던 문경호文景虎와 박성朴惺을 가리킨다. 정철은 기축옥사 때 최영경 등을 잘못 처리하여 죽게 했다는 이유로 사후인 1594년(선조 27) 관직을 삭탈당했으며, 그 뒤 30년이 지난 인조대에 와서야 김장생의 신원과 아들 정종명 등의 탄원으로 관작이 복구되었다. 그러나 그 이후로도 정철에 대한 논란이 계속되고 묘소가 좋지 않자 후손들이 정철의 묘소를 진천으로 옮겼는데, 이때 송시열이 시비는 언젠가는 정해지는 법이고 영혼도 평온해지리라고 추모했던 것이다. 그러나 정철은 송시열의 기대와는 달리 그 뒤로도 1677년(숙종 3)에 남인 계열의 허적許積·허목許穆 등이 정철의 관작을 깎아 없애

    당쟁의 소용돌이 속에서 불세춘의 문강과 언어를 이뤄내다

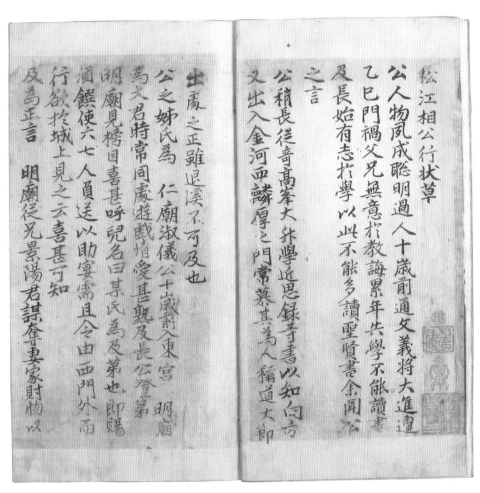

松江相公行狀草

公人物夙成聰明過人十歲前通文義將大進逼
乙巳門禍父兄無意於教誨累年失學不能讀書
及長始有志於學以此不能多讀聖賢書余聞仲
之言

公稍長從奇高峯大升學近思錄等書以知向方
又出入金河西麟厚之門常慕其為人稱道大節

出處之正雖退溪不可及也

公之姊氏為 仁廟淑儀公十一歲能入東宮 明廟
為大君時常同處遊戲相愛甚蜜及長公登第
明廟見榜目喜甚呼兒名曰其氏為及第也即賜
酒饌使六七人負送以助宴需且令由西門外而
行欲於城上見之云喜甚可知

明廟從兄景陽君謀奪妻家財物以
及為正言

『문청공유사文淸公遺事』, 김장생, 33.7×29.3cm, 전남대 도서관. 사계 김장생이 문청공 정철의 행장을 초한 것이다. 정철을 중심으로 벌어졌던 초기 권력 투쟁에 대한 내용이 상세히 기록되어 있다.

자고 했고, 1691년(숙종 17)에는 실제로 관작이 박탈되었다. 1694년(숙종 20)에 관작을 또다시 회복하긴 했지만, 생전에도 그랬듯이 사후에도 이처럼 평온하지 못했던 것이다.

정철의 삶이 파란만장했던 것은 선조대의 극심한 당쟁에서 비롯되었지만, 일면 그의 직선적이고 불같은 기질과도 관련이 있다. 김장생은 1621년(광해군 13) 겨울에 정철의 넷째 아들 정홍명鄭弘溟의 부탁을 받고 정철의 행록을 지었다. 그는 첫머리에서 정철에 대해 다음과 같이 평했다.

공은 흥회가 소탈하고 상쾌하며 언어가 호방하여 사람을 감동시키는 점이 많으나, 다만 대신으로서 관홍용중寬弘容重하는 도량이 작고 또 때로는 주색에 초월하지 못한 것이 흠이었다. 공은 평생 악한 이를 미워하는 마음이 지나쳐 사람의 과실을 능히 용서하지 못하되, 조금도 마음속에 담아두는 일이 없으며 반드시 바깥으로 드러냈던 까닭에 원한을 품은 사람이 많았다.

정철은 흥회가 상쾌하며 언어가 거리낌 없고 문장에 뛰어나 국문학이나 한문학에서 불세출의 업적을 이루었다. 그렇지만 술을 좋아함이 지나쳤고 직선적인 말과 과실을 용납하지 못하는 성격으로 인해 선조대 치열했던 당쟁의 소용돌이 속에서 서인의 영수로 지목되어 동인들로부터 집중 공격을 받았다. 끝내 죄인의 신분으로 생을 마감했으며, 사후에도 그에 대한 평가는 극심하게 부침을 겪었던 것이다.

정철 가문의 문명文名과 관직 경력, 정치적 세파

정철은 영일 정씨迎日鄭氏로 시조는 정종은鄭宗殷이다. 영일 정씨는 연일延日 또는 오천烏川이라는 관향을 쓰기도 한다. 영일은 경상북도 포항시의 이전 행정구역으로

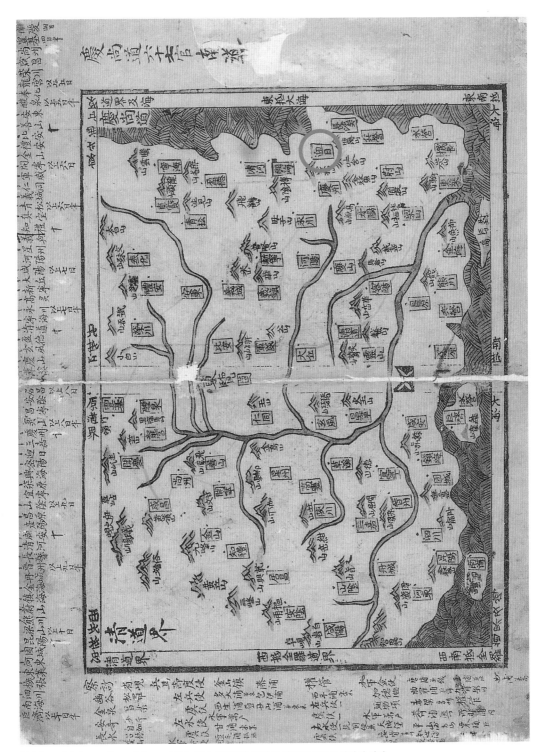

「경상도」, 『동람도』, 26.0×34.6cm, 16세기, 영남대박물관. 정철의 본관 영일이 표시되어 있다.

1995년까지 이어졌으며, 연일이나 오천은 오늘날 포항시 남구의 지명으로 그 이름이 남아 있다. 1981년 이후부터는 영일 정씨 포은공파종중에서 『영일정씨세보』를 편찬하면서 본관을 영일로 통일했다. 정씨는 1985년 주택 및 인구센서스에 의해 총 122개의 본관, 42만2246가구 178만648명으로 조사되었으며, 그중 영일 정씨는 2000년 통계청의 발표에 의해 6만7418가구 총 21만6510명으로 밝혀졌다.

정씨는 사로 육촌斯盧六村 중 취산진지부嘴山珍支部 촌장 지백호智伯虎가 서기 32년 유리왕으로부터 다른 다섯 촌장과 함께 사성賜姓받았을 때 본피부本彼部로 이름이 고쳐지면서 정씨 성을 하사받은 것에서 유래되었다. 그중에서 영일 정씨는 지백호의 후손으로 김유신과 함께 태종 무열왕을 보필하다가 인동 약목현若木縣에 유배된 정종은鄭宗殷을 시조로 한다. 또한 영일로 관향을 삼은 것은 정종은의 후손 정의경鄭宜卿이 영일로 이거해 호장을 지내고 영일현백에 임명되었기 때문이라고 한다.

이후 영일 정씨는 고려 인종조에 추밀원지주사를 지낸 습명襲明과 감무를 지낸 극유克儒를 시조로 하는 두 파로 갈린다. 고려 말 포은 정몽주는 습명의 후손이며, 정철은 극유의 후손이다. 정극유를 시조로 하는 감무공파*는 정사도鄭思道(1318~1379)에 이르러서 다시 크게 일어났다.

정사도는 공민왕 때 최영을 제거하려 했던 신돈에 맞서 파직되기도 하고, 노국대장공주 영전을 증축하려고 하자 백성을 괴롭히고 재물을 낭비한다는 이유로 반대했으나, 공민왕의 중망을 입어 오천군烏川君으로 봉해지고 공신이 되었다. 정사도는 초취인 성주 배씨 현보玄甫의 딸 사이에서는 딸 둘을 두어 전법총랑 이용李容과 안축安軸의 손자로서 1416년(태종 16) 집현전 대제학에 임명되고 흥녕부원군에 봉해진 안경공安景恭을 각각 사위로 맞았다. 재취인 청주 정씨 정포鄭誧의 딸과의 사이에서는 정홍鄭洪(?~1420)을 낳았다. 정홍은 우왕 때 문과에 급제했으며, 조선시대에 보문각寶文閣 대제학을 역임했고, 시호는 공간恭簡이다.

---

* 　정철의 손자 정양鄭瀁이 감무공파 족보를 간행하려고 했으나 뜻을 이루지 못하자 정양의 증손 정익하鄭益河가 다섯 권으로 된 『영일정씨임신보迎日鄭氏壬申譜』로 간행했다. 이후 172년이 지난 1924년 『영일정씨갑자보迎日鄭氏甲子譜』가 간행되었으며, 1981년에 『신유대보辛酉大譜』가 간행되었다.

鄭文憲公滿字仲淳戊子生延日人官領議政諡文敬壽七九

「정호 초상」, 비단에 채색, 50.8×40.0cm, 19세기, 국립중앙박물관. 정철의 현손으로 송시열의 문인이며 노론의 선봉으로 활약했다.

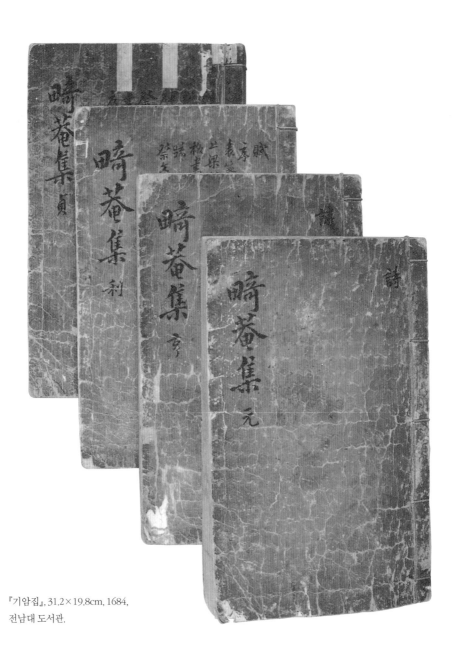

『기암집』, 31.2×19.8cm, 1684,
전남대 도서관.

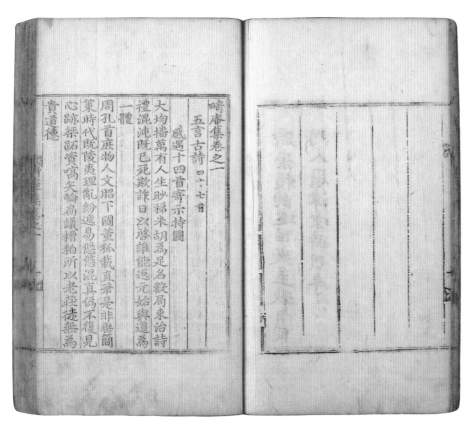

畸庵集卷之一

五言古詩 四十七首

感遇十四首寄示持國

大均槥萬有人生眇稊米
胡為足名數局束治詩
禮混沌旣已死欺詐日以啓
誰能返元始與道為
一體

周孔首廡物人文昭下國
董狐載直筆是非要間
篹時代旣陵夷理亂紛遠
易慸慸混真偽不復見
心跡荖蹐資鳴矢綸扃議
糟粕所以老莊徒無為
貴道德

정철의 넷째 아들 정홍명은 김장생의 문인으로서 4형제 가운데 문文으로 크게 이름을 떨쳤다.

『백세진보百世珍葆』, 38.8×26.4cm, 전남대 도서관. 정철과 정홍명 부자의 유필을 모아놓은 첩이다. 잠언이 될 만한 여러 구절을 뽑아놓았다.

정홍의 아들 연淵(1389~1444) 이후 정철 가문은 왕실과 혼인관계를 맺었다. 정연은 시호가 정숙貞肅으로 병조판서를 지냈으며, 1442년에는 사은겸주문사로 명을 다녀왔는데, 우현보의 증손녀 단양 우씨 홍수洪壽의 딸 사이에서 4남2녀를 두었다. 4남은 자원自源·자양自洋·자제自濟·자숙自淑이며, 딸은 지돈녕부사를 지낸 권담權聃, 그리고 세종대왕의 셋째 아들 안평대군에게 시집을 갔던 것이다.

정철의 고조부는 이 가운데 김제군수를 역임한 정자숙鄭自淑이다. 고조모는 중추원 부사를 지낸 고성 이씨 이대李臺의 딸이다. 정자숙은 미湄·순洵·위潙 등 세 아들과 고림군高林君 훈薰, 운산군雲山君 계誡에게 시집간 두 딸을 두었다. 정철의 조부는 셋째인 정위鄭潙다. 정위는 건원릉참봉을 지냈으며, 광주 출신의 광산 김씨 현뢰賢賚의 딸과 혼인하여, 남원부사를 지낸 정유심鄭惟深과 돈녕부판관을 지낸 정유침鄭惟沈(1493~1570) 등 두 형제를 두었다. 정철의 부친은 둘째인 정유침이다.

정유침은 병조좌랑을 역임한 안팽수安彭壽의 딸과 혼인했다. 정유침은 자滋·소沼·황滉·철澈 등 네 아들과 세 딸을 두었다. 세 딸은 각각 인종仁宗, 최사도崔思道, 계림군鷄林君 이유李瑠에게 시집갔다. 이에 정철의 증조부 때부터 시작된 왕실과의 혼인이 최고도에 달했다. 그러나 이 무렵 훈구와 사림 간의 대립이 격렬해지면서 정유침과 그의 자녀들도 사화의 소용돌이에서 벗어날 수 없었다.

1545년 을사사화가 일어나자 정유침과 그의 아들 및 사위들은 하루아침에 정치적으로 몰락했고, 정철 역시 낙향하여 창평의 명가名家였던 문화 류씨 옥沃의 손녀딸과 혼인해 창평에 새로운 세거지를 마련했다. 정철은 류옥의 손자이자 류강항柳强項의 딸과 혼인하여 기명起溟(1558~1589), 종명宗溟(1565~1626), 진명振溟(1567~1614), 홍명弘溟(1592~1650) 등 네 아들과 이기직李基稷, 최오崔澳, 임회林檜에게 시집간 세 딸을 두었다.

첫째 아들 기명은 1588년 식년시에서 진사 2등 14위로 합격했으나 1년 뒤에 사망했다. 그의 아들 운澐도 1616년 생진, 진사 양과에 합격하고 운봉현감을 지냈으나 대를 이를 자손이 없었다. 이에 정철 집안에서는 진명의 손자인 세연世演을 양자로 맞아 정운의 뒤를 잇게 했다. 세연의 아들 치治는 1674년(현종 15) 고조부 정철의 문집을 중간했다.

둘째 아들 종명은 이이와 성혼의 문인으로서 1592년 별시문과에서 장원급제
해 병조좌랑에 초수超授되었으나, 1594년 정철의 죄를 항변하다가 파출된 이후 인
조가 즉위하기까지 20여 년 동안 대북정권 하에서 벼슬길이 막히고 박해를 받았
다. 인조가 제위에 오르자 성균관 직강으로 복귀하고 아버지의 관작을 복구시켰으
며, 강릉도호부사 등을 역임했다. 4형제 중 그의 후손들이 가장 번성했다. 그중 넷
째 아들 정양鄭瀁(1600~1668)은 김장생의 문인으로서 송시열에게 부탁해 정철의 연
보를 작성했고 숙부 정홍명의 문집『기암선생유고畸庵先生遺稿』를 교정·간행했으며
사헌부 장령을 지냈다. 종명의 손자 정경인鄭慶演(1604~1666)은 효성이 지극했고 평
릉도찰방을 지냈으며, 증손 정호鄭澔(1648~1736)는 송시열의 문인으로서 노론의
선봉으로 활약했으며 영조 때에 영의정을 지냈다. 그리고 현손인 정익하鄭益河는 영
조 때 대사성과 형조판서를 지냈으며, 정관하鄭觀河는『송강가사松江歌辭』성주본을
간행했다.

셋째 아들 진명은 효성이 지극했으며 정철이 죽은 뒤 어머니를 모시고 창평
에 내려왔다. 부인은 진주성에서 순절한 나주 출신의 의병장 건재健齋 김천일金千
鎰(1537~1593)의 딸이며, 5남1녀를 두었다. 지실마을의 기초를 닦은 정광연鄭光演
(1624~1677, 호는 용지거사龍池居士)은 진명의 손자이며, 환벽당을 김윤제의 후손에
게서 사들인 정흡鄭潝(1648~1710)이나 용궁현감 때「축산별곡竺山別曲」을 지은 정식
鄭湜은 모두 진명의 증손자다. 그리고 진명의 현손으로서 정택하鄭宅河(1693~1741)
와 정민하鄭敏河(1671~1754, 호는 소은簫隱)가 저명했다. 정택하는 1715년(숙종 41) 식
년문과에서 갑과 3위로 급제했고, 경종대에 왕세제 책봉을 반대한 김일경金一鏡 일
파를 탄핵하다가 노론 4대신과 함께 신임사화 때 파직되었다. 이후 영조대에 다시
기용되어 헌납, 사간을 거쳐 승지를 역임했다. 정민하는 정집鄭湒의 아들이었으나
정흡의 양자가 되어 11형제를 낳았고, 송시열, 송준길의 문묘배향을 상소했다. 만
년에 식영정에서 통소를 불고 자오自娛하였다.

넷째 아들 홍명은 자가 자용子容, 호가 기암畸庵 또는 삼치三癡, 시호가 문정文

당쟁의 소용돌이 속에서 불세출의 문장과 언어를 이뤄내다

[그림 1] 정철 가문의 가계도

1세	6세	7세	8세	9세	10세	11세	12세	13세
극유 克儒	사도 思道	홍 洪	연 淵	자숙 自淑	위 潙	유침 惟沈	자자 滋	기명 起溟
							소소 沼	종명 宗溟
							황황 滉	진명 振溟
							철 **澈**	홍명 弘溟
							인종仁宗 (숙의淑儀)	이기직의 처 李基稷
							최사도 崔思道	최오의 처 崔澳
							계림군 이유 鷄林君 李瑠	임회의 처 林檜

貞으로 송익필·김장생의 문인으로서 4형제 가운데 가장 문명文名이 높았다. 그는 1616년(광해군 8)에 문과에 급제했으나 대북 정권으로부터 배척을 당했는데, 인조대에 복권되었다. 호당에 사가독서를 했고, 대사성·대사간·대제학 등을 역임했으며, 1633년(인조 11)에는 부친의 문집인 『송강집』을 간행했다. 후손으로는 광산 김씨 김공휘金公輝의 딸과의 사이에서 낳은 아들 정이鄭湍가 있다. 정이는 동복현감을 지냈으며, 정홍명의 문집인 『기암집畸庵集』을 간행했다.

중앙 정계에서의 정치적 부침과 네 차례의 귀향

정철鄭澈은 선조대에 좌의정을 지낸 정치가이자 가사문학의 대가로서 윤선도와 함께 한국 시가사상 쌍벽으로 우뚝 섰다. 본관은 영일, 자는 계함季涵, 호는 송강이다. 그는 돈녕부판관 정유침鄭惟沈과 병조좌랑을 역임한 안팽수의 딸과의 사이에서 1536년(중종 31) 12월 6일 서울 장의동에서 넷째 아들로 태어났다.

정철은 열 살 때까지 유복한 생활을 누렸다. 큰누나가 인종의 숙의淑儀였고 작은누나가 왕실 계림군 유瑠의 부인으로서 동궁을 드나들었으며, 문정왕후의 아들인 명종과는 대군大君 시절의 절친한 친구이기도 했다.

그러던 중 1545년 일어난 을사사화는 정철 가문을 하루아침에 나락으로 떨어뜨렸다. 을사사화는 인종이 즉위 8개월 만에 세상을 떠나고 12세인 명종이 즉위하자, 문정왕후의 동생이며 명종의 외숙인 윤원형尹元衡(소윤)이 인종의 외숙인 윤임尹任(대윤) 일파 등 사림들을 제거한 사건이다. 이때 송강의 매부 계림군은 윤임의 생질이었던 까닭에 하루아침에 역모의 주모자로 몰려 처형되었고, 계림군의 처가였던 정철 가문도 몰락의 길로 들어섰던 것이다.

과거에 급제해 이조정랑을 지내고 있던 큰형 정자鄭滋가 전라도 광양으로 유배되었고, 아버지 유침惟沈은 관북 정평定平으로 유배되었다. 명종 2년 9월에는 양재역 벽서사건이 일어나서 유배에서 풀려났던 유침이 경상도 영일로 다시 귀양가고, 정자는 모진 고문 끝에 함경도 경원慶源으로 유배가던 중 사망했다. 이에 정치에 환멸을 느낀 둘째 형 소沼는 대과를 준비하다가 그만두고 처가가 있는 전라도 순천으로 은둔했으며, 셋째 형 황滉은 황해도로 은둔했다.

정철은 1551년 원자 탄생으로 아버지가 귀양살이에서 풀려나자 아버지를 따라 할아버지의 산소가 있는 전라도 담양 창평 당지산唐旨山 아래로 갔다. 그는 이곳에서 과거에 급제할 때까지 10년의 세월을 보냈으며, 호남의 학자들과 교유하고 결혼도 했다. 16세 때에는 나주목사를 끝으로 환벽당環碧堂을 짓고 은거했던 사촌沙村 김윤제金允悌의 문하에 들어가 글을 배웠으며, 김윤제의 외손녀인 문화 류씨 강항強項의 딸과 결혼했다. 류강항은 당시 호남의 대표 사림이었던 류옥柳沃(1487~1519, 시호는 정간靖簡)의 아들이다. 류옥은 1515년 순창 삼인대三印臺에서 담양부사 박상朴祥, 순창군수 김정金淨과 함께 중종반정을 일으킨 훈신勳臣들이 중종비 신씨愼氏를 폐위시켰던 죄를 규탄하고 신씨의 복위를 청했던 강직한 인물이다.

정철은 이곳에서 김윤제의 조카로서 평생 교분을 나누었던 서하당棲霞堂 김성원金成遠(1525~1597)과 사귀었고, 면앙정 송순宋純(1493~1582)에게서 우리말로 된

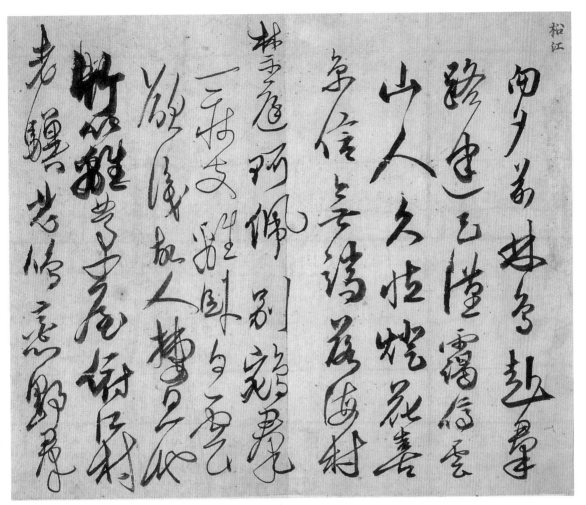

「촌거만흥村居漫興」, 『선배시첩』, 정철, 종이에 먹, 16세기, 경남대박물관.

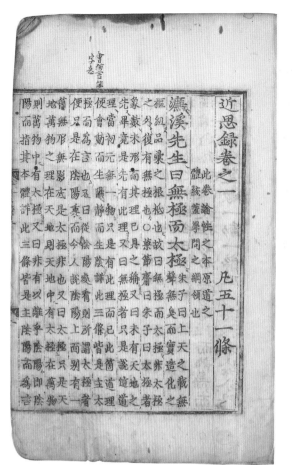

近思録卷之一

凡五十一條

『근사록』. 33.0×22.2cm, 전남대 도서관. 송나라 유학자 주희와 여조겸이 주돈이의 태극도설과 장재의 서명西銘·정몽正蒙 등에서 긴요한 구절을 골라 편찬한 성리학 해설서다. 정철의 발자취가 남아 있는 곳인 계당溪堂 소장본이다.

가사문학을 익혔다. 김성원의 장인인 임억령林億齡(1496~1568), 조광조와 교유했던 양팽손의 아들로서 대사성을 지냈던 양응정梁應鼎(1519~1581) 등에게서 시를 배웠으며, 장성의 김인후金麟厚(1510~1560)에게서 『소학小學』 『대학大學』 『근사록近思錄』 등을 익혔고, 광주의 기대승奇大升(1527~1572)에게 성리학을 배웠다. 또한 1575년부터 1577년까지는 낙향해서 창평의 유희춘柳希春에게 『대학』이나 『주자서절요朱子書節要』 등에 대해 질의했다.

정철은 창평에서 수학하는 한편 서울에도 자주 올라가 이이李珥(1536~1584), 성혼成渾(1535~1598), 송익필宋翼弼(1534~1599) 등과 교유했다. 정철은 이이와 동년생으로서 21세에 처음 만났다. 금강산에서 돌아온 이이를 이희삼李希參의 소개로 만나보고 재주와 인품을 존경해 교도交道를 정했다. 훗날 조정의 의론이 당쟁으로 갈릴 때에는 이이가 정철에게 동서 간의 조정을 부탁했으며, 죽을 때 정철의 손을 붙잡고 나랏일을 걱정했다. 정철은 또한 한 살 연상인 성혼과도 교도를 정했다. 정철이 25세 되던 해에 파산으로 돌아가 시를 지어 보낸 것으로 미루어 그가 이미 이이, 성혼과 교유했음을 알 수 있다. 정철은 의례를 비롯해 조정의 크고 작은 일을 상의했고, 이황이 지은 『주자서절요』에 대해 토론했으며, 맏아들 정기명을 보내 학문을 닦게 했다. 송익필에게는 1575년(선조 8) 6월 인순왕후의 복색에 대해 자문을 구했으며, 아들 정홍명을 보내 그에게 수학하게 했고, 1586년(선조 19) 송사련 사건으로 노비가 된 송익필 형제를 보호해주기도 했다.

정철은 26세 되던 1561년(명종 16) 진사시에 1등을 했고, 이듬해 별시문과에 장원급제함으로써 27세부터 벼슬길에 나아갔다. 이때 명종은 정철의 장원급제를 기뻐해 특별히 주찬을 보내 연회에 쓰도록 했고, 대궐의 서문西門을 지나가게 하여 일부러 만나보았다.

정철은 첫 벼슬로 성균관전적, 사헌부지평을 제수받았다. 평생 강직했던 성품은 이미 지평 시절부터 드러나고 있다. 즉 명종의 종형 경양군景陽君이 처갓집 재산을 빼앗으려는 계책으로 처남을 유살誘殺한 사실이 발각되자, 정철이 지평으로서 형법의 집행을 고집했다. 명종은 정철에게 개인적으로 용서해달라고 부탁했으나 정

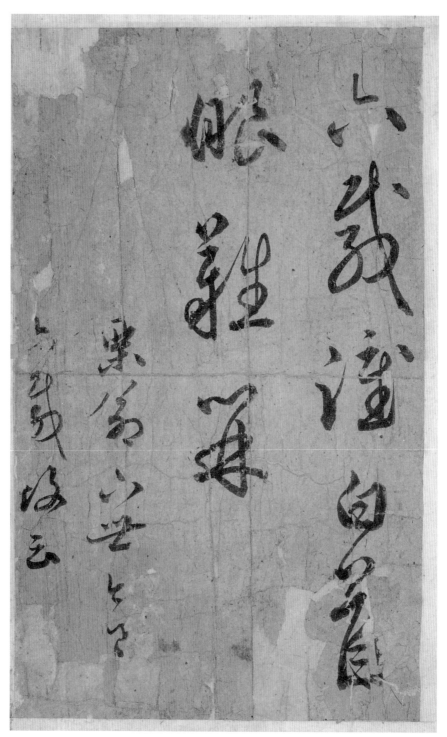

「율곡의 시를 차운하다」, 정철, 종이에 먹, 21.3×29.3cm, 경남대박물관.

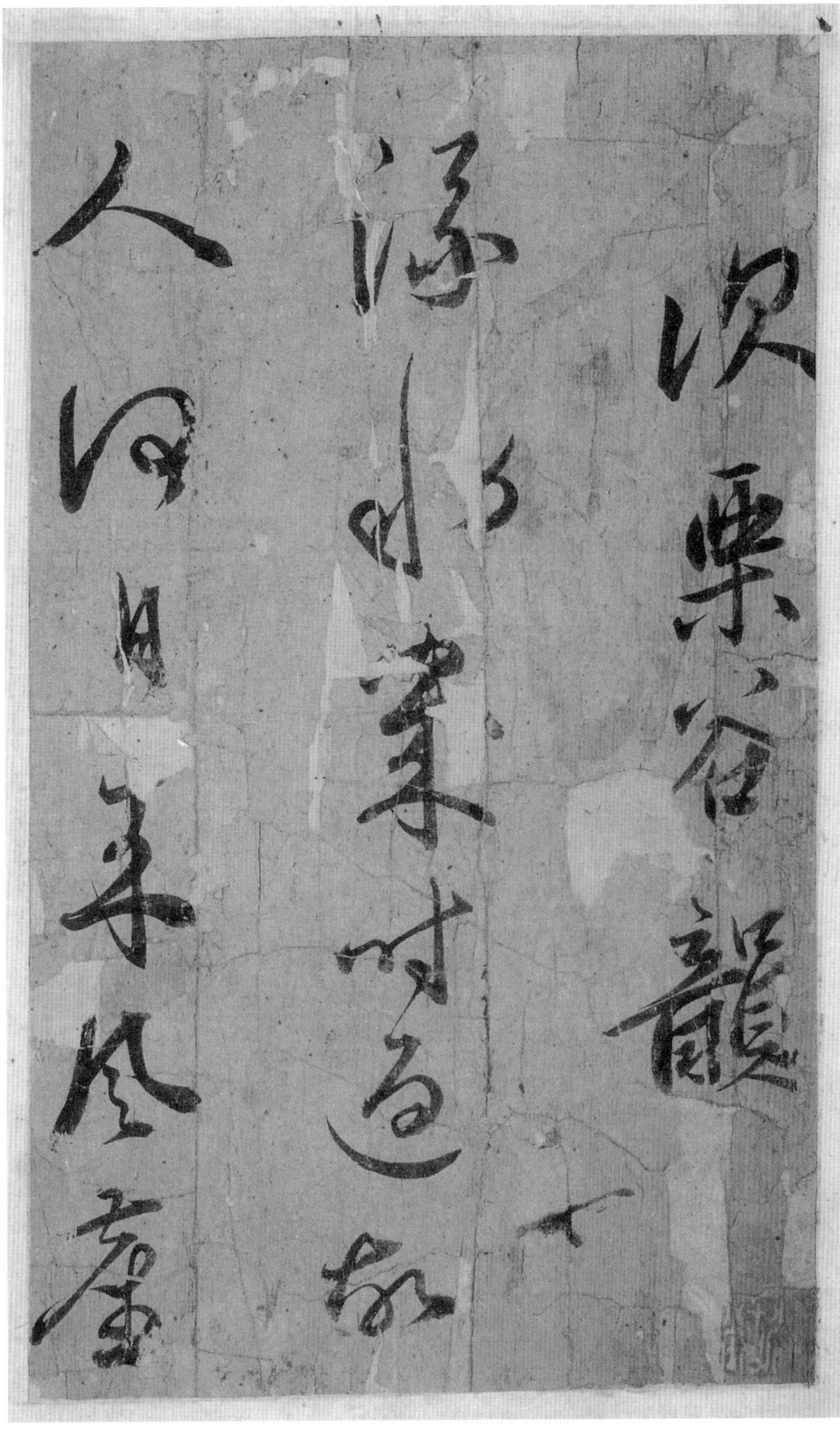

次栗谷韻

添水出美味道的

人口日羊凡唐

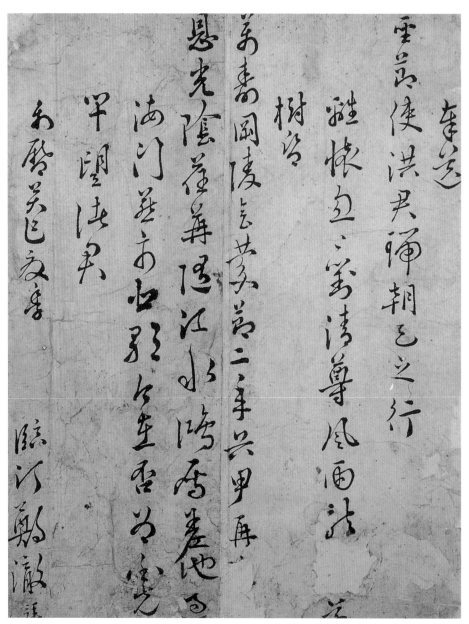

서간, 정철, 37.3×29.0cm, 16세기, 성균관대박물관. 글씨의 자행이 곱고 부드러우면서도 골기가 강해 문학적 재질과 정치적 의욕이 잘 어우러진 편지다.

철이 용서하지 않아 결국 경양군 부자는 죽음을 면치 못했던 것이다. 이 때문에 정철은 오랫동안 청직에 오르지 못하고 형조, 예조좌랑, 공조, 예조, 정랑, 경기도사, 함경도경차관 등을 지내다가 31세 되던 1566년 10월에 비로소 홍문관 부수찬으로 임명되었다.

이후 정철은 청의清議와 명분名分을 중시하는 사림으로서의 길을 걷는다. 그는 먼저 홍문관 부수찬으로서 당대의 학자들과 교유했다. 그의 스승이었던 기대승은 홍문관 응교였기 때문에 함께 홍문관에서 봉직했으며, 다음 해 11월에는 수찬으로 승진해 이이와 함께 사가독서를 했다. 이어 그는 1568년(선조 1) 3월 이조좌랑이 되어 신진사류를 등용했다. 그리고 수찬과 교리를 거쳐 지평에 재임하던 1569년(선조 2) 5월에는 구신계인 대사헌 김개金鎧와 대립했다. 김개가 경연에서 '당을 이루어 대신을 경멸하는 풍이 기묘년의 폐습을 이루었다'고 하여 이탁李鐸, 박순朴淳, 기대승, 윤두수尹斗壽, 윤근수尹根壽, 정철 등을 배척하자 정철은 선조에게 '지금 성청聖聽을 현혹시켜 화를 사림에게 돌리려 하고 있다'며 김개를 강력히 성토했다. 정철은 선조가 지나치다고 만류하는데도 김개의 죄를 낱낱이 거론했고, 기대승 또한 김개의 죄를 거론하니 결국 김개는 삭직되고 문외 출송되었다.

그는 35세 되던 1570년(선조 3) 4월과 1573년(선조 6) 4월 초 부친상과 모친상을 당했다. 상을 당해 슬퍼하는 마음이 극진했고, 주자가례에 따라 모두 삼년상을 치렀다. 매사에 예법에 어긋나지 않도록 이이나 송익필 등 사우에게 질의하여 가장 합당한 것을 취했다. 부친상을 마친 1572년 6월 조정에 불려가 사헌부 헌납, 이조정랑, 1573년(선조 6) 2월에는 종3품의 홍문관 전한, 사헌부집의 등이 제수되었으나, 다시 4월에 모친상을 당해 삼년상을 치렀던 것이다.

그는 1575년 6월 모친상을 마치고 조정에 복귀하자 그에게 홍문관 직제학, 성균관 사성을 제수했다. 그러나 이 무렵부터 조정은 동인東人과 서인西人으로 분열되어갔다. 그동안 반목해오던 김효원 등의 후배 사림인 동인과 심의겸 등의 선배 사림인 서인이 명종비 심씨 인순왕후 복제 논쟁을 계기로 드디어 당파로 갈라섰던 것이다. 박순은 동인인 허엽에 의해 심의겸 당으로 지목되고 종이 상전을 죽인 옥사를 제대로 처리하지 못했다는 이유로 탄핵되어 사임했다. 이에 맞서 정철은 서인 편에 서서 박순을 물러나게 한 허엽과 김효원을 이이에게 탄핵할 것을 주장했다. 그러나 이이가 받아들이지 않자 조정에서 벼슬을 버리고 낙향했다(1차 귀향, 40~42세, 1575년 10월~1577년 10월). 이후 조정에서 여러 차례 벼슬을 내렸으나 사양하고 창평에 은거하면서 「성산별곡」을 지었다.

정철은 42세 때인 1577년 겨울에 상경했다. 인종비인 인성왕후 상을 당했기 때문이다. 이때 조정에서는 정철을 장악원 정, 사간, 선공감 정, 집의, 직제학 등에 연이어 제수했다. 정철은 이 무렵 이이를 만나 대사를 자주 논의했다. 그러나 이이는 1578년 3월 정철에게 동인의 영수 이발李潑(1544~1589)과 교의를 맺고 동서를 조제調劑하라고 부탁한 뒤 해주로 내려갔다. 이에 정철은 이발과 만나서 교도를 정하려고 했으나 당인들의 이간으로 취중에 격분하여 좋지 못한 감정을 품은 채 완전히 동서로 갈라서고 말았다.

1578년 5월에는 동부승지로 승진했다. 그러나 당쟁이 점차 극심해졌다. 1578년 10월 진도군수 이수李銖의 뇌물 사건으로 인해 윤두수·윤근수·윤현 등 이른바 3윤이 양사에 포진된 동인들의 탄핵을 받고 파직되자 정철은 시론時論에 다시 분한 마음을 품고 창평에 돌아가고자 했다. 이에 선조가 그를 대사헌에 제수했으며, 이이 역시 사류들의 의심을 풀기 위해 관직에 나갈 것을 청했다. 그리하여 정철은 관직에 다시 나아갔지만 이후 동인들은 여전히 정철이 사당私黨을 위한다는 공세를 늦추지 않았다. 1579년(선조 12) 2월 동인들은 심의겸을 소인, 정철과 김계휘를 사당邪黨이라며 공격했다. 5월에는 이이 역시 심의겸의 족당이며 정철을 위해 상소문을 지었다고 배척되었다. 이처럼 정철은 동인들에 의해 곧잘 공격 대상이 되었으며, 이이 역시 배척을 당했다. 그에게 대사성, 병조참지, 형조참의 등 중책이 내려졌으나 끝내 제수받지 않고 다시 고향으로 돌아갔다(2차 귀향, 44세, 1579년 8~12월).

그러나 정철은 45세 되던 1580년(선조 14) 1월에는 강원도관찰사가 제수되자 명命에 응했다. 강원도관찰사는 외직이기 때문에 당쟁이 격심하게 일어나고 있던 조정보다는 자신의 이상을 펼치기에 더 좋았을 것이다. 정철은 감사로서 각 고을을 탐

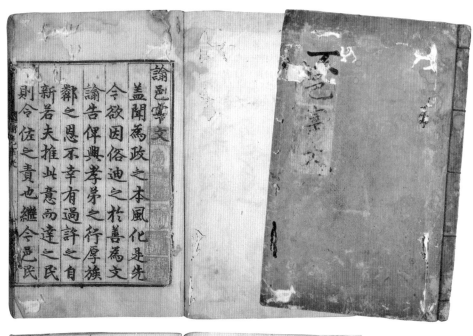

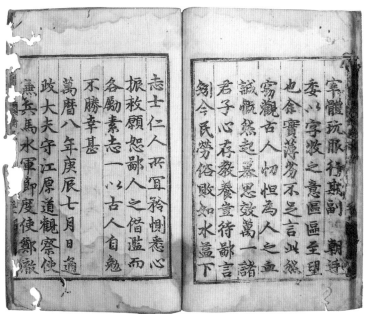

『유읍재문論邑宰文』, 33.1×22.0cm, 1580, 전남대 도서관. 강원도 관찰사 겸 수군절도사로 있던 정철이 강원도 내의 주와 현을 맡고 있는 수령들에게 정사의 근본이 풍화風化임을 밝히고 이에 힘쓸 것을 권장하기 위해 간인한 책.

방하고 백성을 깨우치기 위해 노력했다. 「관동별곡」을 지어 산하의 아름다움을 노래하고 나라를 위한 마음을 토로했으며, 「훈민가訓民歌」 16수를 지어 백성을 유교적으로 교화하고자 했다. 1년 뒤 조정에 돌아오자 조정에서는 정철에게 성균관 대사성을 제수하고, 성균관의 교육을 책임지도록 했다. 그러나 이번에는 정철이 노수신의 사직상소에 대한 불윤비답不允批答을 작성한 것이 문제가 되었다. 정철은 '대신으로서 떠날 만한 의리가 없는데 물러가는 것은 구차스럽다'는 취지로 불윤비답을 작성했는데, 이것은 바로 노수신을 공격하는 것이라며 사헌부에서 탄핵했던 것이다. 또한 정인홍은 심의겸이 윤두수·윤근수·정철 등과 함께 손을 잡고 동인을 공격

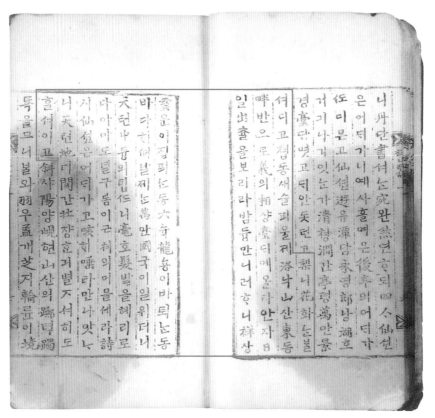

「관동별곡」, 『송강가사』, 정철, 31.0×18.5cm, 1687, 동국대 중앙도서관.

할 기회를 엿보고 있다며 공격했다. 이처럼 사헌부와 정인홍의 공격이 잇따르자 정철은 이이의 만류에도 불구하고 사직하고 고향에 내려갔다(3차 귀향, 46세, 1581년 6~12월).

이어 그는 1581년 12월 특명으로 다시 전라도관찰사에 제수되었다. 이때 이이에게 수학했던 조헌趙憲(1544~1592)이 관찰사를 보좌하는 도사都事로 와 있었기에 이후 정철과 조헌은 평생 깊은 교분을 쌓게 되었다. 1582년(선조 15) 9월에는 도승지에 제수되었으며, 12월에는 특명으로 예조참판, 함경도관찰사 등이 제수되었다. 이어 정철은 1583년(선조16) 3월에 예조판서로 승진하자 국왕의 신임에 힘입어 동인에 대한 공세를 적극적으로 펼쳤다. 8월에 선정전에 등대하여 송응개宋應漑, 허봉許篈, 박근원朴謹元 등의 죄를 다스릴 것을 주장했는데, 이들은 관직이 박탈되고 유배되었다.

그러나 1584년(선조 17) 1월 이이가 죽자 정국은 다시 동인에게 기울었다. 선조는 동인을 견제하기 위해 윤근수를 대사간으로, 정철을 대사헌으로 삼았으며, 정철에게 총마驄馬를 하사하고 그해 12월 특명을 내려 숭정대부(종1품) 의정부 좌찬성으로 승진시켰다. 그러나 정철은 끝내 동인들의 공세를 막아내지 못했다. 1585년(선조 18) 1월 김우옹은 정철이 심의겸과 결탁하고 이이와 성혼을 사당으로 끌어들였다고 비판했으며, 그해 3월에는 정여립이 박순, 이이, 성혼 등을 배척했다. 또한 8월에 들어서는 양사에서 심의겸과 결탁한 사람은 박순, 정철, 이이, 박응남, 김계휘, 윤두수, 윤근수, 성혼 등이며, 화禍의 계제階梯를 만든 사람은 박순, 정철, 이이 등이라고 논척하자 결국 사직하고 경기도 고양으로 물러났다. 그러나 이곳에 내려와서도 자신에 대한 비방이 그치지 않자 더 멀리 창평으로 내려갔다(4차 귀향, 50~54세, 1585년 8월~1589년 10월).

정철은 이후 4년 동안 칩거생활에 들어갔다. 비록 1586년(선조 19) 10월 조헌이 상소하여 이이, 성혼, 박순, 정철의 무고함을 논변했고, 1587년(선조 20) 3월에 생원 이귀李貴 등이 정철의 무고함을 밝혔으며, 1587년 12월과 1588년 4월 조헌이 두 차례에 걸쳐 박순, 정철, 성혼의 등용을 요청하고 정철을 변호했으나 모두 실패했

「양양읍지도」, 35.1×25.3cm, 1872, 규장각한국학연구원. 정철은 낙산사 동쪽 끝자락 의상대에 올라 앉아 「관동별곡」을 지었다.

다. 조헌은 정철의 무고함을 주장하다가 길주에 유배되기까지 했다. 게다가 1589년 7월에는 정철이 의지했던 박순이 사망해 더욱더 고립 상태에 빠졌다. 이처럼 어려운 상황에서 정철은 4년 동안 칩거하지 않을 수 없었는데, 이런 처지를 많은 시문학 작품으로 승화시켰다. 「사미인곡」「속미인곡」 등의 가사와 시조, 한시 등 주옥같은 작품들이 이 시기에 쓰인 것이다.

그러던 중 1589년(선조 22) 10월 정여립鄭汝立 모반 사건이 일어나자 다시 출사했다. 1589년 기축년에 일어났기에 기축옥사라 불리는 이 사건은 황해감사 한진韓準이 10월 2일 비밀 장계를 올리면서 시작되었다. 동인인 정여립이 전라도와 황해도 일대의 세력을 모아 모반을 꾀하고 있다는 놀라운 내용이었다. 이에 서인들은 정권 장악의 호기로 삼아 동인을 일망타진하고자 했기 때문에 옥사가 더욱 확대되었고, 3년 남짓한 기간에 1000명에 달하는 사람이 피해를 입었다.

그해 8월 정철은 큰아들 정기명의 상사喪事를 당해 고양에 올라와 있었다. 정철은 모반 소식을 듣자 곧바로 입궐해 역적을 체포하고 경외를 계엄하라는 비밀 차자를 올렸다. 이어 28일에는 호남 유생 양천회가 정여립과 가깝게 지냈던 정언신, 이

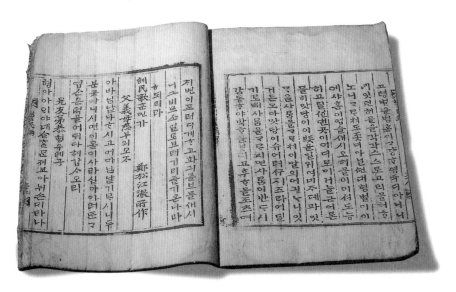

「훈민가」, 정철, 24.8×18.8cm, 조선시대, 북촌 동양문화박물관.

『기축문견록』, 25.3×16.3cm, 전남대 도서관. 정철은 정여립 사건의 위관委官을 맡았으나 훗날 여러 시비에 휘말려 정치적으로 곤욕을 치렀다. 이 책은 정철의 후손들이 그를 변호하기 위해 기축옥사의 전말을 정리해놓은 것이다.

발, 백유양 등의 죄를 다스릴 것을 청했다. 이에 선조는 11월 1일 정철을 우의정으로 발탁해 위관을 삼고 역옥逆獄을 다스리게 했다. 이후 정철은 임금과 함께 국청鞫廳에 참여해 동인들을 대거 추방했으며, 1590년 2월에는 좌의정에 올랐다.

그러나 정철은 56세 되던 1591년(선조 24) 2월에 왕세자 책립을 위한 건저建儲를 헌의하면서 몰락의 길에 들어섰다. 원래 건저는 동인의 거두인 영의정 이산해李山海와 함께 광해군의 책봉을 건의하기로 한 것이었다. 그러나 정철은 이산해의 계략에 빠져 혼자 광해군의 책봉을 건의했으며, 이에 신성군信城君을 책봉하려던 왕의 노여움을 사 "대신으로서 주색에 빠졌으니 나랏일을 그르칠 수밖에 없다"는 논척을 받

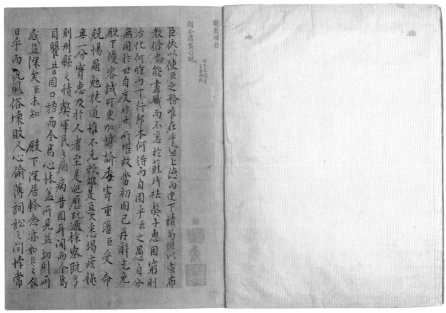

『백세보중』, 42.8×33.7cm, 전남대 도서관. 정철의 상소문, 헌의문獻議文 등을 모아 엮은 유묵집이다.

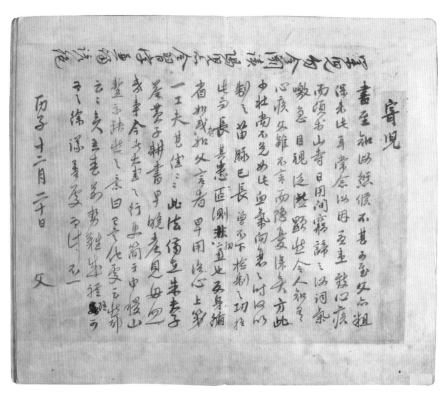

『송강선조유필』에 실린 간찰, 35.5×21.2cm, 전남대 도서관. 정철의 친필 간찰과 시 등이 『송강선조유필』로 묶였는데, 여기 실린 편지 한 통이다. 특히 강계로 유배 가서도 독서를 게을리하지 않았던 흔적을 서산書算의 형상을 통해 살펴볼 수 있다.

고 파직되었다. 또한 기축옥사 때 호남 유생 등을 배후에서 조정했다는 혐의를 받고 명천에 유배되었다가 진주와 강계로 이배되었다.

정철이 풀려난 것은 1592년(선조 25) 임진왜란이 발발해서다. 왜란이 일어나자 선조는 정철을 석방시켰고, 이에 그는 강계에서 평양으로 가 왕을 뵙고 의주로 호종했다. 이해 7월에는 충청도·전라도의 양호 체찰사가 되었으며, 1593년 2월에는 강화와 홍주에 머물면서 서울을 수복할 계획을 세웠다. 이어 5월에는 사은사로 명나라에 다녀오면서 변무辨誣를 청했다. 그러나 정철은 적이 물러났다고 발언하여 명나라 군대의 철병을 초래했다는 동인의 탄핵을 받아 다시 사직했다. 이후 그는 강화의

당쟁의 소용돌이 속에서 불세출의 문장과 언어를 이뤄내다

『문청공연행일기』, 정철, 33.0×29.4cm, 전남대 도서관. 임진왜란이 발발한 다음 해인 1593년 정철이 명나라에 사은사로 다녀오면서 쓴 연행일기. 선조의 의주 몽진이 불가피하다는 내용과 원군의 추가 요청 등 중국 관원과 나눈 대화가 기록되어 있다.

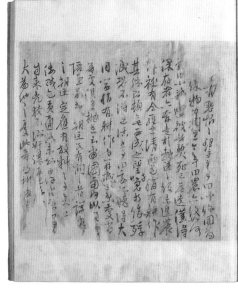

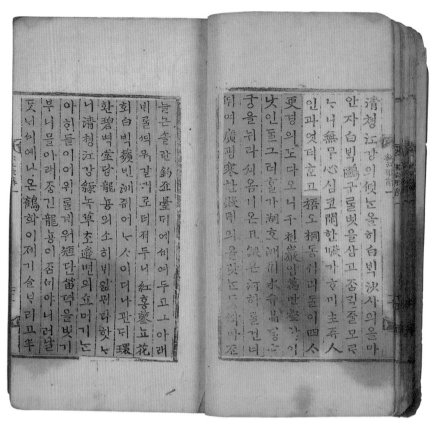

「성산별곡」, 『송강가사』, 정철, 31.4×18.4cm, 동국대 도서관.

송정촌松亭村에 물러나 있다가 끝내 복권되지 못한 채 58세를 일기로 사망했다.

정철은 이처럼 정치적으로는 파란만장한 일생을 보냈으나, 국문학상 실로 위대한 시인이자 문장가였다. 그의 대표적인 작품으로는「관동별곡」「사미인곡」「속미인곡」「성산별곡」 등 4편의 가사와 시조 107수가 전한다. 4편의 가사는「장진주사」와 함께 수십 편의 단가를 함께 실은『송강가사』에 수록되어 있다. 『송강가사』는 황주본黃州本·의성본義城本·관북본關北本·성주본星州本·관서본關西本 다섯 종류의 목판본이 알려져 있으나, 의성본과 관북본은 현재 전하지 않는다. 이들 판본에는「관동별곡」「사미인곡」「속미인곡」「성산별곡」「장진주사」의 가사 5수와 수십 수의 단가가 실려 있다. 또한 시조는 필사본인『송강별집추록유사松江別集追錄遺詞』권2와『송

당쟁의 소용돌이 속에서 불세출의 문장과 언어를 이뤄내다

강가사」 등에 전한다. 대표적인 시조로는「주문답酒問答」3수,「훈민가訓民歌」16수, 「단가잡편短歌雜篇」32수,「성은가聖恩歌」2수,「속전지연가俗傳紙鳶歌」1수,「서하당벽 오가棲霞堂碧梧歌」1수,「장진주사將進酒辭」등이『송강별집추록유사松江別集追錄遺詞』 권2에 전하고 있다. 이밖에도 필사본으로『송강별집추록유사』와『문청공유사文淸公 遺詞』가 있으며, 한시를 주로 실은『서하당유고棲霞堂遺稿』2권1책도 판각본으로 전하 고 있다.

조선의 역사를 고스란히 전하는 정철가의 고문서

송강 정철 가문의 고문헌은 아직까지 완전하게 조사되지 못했다. 정철의 큰아 들 기명과 둘째 아들 종명의 후손들이 충북 청주와 진천 일대에 살고 있지만 여태 껏 체계적으로 조사한 바가 없다. 다만 지실마을의 고문서 일부가 2009년 계당溪堂 의 당주 정구선鄭求宣 선생에 의해 전남대 도서관에 기탁됨으로써 셋째인 진명과 넷 째인 홍명, 그리고 그 후손들이 남긴 고문서를 파악할 수 있다. 그러나 이 자료도 1902년 계당에 화재가 일어나 많은 자료가 불에 타버렸기 때문에 온전한 것은 아니 다. 정구선 선생이 기탁한 고문헌은 고서 1117책, 고문서 2993건, 고서화 143점 등

[표 2] 계당 소장본 정철 가문의 고서

판종	종수	책수
금속활자본	14	46
목활자본	36	112
목판본	148	586
신연활자본	23	73
석인본	40	104
필사본	146	190
기타	3	6
계	410	1117

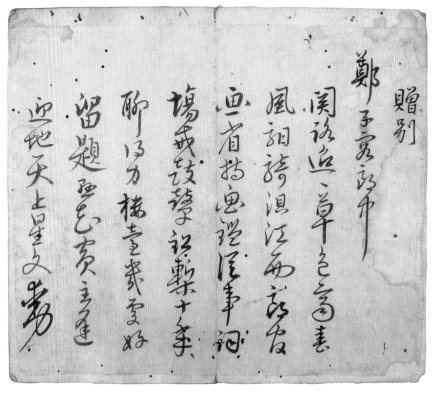

『계곡첩』, 32.9×19.0cm, 전남대 도서관. 장유가 정홍명에게 준 시를 모아놓았다.

총 4193점이다.

고문서는 간찰이 2414건, 그 외 문서가 519건이며, 고서화는 서예가 119점, 회화가 25점이다. 이들 문서 중 고서는 2009년 전남대 도서관에서 『고문헌도록—계당 위탁 고문헌』으로 펴내 서명, 판본, 연도, 소장권, 책수 등 간략한 목록과 함께 주요 도서를 소개하고 있다. 그 목록은 다음과 같다.

- 경국대전經國大典 목판본, 6권4책, 29.7×21.4cm, 1603년.
- 계곡첩谿谷帖 필사본, 1책, 32.9×19.0cm. 장유張維가 정홍명에게 준 시를 모은 시첩이다. 정홍명과 장유는 김장생의 문인으로 우정이 돈독했다.

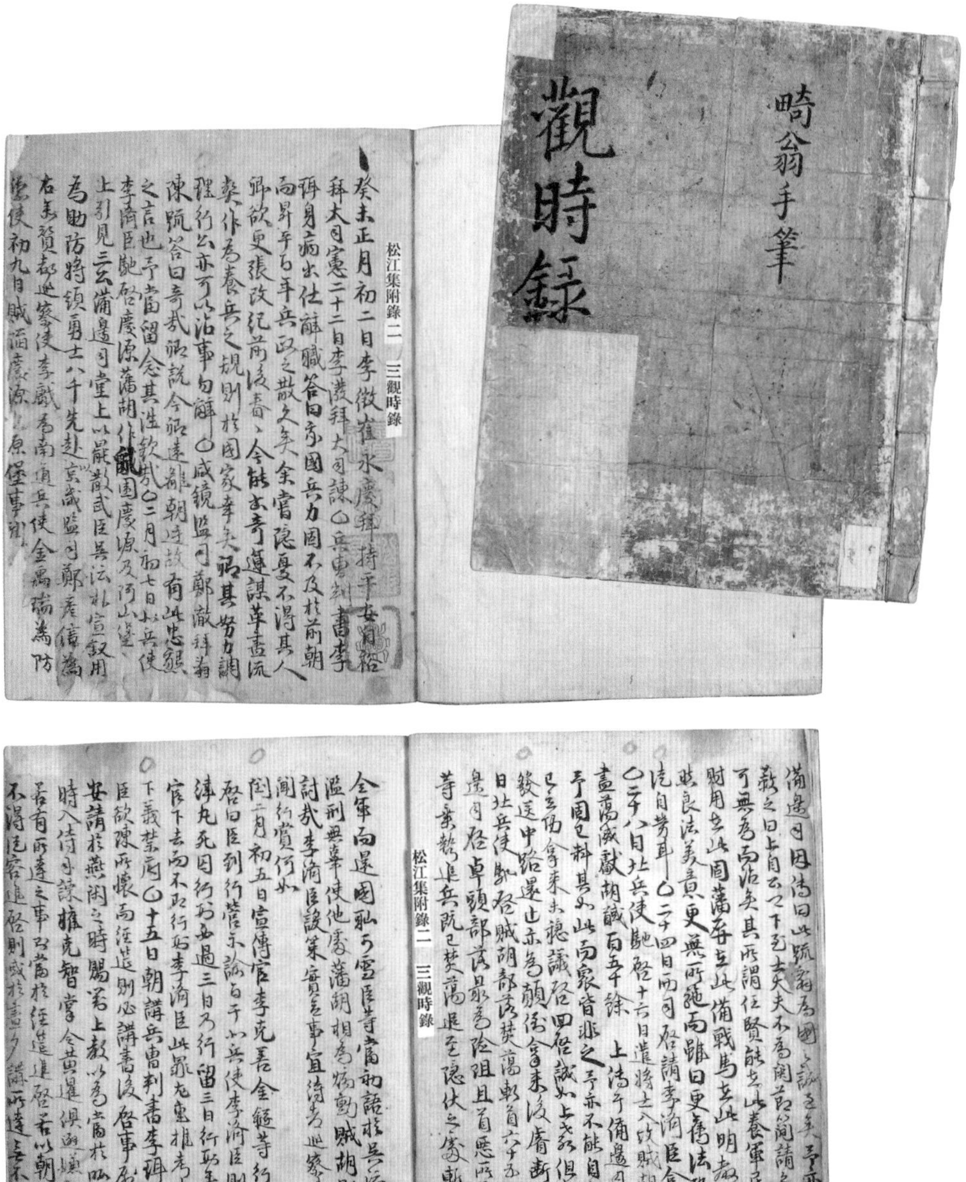

觀時錄

畸翁手筆

『관시록』, 27.5×22.3cm, 전남대 도서관. 정철의 언행을 모아놓았다.

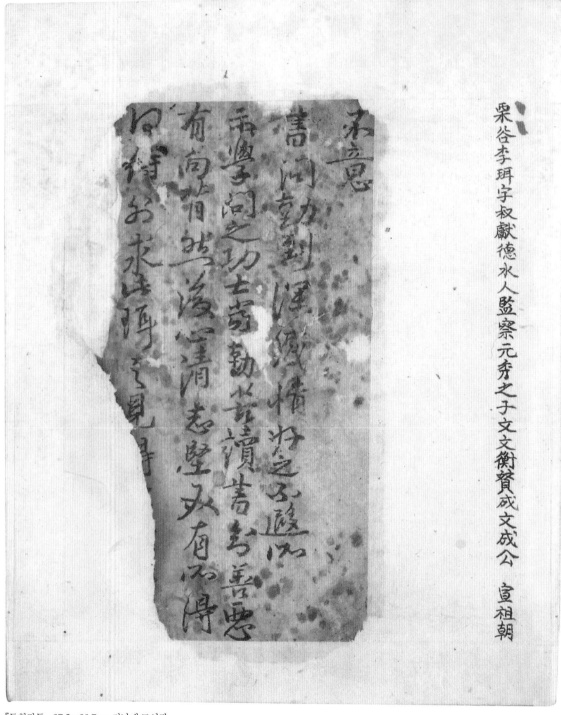

『동현간독』, 27.5×23.7cm, 전남대 도서관.

- 관시록觀時錄 필사본, 2권1책, 27.5×22.3cm. 1583년(선조 16)에서 1591년(선조 24)까지 정철의 언행을 정홍명이 편찬한 책이다. 상·하편으로 되어 있는데, 상편은 이이에 대한 논란이 대부분이고, 하편은 기축옥사와 관련된 정철의 행적과 옥사에 연루된 인물을 주로 서술했다.

- 근사록近思錄 목판본, 14권4책, 33.0×22.2cm. 송나라 유학자인 주희朱熹와 여조겸呂祖謙이 주돈이周敦頤, 장횡거張橫渠, 정명도程明道 및 정이천程伊川 등의 저술 및 어록에서 긴요한 구절만을 뽑아 편찬한 성리학 해설서다. 조선조에서는 1436년(세종 18)에 초주갑인자初鑄甲寅字로 인출된 뒤 이를 저본 또는 모본으로 하여 간행되었다. 계당 소장본은 초주갑인자 계열의 번각본이다.

- 기암집畸庵集 목판본, 원집 10권, 속집 2권, 부록, 합 4책, 31.2×19.8cm. 정홍명의 시문집. 1644년 신익성, 1653년 이경석의 초간서初刊序와 송시열의 중간서重刊序가 실려 있다. 초간본은 정홍명의 아들 정이鄭㴒가 유문을 정리하고 현감인 조카 정양鄭瀁이 공역을 주간하여 1653년(효종 4)에 목판으로 간행했다. 중간본은 정이가 다시 초간본에 누락된 유문遺文의 산정刪定과 편차編次를 송시열에게 부탁해 속록과 부록을 증보하고 관찰사 이사명李師命의 협조를 얻어 1684년에 간행했다.

- 기축문견록己丑聞見錄 필사본, 1책, 25.3×16.3cm. 정철의 후손들이 기축옥사를 정리한 책이다. 기축옥사 당시 정철을 변호하기 위해 후손들이 기축옥사의 전말을 기록했다.

- 남헌선생문집南軒先生文集 목판본, 44권7책, 31.2×20.5cm, 1498년 중간서. 남송대 장식張栻(1133~1180)의 문집. 주희가 편찬해 1184년에 간행했다.(순희 갑진본) 이 소장본은 순희 갑진본을 1498년에 중간한 명판본明版本을 우리나라에서 복각한 것이다.

- 당육선공선집唐陸宣公選集 목판본, 22권6책, 31.5×20.2cm, 1428년 서序. 당의 육지陸贄(753~805, 시호는 선宣)의 제고制誥, 주초奏草, 주의奏議를 모아 간행한 문집이다. 22권6책의 완질본이며, 권수卷首에 1428년 김식金湜이 쓴 「중간육선공주의서重刊陸宣公奏議序」가 있다.

- 동현간독東賢簡牘 필사본, 1책, 27.5×23.7cm. 선조대부터 숙종대까지 서인 계열의 간찰을 모아 만든 첩본. 1902년에 계당에 화재가 일어난 뒤 타고 남은 이이, 백광훈, 이

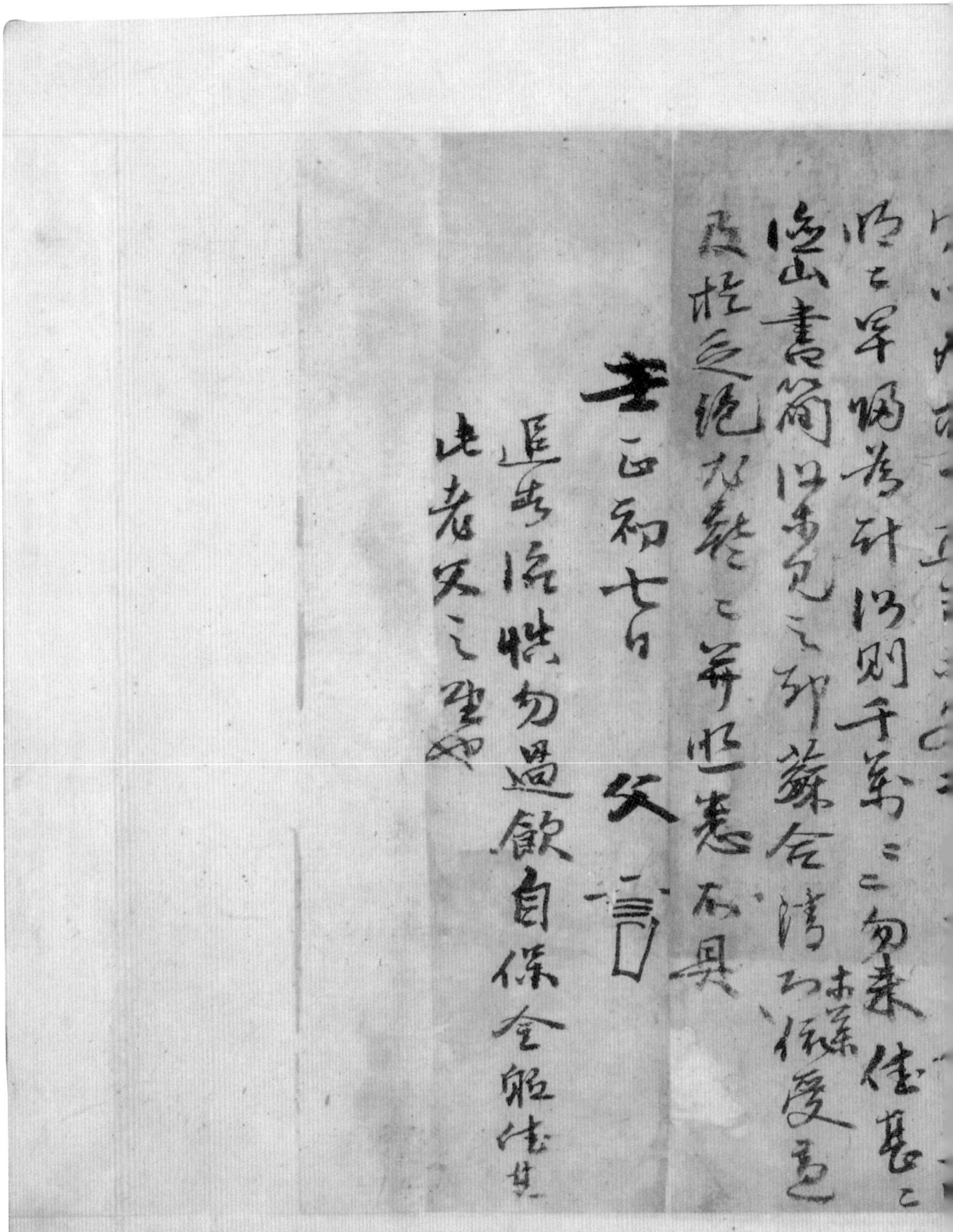

『오천한묵』, 32.9×25.8cm, 전남대 도서관.

十三世祖考延昌
府君

答子華書　石壁　進士家

相分而後無以為懷悵恨之至今聞順仍好
四姊妻無恙而遠作喜々父時倏忽將佳
但鄰近之殊尚未寢息而滌之疾患盡四
因盡意一向寧遠父流欠今長恨之上未甘聞

정구, 이식, 김집, 이경여, 조익, 송시열, 송준길, 김창흡, 장유, 권상하 등의 간찰을 계당주溪堂主 정진오鄭雲五가 수습하여 만들었다.

- 동현간첩東賢簡牒 필사본, 2책, 33.2×25cm. 1902년 계당의 화재에서 상태가 좋은 간찰을 정운오가 첩본 형태로 꾸민 것이다. 『동현간첩』 건乾에는 이해수, 김장생, 김상용, 김상헌, 김류, 최명길 등 30통의 간찰이 들어 있고, 곤坤에는 장유, 강석기, 김반, 김만중, 이선 등 25통의 간찰이 포함되어 있다.

- 문청공연행일기文淸公燕行日記 필사본, 1책, 33.0×29.4cm. 정철이 1593년 명나라에 사은사로 다녀오면서 쓴 연행 일기. 선조가 의주로 몽진했던 일의 불가피성을 말하고 원군의 추가 파병을 요청하고자 중국 관원과 나눈 대화 내용이 실려 있다.

- 문청공유사文淸公遺事 필사본, 1책, 33.7×29.3cm. 김장생이 정철의 행장을 초한 것이다. 정철을 둘러싸고 벌어졌던 당쟁의 사실 관계가 소상히 기록되어 있다.

- 백세보중百世葆重 필사본, 5책, 42.8×33.7cm. 정철의 상소문, 헌의문 등 친서를 모아 엮은 유묵집이다. 마지막 책 끝 부분에 규남圭南 하백원河百源(1781~1844)의 부기가 있는데, 정홍명, 정이 등에게 정철의 유적遺蹟이 유전된 내력과 정희의 사후 외가에 보존되었다가 계당에 돌아올 때까지의 과정을 밝히고 있다.

- 백세유장百世遺藏 필사본, 1책, 47.0×30.2cm. 정홍명이 자신의 의견을 개진하고자 올린 계사啓辭의 초고다. 표지 이면에 박민행朴敏行이 쓴 글이 있다.

- 백세진보百世珍葆 필사본, 1책, 38.8×26.4cm. 정철과 정홍명 부자의 유필을 모아놓은 첩본이다. 잠언이 될 만한 구절들을 뽑은 것으로, '숭정갑술중하기옹서崇禎甲戌中夏畸翁書'라 적힌 것으로 보아 정홍명이 1634년에 편집한 것임을 알 수 있다.

- 속박물지續博物志 목판본, 10권1책, 29.5×17.7cm, 임진왜란 이전 간행. 송대의 이석李石이 잡기류雜記類와 고사故事를 인용하여 지은 책. 권말에 1505년에 쓴 이석의 발문이 있고, 판심에 대흑구大黑口가 뚜렷해 임란 이전에 간행된 것으로 보인다.

- 송강선조유필松江先祖遺筆 필사본, 1책, 35.5×21.2cm. 정철의 친필 간찰과 시 등을 모아놓은 첩본. 아들에게 보낸 간찰이 대부분이다. 1591년 강계 유배 시 독서를 게을리하지 않았던 흔적이 서산書算의 형태로 남아 있다.

당쟁의 소용돌이 속에서 불세출의 문장과 언어를 이뤄내다

- 오천한묵烏川翰墨 필사본, 1책, 32.9×25.8cm. 정철, 정진명, 정민하, 정해조 등 정진명 계열의 간찰 13통을 모아놓은 첩본이다. 오천은 연일의 다른 이름이다.

- 유읍재문諭邑宰文 목판본, 1책, 33.1×22.0cm, 1580년. 정철이 강원도관찰사로 있었던 1580년 각 고을 수령에게 풍화風化에 힘쓸 것을 권장한 글이다.

- 유적벽시축遊赤壁詩軸 필사본, 3축軸, 17.4×30.14cm, 1900년대. 소동파의 「적벽부赤壁賦」를 모방해 창평 지역의 선비 10명이 기망旣望(16일)에 화순 동복의 적벽에 모여 시회를 열고 지은 시를 기록한 시축이다. '물염정에서 적벽으로自勿染至赤壁' '열엿샛날 밤의 적벽旣望夜赤壁' '돌아오는 길에 운자를 내어 이별을 노래하다赤壁歸路分韻話別' 등 3건으로 구성되어 있다.

- 음빙행기飮氷行記 필사본, 1책, 30.3×19.9cm, 1648년 필筆. 정홍명이 1629년 3월 25일부터 윤4월 25일까지 선위사宣慰使로 대마도 사신 등을 응대해 상경을 안내했던 기록이다. 대마도 사신 석현방釋玄方과 부관 평지광平智廣을 만나기까지의 여정 및 심회가 잘 드러나 있다.

정철의 자취를 좇다

① 송강정松江亭

전남 담양군 고서면 원강리 274에 있는 정자다. 정철이 조정에서 물러나 4년 동안 지냈던 정자로, 그의 호 송강을 따 지었다. 원래 이름은 죽록정이었는데, 선조 때 도문사라는 중이 죽록천 구릉에 조촐한 정자를 지어 그 이름을 죽록정이라고 했다 한다. 이 정자는 정철이 죽은 뒤 폐허가 되었다가 6대손 죽계공 정재가 중건했고, 1955년에 다시 고쳐 지었다.

정면 3칸, 측면 3칸의 단층 팔작지붕 건물이다. 중재실이 있는 구조이며 정면에는 '송강정', 측면에는 '죽록정'이라는 현판이 걸려 있다.

송강정.

　송강가사 중 「사미인곡」 「속미인곡」을 지은 산실이며, 정자 옆에 1969년에 건립한 사미인곡 시비詩碑가 있다. 「사미인곡」은 조정에서 물러나 왕을 그리워하는 마음을 여인이 남편과 이별하여 사모하는 마음에 빗대어 표현한 노래다.

　송강정 마루 위에는 편액이 여러 점 걸려 있다. 제액인 '송강정'을 비롯해 '숙송강정사宿松江亭舍' '망송강望松江' '증도문사贈道文師' '차사암운次思庵韻' 등 시 4수가 적힌 현판이 있고, 죽록정 제액이 걸린 쪽으로는 정철이 지은 '서호병중억율곡西湖病中憶栗谷'과 성혼이 지은 '상송강안차上松江眼次'라는 현판이 있다. 마루 끝에는 '신원방기시습제新院山房寄示習齋'라는 시가 적힌 현판과 '송강정중수기松江亭重修記'가 걸려 있다. 이 가운데 두어 수의 한시와 「사미인곡」 일부를 살펴보자.

　당쟁의 소용돌이 속에서 불세출의 문장과 언어를 이뤄내다

송강정에서 머물러 자면서 宿松江亭舍

30년을 이름만 빌려주었으니	借名三十載
주인도 아니고 손님 역시 아닐세	非主亦非賓
띠풀을 베어 지붕이나 겨우 덮고는	茅茨纔蓋屋
또다시 북쪽으로 가는 사람일 뿐	復作北歸人

사암의 운에 차하다 次思菴韻

이 몸은 병든 학과 같아, 못 가노라 고향 산천	身如病鶴未歸山
시냇가에 송죽이 늙고, 골짜기엔 난초가 늙었으리	溪老松筠谷老蘭
한강의 가을바람 수심 속에 지나고	漢水秋風愁裏度
고향 길은 꿈속인 양 아련하구나	楚雲鄕路夢中漫

야릇한 인심 겪노라니 머리는 온통 희었고	人情閱盡頭全白
쓰디쓴 세상 맛 보아가니 이가 또한 시리구나	世味嘗來齒更寒
그 옛날 송강에서 낚시하던 벗 그리워	遙憶松江舊釣侶
달밤에 노를 저어 앞 여울로 내려가네	月明搖櫓下前灘

사미인곡

(…)

하루도 열두 때	한 달도 서른 날
져근덧 생각 마라	이 시름 잊자 하니
마음에 맺혀 있어	골수에 사무치니
편작이 열이 오나	이 병을 어찌하랴

어와 내 병이야	이님의 탓이로다
차라리 싀어디여	범나비 되오리다
곳나모 가지마다	간데 족족 안니다가
향 묻은 날애로	임의 옷에 올므리라
님이야 날인줄 모르셔도	내 임 조츠러 하노라

② **식영정**息影亭

식영정은 전남 담양군 남면 지곡리 산75−1에 있는 정자다. 서하당 김성원이 장인 임억령을 위해 지은 것으로, 정철이 성산에 와 있을 때 머물렀던 곳 중 하나다. 『서하당유고』에는 식영정을 1560년(명종 15)에 지었다고 하나, 임억령이 쓴 「식영정기」에는 계해년 7월 하의도인荷衣道人이 기록한다고 되어 있어 1563년에 식영정이 세워진 듯하다.

식영정은 정면 2칸, 측면 2칸의 팔작지붕의 형태다. 한쪽 귀퉁이로 방을 몰아붙이고 앞면과 옆면을 마루로 한 것이 특징이다. 마루 위 벽에는 여러 점의 편액이 걸려 있다. 한쪽 마루 벽에는 식영정의 편액과 임억령의 「식영정기」 「식영정 20영」 등과 정철의 「식영정잡영 10수」 등 한시 편액이 있다. 또한 다른 마루 벽에는 고경명과 김성원의 「식영정 20영」 한시 편액이 있다.

식영정 뒤편에는 성산별곡비가 세워져 있다. 「성산별곡」은 정철이 서하당 김성원의 유유자적한 생활을 부러워하면서 성산의 아름다움과 춘하추동 사계절의 경치의 변화를 읊은 강호 은일 가사다. 「성산별곡」의 앞부분과 마지막 부분을 소개하면 다음과 같다.

성산별곡

어떤 길손이 성산에 머물면서
서하당 식영정 주인아 내 말 듣소

식영정.

인간 세상에 좋은 일 많건마는

어찌 한 강산을 갈수록 낫게 여겨

적막 산중에 들고 아니 나오신가

(…)

엊그제 빚은 술이 얼마나 익었는가

잡거니 밀거니 실컷 기울이니

마음의 맺힌 시름 적으나마 풀린다

거문고 줄에 얹어 풍입송風入松 켜는구나

손인지 주인인지 다 잊어버려무나

창공의 뜬 학이 이 고을의 신선이라

휘영청 달빛 아래 행여 아니 만나잖가

손님이여, 주인에게 이르기를 그대 긴가 하노라

③ 환벽당環碧堂

　　광주 북구 충효동 387에 있는 정자다. 나주목사 김윤제金允悌가 고향으로 돌아와 건물을 세우고 교육에 힘썼던 곳이다. 푸름이 사방에 둘렀다는 '환벽당'은 정면 3칸, 측면 2칸의 팔작지붕을 갖춘 목조 기와 건물이다. 원래는 전통적인 누정 형식으로 지어졌으나, 다시 건립되면서 가운데 2칸은 방으로 하고 앞쪽과 오른쪽을 마루로 바꾼 듯하다. 이곳에는 송시열이 쓴 글씨가 걸려 있으며, 임억령과 조자이의 시 또한 현판으로 걸려 있다.

　　또한 환벽당 아래로는 '조대釣臺'와 '용소龍沼'가 있는데, 여기에는 김윤제와 정철에 얽힌 일화가 전한다. 어느 날 김윤제가 환벽당에서 낮잠을 자다가 조대 앞에서 한 마리 용이 승천하는 꿈을 꾸었다. 꿈에서 깨어난 김윤제가 이상히 여겨 급히 그곳에 내려가보니 용소에서 한 소년이 목욕을 하고 있었다. 김윤제는 그 소년의 비범한 용모에 매혹되어 데려다가 제자로 삼았는데, 그 소년은 훗날 문장가로 이름을 떨친 정철이었다. 16세 되던 해에 순천에 은거하고 있던 정철이 둘째 형 소沼를 만나러 가는 길이었다고 한다. 정철은 형을 만나러 가는 길을 포기하고 김윤제 밑에서 공부하다가 김윤제의 주손으로 17세에 외손녀인 유강항의 딸과 결혼했다고 한다.

　　먼저 환벽당 마루 위에 걸린 편액 두 점 중 임억령이 지은 한시를 감상해보자.

환벽당環碧堂

안개에다 구름 기운 겹쳐졌는데	烟氣兼雲氣
거문고와 물소리 섞여 들리네	琴聲雜水聲
노을 사양길에 취객 태워 돌아가는지	斜陽乘醉返
모래가의 죽여(대나무 가마) 소리 울리고 있네	沙路竹輿鳴

환벽당.

또한 환벽당에는 김인후, 송순, 백광훈, 정철 등 당대 문인들이 남긴 시가 있는데, 그중에서 정철이 남긴 것으로 다음과 같은 작품이 있다.

한 줄기 샘물이 양 언덕 사이로 날아 떨어지고	一道飛泉兩岸間
여뀌꽃 핀 물굽이엔 연밥 따는 노래를 하네	採菱歌起蓼花灣
산골 노인이 술에 취해 냇가 바위에 누웠는데	山翁醉倒溪邊石
갈매기는 상관 않고 제멋대로 오락가락	不管沙鷗自往還

④ 지실마을

지실芝谷마을은 전라남도 담양군 남면 지곡리芝谷里를 말한다. 북쪽으로 삼봉三

전남 담양군 남면 지곡리 지실마을에 있는 계당.

峰 중 장원봉壯元峰 아래에 자리잡고 있으며, 서쪽은 별뫼星山, 동쪽은 바리뫼鉢峰와 괸돌支石마을로 나뉜다. 이들 마을을 합쳐 지곡리라고 한다.

　이들 마을 정면으로 무등산(1187미터)이 바라보이며, 마을 앞으로는 무등산 기슭인 가마재(정곡鼎谷)골 서봉사 터 위에서 발원하여 흐르는 제비내(연천燕川)와 무등산 북쪽인 원효사골을 흘러온 물이 금다리에서 만나며, 다시 증암천(지실 앞내)이 되어 환벽당 아래에서 부딪쳐 조대釣臺에 머물다가 창계백파滄溪白波를 이룬다. 이 물은 다시 성산의 식영정 밑을 파고 도는데, 정철은 「성산별곡」에서 "자미탄 곁에 두고 노자암 바라보며 장송을 차일 삼아 석경에 앉았으니 인간 유월이 여기는 삼추로다"라며 이곳의 경치를 찬미했다. 지금은 자미탄이 도로 확장으로 묻히고 그 멋이 간데없다. 자미탄을 소용돌이치던 물은 다시 서쪽으로 흘러 용투쟁이를 이루고

당쟁의 소용돌이 속에서 불세출의 문장과 언어를 이뤄내다

더 나아가 북쪽으로 흘러가면서 송강松江이 된다.

이처럼 이곳은 산과 강물의 풍광이 아주 잘 어울려 「성산별곡」의 산실인 서하당 김성원의 식영정과 정철의 청소년 시절을 풍요롭게 해주었던 사촌 김윤제의 환벽당, 그리고 한국의 대표적인 원림으로 알려진 소쇄옹瀟灑翁 양산보梁山甫(1503~1557)의 소쇄원瀟灑園 등 일동삼승一洞三勝의 경관이 모두 이 마을에 있다.

지실마을에서 가장 유서 깊은 건물은 계당溪堂이다. 계당은 정철의 6대손인 정근의 당호堂號이지만, 이 건물은 원래 정철의 넷째 아들 정홍명이 살던 곳이다. 정홍명은 아버지의 추억이 깊이 밴 곳을 찾아 1616년(광해군 8)에 이 터를 구입했다. 정철은 「제만수동인가벽題萬壽洞鄰家壁」이라는 시제詩題를 붙여 '만수명산로萬壽名山路 추풍병객래秋風病客來'라며 시 한 수를 남겼는데, 만수동 길에 있었던 만일사萬日寺에서 지은 시가 더 있는 것으로 미루어 자주 이곳을 찾았던 듯하다. 정홍명 이후 이곳은 아들 정이까지 살다가 잠시 타인의 소유가 된다.

그러다가 1689년에 송강의 종5대손 소은簫隱 정민하鄭敏河가 환벽당을 지키던 중부 수환守環 정흡鄭潝의 양자가 되면서 다시 입주했다. 소은 정민하는 이 터에서 11형제를 낳았고 그의 말년인 1721년에는 식영정을 구입해 거처로 삼았다. 이로써 광산 김씨들이 주인이었던 식영정과 환벽당은 송강의 후손들, 즉 계당 사람들에 의해 전승되었다. 수환 정흡, 소은 정민하, 계당 정근鄭根(1691~1756) 등 송강의 장손들로 주인이 이어졌고, 이들은 선조들의 문화유산을 지키면서 이곳을 방문하는 선비들과 대를 이은 세교世交의 장소를 삼았다. 최근 2000년에 지실마을에 가사문학관이 개관되면서 정민하의 종손인 정구선씨가 계당에서 보존해오던 송강의 친필 『연행일기』 등 많은 유물을 전시하도록 이곳에 기증했다. 그리고 다시 2009년에는 전남대 도서관에 고도서나 고서화, 고문서 등 각종 고문헌을 기탁했다.

【5장】

임란의 한가운데를 학문과 충忠으로 관통해낸 구국의 경세가

— 풍산 류씨 겸암·서애 가문

박병련

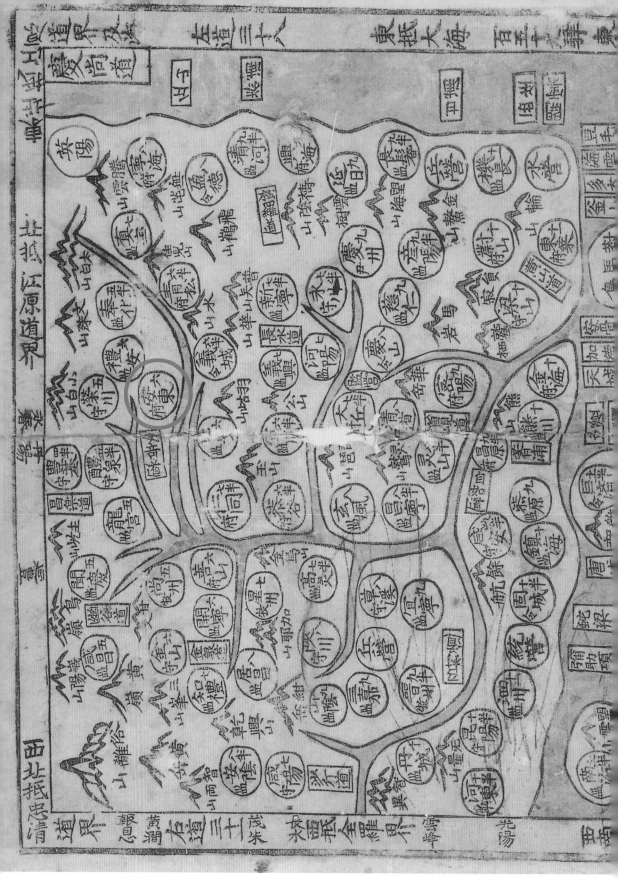

「경상도」, 28.8×35.5cm, 18세기, 영남대박물관.

안동 풍산 류씨, 여말 선초 사족으로 발돋움하다

경북 안동 하회의 풍산 류씨는 임진왜란이라는 미증유의 국난을 헤쳐나간 명재상 서애西厓 류성룡柳成龍(1542~1607)으로 인해 널리 알려졌고, 대대로 현관명석顯官名碩들이 이어져 가히 영남에서 굴지하는 명가로 일컬어져왔다.

풍산 류씨의 가계가 실제로 시작되는 것은 류백柳栢(柳伯)부터라 할 수 있다. 물론 서애가 작성한 「종천영모록초본終天永慕錄草本」에 따르면 시조는 보첩이 없기에 알 수 없으나, 류백 이전의 선조들은 안동부 호적에서 나타나는데, 절節-돈승敦升-정장挺莊의 3세가 그것이다. 그러나 이 3세의 시기는 "모두 드러나지 않았다皆不顯."

상계 세계도上系 世系圖

류백 柳栢	난옥 欄玉(蘭玉)	보 葆	종혜 從惠	홍 洪	소 沼	자온 子溫	공작 公綽
은사급제 恩賜及第	도염서령 都染署令	검교예빈경 檢校禮賓卿	공조전서 工曹典書	좌군사정 左軍司正	부호군 副護軍	성균진사 成均進士	간성군수 杆城郡守
평주 유익 平州 庚益	봉화 정홍성 奉化 鄭洪成	거제 반윤청 巨濟 潘允淸	양양 임원길 襄陽 林元吉	일선 김관 一善 金琯	안동 권옹 安東 權雍	안동 김계행 安東 金係行	연안 이형례 延安 李亨禮

＊창녕조상보昌寧曹尙保

고려조의 풍산 류씨는 그렇게 드러난 문벌가는 아니었지만 향촌적 기반은 상당했으며, 류백이 급제함으로써 '士'와 '吏'의 분기가 이뤄지던 때에 향촌의 호족에서 '사족士族'으로 발돋움했음을 알 수 있다. 앞서의 상계 세계도上系 世系圖에서 보듯이 직계에서는 계속해서 관직 진출을 했지만, 이른바 청현직清顯職에는 나아가지 못했다. 그렇더라도 이 시기에 훗날 현달할 후손들을 배출하기 위한 기운은 계속 축적되고 있었음을 알 수 있는데, 바로 혼인관계를 통해서다.

류백의 부인 평주 유씨는 유금필의 후손으로 그 부친은 을과 급제 출신이었고, 류종혜의 장인 임원길도 급제 출신이었다. 혼인관계에서 가장 중심적인 변화는 류홍柳洪대에 이뤄졌다. 류홍의 첫 부인은 일선 김씨로 진사 김관의 딸인데, 김관은 점필재 김종직의 조부이니, 류홍은 바로 김종직의 고모부가 된다. 김씨 부인과의 사이에서 아들 야거野居와 감삼우金三友에게 시집간 딸을 두었는데, 야거는 안동 김씨

『점필재문집』, 21.0×31.1cm, 초간본, 소수박물관.

임란의 한가운데를 학문과 충忠으로 관통해낸 구국의 경세가

감목 김효첨金孝瞻의 딸에게 장가들었으나 소생 없이 조졸했다.

류홍의 둘째 부인인 창녕 조씨는 조상보曺尙保의 딸이었다. 조상보는 공민왕대의 좌정승으로 하성부원군에 봉해지고 양평공의 시호를 받은 조익청曺益淸의 맏손자로, 세종조의 문과장원으로 집현전 부제학을 지낸 충정공 조상치曺尙治의 형이었으며, 지산芝山 조호익曺好益 형제에게는 종6대조가 된다. 이 조씨 부인이 소沼·원源·장漳·연淵·전湔의 다섯 아들을 두어 풍산 류씨가 번성할 수 있는 기초를 열었다. 서애도 이 점을 분명히 인식했던 듯한데, 첫째 부인에 대해서는 "먼저 부인은 일선 김씨 진사 관의 딸"이라고 기술하고 있는 데 반해, 둘째 부인에 대해서는 "첫 부인이 돌아가신 후 맞이한 부인은 창녕 조씨로 흥위위 보승별장 상보의 따님인데, 가선대부 강계좌익병마사 판희주사 신충信忠의 손녀이며 순성직절동덕찬화공신 벽상삼한삼중대광 도첨의좌정승 판군부사사 상호군 하성부원군 양평공 익청의 증손으로 사자금어대 겸권농방어사 이중영은 그 외할아버지시다"라고 상세히 기록해 놓았다.

류홍의 장자인 류소는 절충장군 용양위부호군 권옹權雍의 딸에게 장가들었는데, 충청도도관찰출척사 공경공恭敬公 권화權和의 손녀이자 좌의정 정간공靖簡公 권희權僖의 증손녀였다. 서애는 특별히 권씨 부인의 가계와 권씨 부인의 외가인 흥해 배씨의 가계를 정리해놓고 있다.

부권평창세계도附權平昌世系圖

권부權溥	고고皐	희僖	화和	옹雍	女 即我高祖妣
侍中	侍中 永嘉府院君	檢校政丞	觀察使即陽村先生之兄	郡事 妣裵氏	
				事具李公宗準所撰墓表	

부배씨세계도附裵氏世系圖

영주榮主	전전詮	상공尙恭	소素	女 即平昌郡事權公夫人
興海人	三重大匡興海君	工曹典書	吏曹正郎 妣權氏右議政軫女	

이러한 서애 윗대의 혼인관계를 보면, 유명한 정승을 길러낸 가문과 긴밀한 인연을 맺은 것이 눈에 띈다. 특히 외가의 가계를 서애가 상세히 파악하고 있었고, 기술 방법으로 미루어볼 때 서애는 그런 점에 대해 상당한 자부심을 느꼈던 듯하다. 즉 조익청曺益淸, 권부權溥, 권고權皐, 권희는 물론이고 권화가 양촌陽村 권근權近의 형임도 세주細註에서 밝혀놓았으며, 권옹의 딸인 고조모 권씨의 외조모가 우의정 권진權軫의 딸이라는 것도 적어놓았다.

류자온柳子溫은 성화成化 갑오년에 신종호申從濩 방방榜에 진사 3등 54인으로 급제했는데, 풍산 류씨 가계에서는 무반직에서 문반으로 탈바꿈하는 과도기로 그 의미가 크다. 그는 안동 김씨로 사간원 대사간을 지낸 보백당寶白堂 김계행金係行의 사위가 되어 가문의 기반을 한층 더 단단히 다졌다.

제2도에서 보이는 입암 류중영은 문과에 올라 황해도관찰사와 좌부승지를 지냈으며, 관홍寬弘한 인품과 주밀周密한 경륜을 겸비했다. 진사 김광수(송은처사松隱

제2도

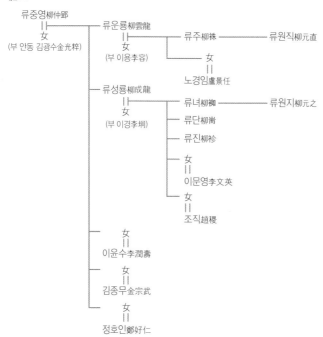

임란의 한가운데를 학문과 충훈으로 관통해낸 구국의 경세가

處士)의 딸에게 장가들어 겸암 류운룡, 서애 류성룡 형제를 낳아 오늘날 하회마을의 기초를 놓았다. "겸암이 중앙 각사의 서료庶僚로서 능력을 발휘하고 지방 장리로서 훌륭한 치적을 올린 것이나 서애가 한 몸으로 국가경영 전략을 수행해 광고曠古의 국난을 극복한 것이 모두 그 소종래가 입암立巖에게 있다고 말해도 과언이 아닐 것"(이우성, 「입암일고立巖逸稿 해제」)이라 할 정도로 그가 자제들에게 끼친 영향은 컸다.

하회마을, 태극형의 명국으로 높은 이름

경상북도 안동시 풍천면 하회는 조선시대 영남 지역의 명문가로 널리 알려진 풍산 류씨들의 집성촌이고, 지금은 민속마을로 지정되어 있다. 이 마을은 조선시대의 전통 가옥과 풍수 경관이 어우러져 자태를 뽐낼 뿐 아니라, 역사 배경이 분명하고, 하회별신굿과 같은 고려시대의 맥을 잇는 민간 전승 등이 보존되어 있는 역사와 문화의 보고다.

마을의 형세는 전통적인 풍수학의 관점에서 봤을 때 '연화부수형蓮花浮水形' 또는 태극형의 명국名局으로 이름이 높다. 이 마을을 감싸도는 화천花川은 낙동강 상류로 강가에는 퇴적된 넓은 모래밭이 펼쳐지고, 그 서북쪽에는 울창한 송림이 들어서 있다. 강의 최대 폭은 300미터, 최대 깊이는 5미터에 이르며, 옛날의 교통수단은 나룻배였고, 음력 백중에는 부용대 밑에서 시회詩會와 아울러 줄불놀이가 벌어졌었다. 하회별신굿은 이 마을의 대표적인 민간 전승 놀이인데 별신굿에 쓰였던 가면들은 제작 연대가 고려시대로 추정되며 국보로 지정되어 있다.

강의 마을 쪽은 넓은 백사장으로 툭 트인 풍경인 반면, 건너편에는 바위로 된 절벽이 깎아지른 듯 연이어 있고, 곳곳에 정사亭榭가 자리하고 있어 승경勝景을 연출한다. 마을 북쪽 대안에는 절벽인 부용대芙蓉臺가 자태를 뽐내는데, 부용대 왼쪽에

하회마을 전경.

하회별신굿.

충효당 현판, 58.0×117.5cm, 유교문화박물관. '충효'는 서애가 평소 자손들에게 강조한 내용으로, 글씨는 미수 허목이 쓴 것이다.

양진당.

겸암정사謙庵精舍가 자리잡았고, 오른쪽에는 옥연정사玉淵精舍가 있다. 화천서원花川書院 역시 옥연정사의 오른쪽 북쪽 대안에 자리잡고 있다.

풍산 류씨가 자리잡기 전에는 허씨, 안씨 등이 유력 씨족이었던 듯하며, 1635년의 「동원록洞員錄」에도 그 흔적이 남아 있다. 그러나 이 시기 자료들은 이미 류씨들이 자신들의 터전으로 확고하게 자리잡았음을 보여주는 것이기도 하다.

류씨들의 하회 입향조는 류종혜 대였지만, 조선시대 하회마을이 성립된 것은 역시 입암 류중영·운룡·성룡 부자대부터다. 사실 조선 전기에는 조선 후기보다 '부계 중심'을 덜 강조했고, 다분히 혈연을 중시했던 까닭에 이성친異姓親들이 함께 마을을 구성하곤 했다. 이것은 조선 전기 족보에서는 '선남후녀先男後女'의 원칙이 지켜지지 않고 '출생 순서'의 원칙이 지켜졌던 데서도 알 수 있다. 하회마을은 조선 후기로 접어들어 류운룡의 '겸암파謙菴派'와 류성룡의 '서애파西厓派'가 성립되면서부터 비로소 하회마을의 특징을 갖췄다.

하회마을에서 보물이나 중요민속자료로 지정된 가옥들은 모두 풍산 류씨 소유인데, 류운룡·류성룡과 관련 있거나, 그 후손들과 관련 있는 것으로 하회마을의 형성 과정과 그 역사적 배경을 알려준다.

하회마을 진입 도로와 연결된 큰길이 이 마을의 중심부를 동서로 관통하는데, 이 길을 기준으로 북쪽을 북촌, 남쪽을 남촌이라 부른다. 대종가인 양진당養眞堂은 보물 제306호로 지정되어 있으며, 행랑채, 사랑채, 안채가 계좌정향癸坐丁向(남향)으로 연속되어 건축되었고 사당만 홀로 독립되어 있으며, 사랑채에는 관찰사 류중영의 호를 딴 '입암고택立巖古宅' 현판이 걸려 있다. 서애의 고택인 충효당은 보물 제414호로 지정되었는데, 묘좌유향卯坐酉向(서향)으로 자리잡으며 서향 전면으로 12칸의 줄행랑채를 두고 직사각형 모양의 안채와 일자 모양의 사랑채를 배치하고 있다.

중요 민속자료로 북촌댁(제84호), 원지정사遠志精舍(제85호), 빈연정사賓淵精舍(제86호), 류시주柳時柱 가옥(제87호), 옥연정사(제88호), 겸암정사(제89호), 남촌댁(제90호), 주일재主一齋(제91호) 등이 지정되어 있다.

겸암, 서애와 안팎으로 나랏일에 힘쓰다

겸암 류운룡柳雲龍(1539~1601)은 서애의 형이다. 서애를 이야기하다보면 자연스레 겸암의 이야기가 나올 정도로 학문과 덕행이 뛰어났고, 형제간의 우애 또한 남달랐다. 특히 서애가 나랏일에 진력하는 동안 집안일에 대한 '후고後顧의 염려'를 덜어준 것은 조선사회의 특성상 간접적으로 국난 극복에 크게 기여한 것으로 평가할 수 있다. 타고난 자질이 총명해 일찍부터 널리 경사經史를 통독하니 사문斯文의 기망期望을 받았다. 1572년(선조 5) 친명親命으로 음사해 전함사별좌가 되고, 다음 해 의금부도사가 되었으나 물러났다. 그 뒤로도 사포서별제, 풍저창직장 등을 역임하면서 청렴함과 이치吏治의 능력에서 인정을 받아 내자시주부로 승진했고 진보현감 등의 외직을 거쳤다. 모친의 병을 이유로 사퇴했다가 다시 인동현감이 되었다. 이때

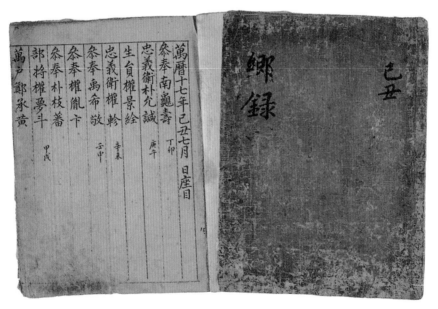

『향록鄕錄』, 40.3×30.6cm, 1589, 유교문화박물관. 만력 17년 안동부의 향안으로 여기에 류운룡의 명단이 실려 있다.

임란의 한가운데를 학문과 충忠으로 관통해낸 구국의 경세가

야은 길재의 묘역을 정화하고 사우와 서원을 지어 유학의 진흥을 도모했다. 유명한 '지주중류비砥柱中流碑'도 이때 세웠는데, 서애에게 「음기陰記」를 짓게 하고 당시 명필로 명성을 떨치던 밀양 출신 박도생朴道生을 초청해 글씨를 쓰게 했다(박도생은 이때 입암의 비문 글씨도 썼다. 그런데 현재의 지주중류비는 겸암이 세웠던 옛 비가 아니고 새로 세운 것이다).

인동현감을 지낸 뒤에는 광흥창주부, 한성부판관, 평시서령, 사복시첨정 등을 역임했다. 임진왜란이 발발하자 서애가 선조에게 겸암의 벼슬을 해직시켜 모친을 구하도록 호소해 받아들여졌다. 겸암은 임란의 소용돌이 속에서 모친을 비롯한 가족들을 무사히 보호해 서애로 하여금 나라의 어려움을 극복하는 데 온 힘을 쏟을 수 있도록 했다. 그 뒤 풍기가군수가 되었다가 정군수가 되어서는 전란 속에서도 백성의 생업을 돌보는 데 힘썼다. 훗날 원주목사로 승진되었으나 모친의 노쇠함을 들어 사퇴했다. 이기설이나 사칠론에 대해서는 퇴계의 설을 근거로 삼아 논했다. 안동의 화천서원花川書院에서 봉향하며, 시호는 문경文敬이다.

류성룡, 임란의 한가운데를 관통한 생애

서애 류성룡은 1542년(중종 17) 외가인 의성현 사촌리에서 태어났다. 서애가 태어나기 전 어머니 김씨 부인의 꿈속에서 어떤 사람이 하늘에서 내려와 "부인은 귀한 자식을 둘 것이다"라고 말했다고 한다. 어려서부터 책읽기에 집중하는 것이 범상치 않았는데, 10세 이전에 『대학』과 『맹자』를 읽기 시작했고, 조부와 부친의 임소任所를 따라다니며 여러 지방의 인심과 물정을 익혔다.

1558년(17세)에 종실 광평대군의 후손인 현감 이경李坰의 사위가 되었다. 19세에 관악산에 들어가 독서에 집중했으며, 21세에 도산으로 가서 퇴계 선생을 찾아뵙고 수개월을 머물며 『근사록』 등을 공부한 다음 금계金溪로 가 학봉鶴峯 김성일金誠

─을 만났는데, 마음으로 깊이 허락하여 평생을 서로 변치 않았다. 1564년(명종 19, 23세)에 생원 1등, 진사 3등에 합격해 다음 해에 성균관에 들어간 뒤 1566년(25세) 별시 문과에 급제해 승문원 권지부정자가 되었다. 이듬해에 정자로 승진한 다음, 예문관 검열이 되어 춘추관기사관을 겸직했다. 예문관 검열은 '한림翰林'의 별칭을 받는 관직이었는데 하위직으로 '청요淸要'로 평가받는 직위였으며, 통상 조선시대 엘리트 관료들의 출발점이기도 했다.

1568년(선조 1, 27세) 대교로 승진했다. 이해에 부친을 뵙기 위해 정주에 가서 「정관재춘일유감靜觀齋春日有感」이란 시를 남겼는데, "큰 도리는 입과 귀로 전하는 것을 따르기 어려우니/ 이 마음 가는 곳은 스스로 유연하네/ 정관헌 밖의 수천 갈래 드리운 저 버들가지/ 갈래마다 물든 봄빛은 앞섬과 뒤따름에 구분이 없네大道難從口耳傳, 此心隨處自悠然, 靜觀軒外千條柳, 春入絲絲不後先"라는 시의 뜻이 매우 유현幽玄했다. 다음 해에 성균관 전적과 공조좌랑을 거치고, 사헌부 감찰로서 서장관이 되어 정사인 청련靑蓮 이후백李後白을 수행해 명나라에 들어갔다가 다음 해에 돌아왔다.

귀국한 뒤로 홍문관 부수찬으로 경연검토관과 춘추관기사관을 겸했으며, 홍문관 수찬으로 승진한 뒤에는 사가독서를 했다. 1572년(31세)에 다시 홍문관 수찬이 되었는데, 붕당을 염려하는 영상 이준경李浚慶의 유소遺疏 문제로 추탈관작을 주장하는 송강 정철의 의론을 힘써 막았다. 그 뒤 사간원 정언, 병조좌랑, 이조좌랑, 홍문관 교리, 전한, 사헌부 장령, 홍문관 부응교, 검상, 의정부 사인, 홍문관 응교 등을 역임했고, 1578년(37세)에 사간원 사간이 되었다.

1579년(38세)에 홍문관 직제학, 승정원 동부승지, 지제교로 경연참찬관과 춘추관 수찬관을 겸했고, 이어 이조참의를 거친 다음 1580년(39세)에 홍문관 부제학이 되었으며, 모친 봉양을 위한 뜻이 받아들여져 특별히 상주목사를 제수받았다. 1582년(41세)에 사간원 대사간, 우부승지, 도승지를 거쳐 정2품직인 사헌부 대사헌이 되었다. 이때 왕명으로 「황화집서皇華集序」를 지었다.

1583년(42세)에 다시 부제학이 되었고, 이때 「비변오책備邊五策」을 헌의獻議했는데, 서애가 국방에 대한 관심을 체계화하고 이를 국가 정책에 반영하고자 경주한 시

점이라 할 수 있다. 함경도 관찰사와 성균관 대사성직은 모친의 병환으로 사양하고 경상도관찰사로 나아갔는데 치적治績이 있었다. 1584년(43세)에는 왕명으로 「문산집서文山集序」를 지었고, 예조판서가 되어 동지경연춘추관사와 홍문관 제학을 겸했다. 1585년(44세)에 왕명으로 「정충록발精忠錄跋」을 지었고, 1586년(45세)에는 『포은집圃隱集』을 교정했다.

1588년(47세)에 영예로운 양관 대제학이 되었으며, 1589년(48세)에 대사헌, 병조판서 등을 역임했는데, 이해에 조선 정치사와 붕당사의 한 획을 긋는 정여립 사건과 기축옥사가 일어나 곤혹스런 입장(백유양白惟讓의 공사供辭에 이름이 거론됨)에 처했으며, 여러 차례 사직을 청했으나 왕이 허락하지 않자 스스로를 탄핵하는 상소를 올렸다.

1590년(49세)에 우의정에 올라 종계변무의 공으로 광국공신 3등에 녹훈되고, 풍원부원군에 봉해졌다. 이해에 정여립 사건에 구무構誣되어 죽은 수우당守愚堂 최

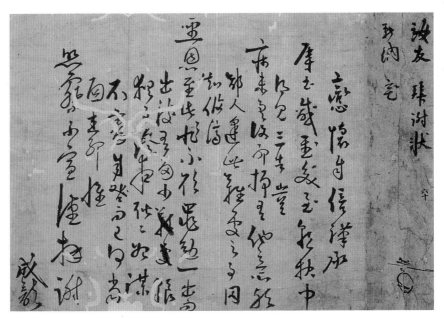

서간, 류성룡, 22.2×33.0cm, 조선시대, 성균관대박물관. 서간의 글씨는 선획이 곱고 아름다우나 결구에 여유와 기상이 있어 내적인 인격과 외적인 지향을 잘 담아내고 있다.

교서, 42.5×114.8cm, 보물 제460-3호, 유교문화박물관. 종계변무가 성공하고 난 뒤 류성룡을 광국공신 3등에 책봉한다는 내용이다.

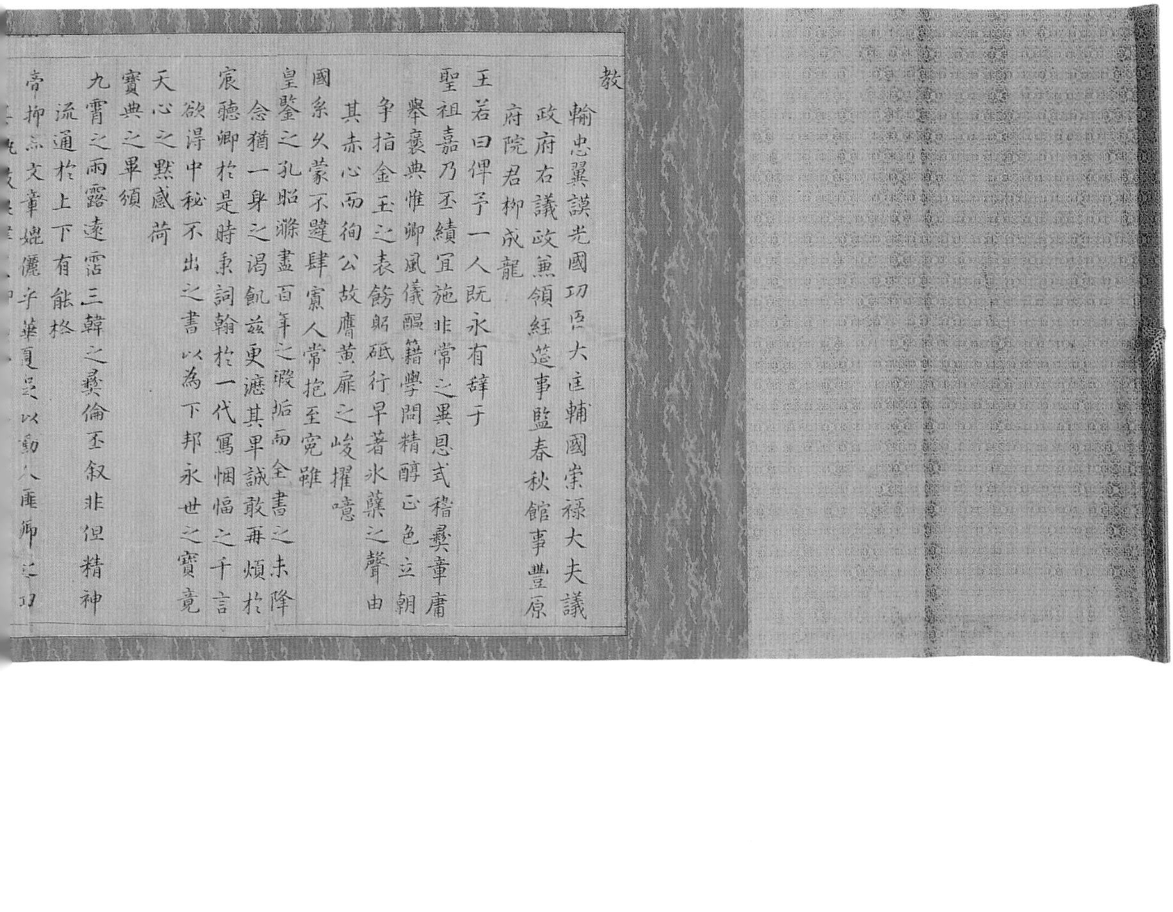

教

翰忠翼謨光國功臣大匡輔國崇祿大夫議
政府右議政兼領經筵事監春秋館事豐原
府院君柳成龍

王若曰俾予一人旣永有辭于
聖祖嘉乃丕績宜施非常之異恩式稽彝章庸
舉裦典惟卿風儀醞籍學問精醇正色立朝
爭指金玉之表餝躬砥行早著冰蘗之聲由
其赤心而徇公故膺黃扉之峻擢噫
國系久蒙不遑肆寮人常挹至竞離
皇念之孔昭滌盡百年之瑕垢而全書之未降
念猶一身之謁飢玆更遞其甲誠敢再煩於
宸聽卿於是時東詞翰於一代寫惘幅之千言
欲得中秘不出之書以爲下邦永世之寶竟
天心之黙感荷
寶典之畢頒
九霄之雨露遠霑三韓之彝倫至叙非但精神
流通於上下有能格
春柳於文章媲儷乎華夏吳以勤人匪卿之工

영경崔永慶을 구원하는 상소를 초했으나 '도움은 안 되고 오히려 화를 키울 것 같아'
올리지는 못했다. 1591년(50세)에는 우의정으로서 이조판서를 겸하고 이어 좌의정
으로 승진해서도 이조판서를 겸했는데, 임금의 무거운 신뢰를 짐작케 하는 인사였
다. 이해에 왜정倭情에 대한 정보를 명나라에 알리도록 조정의 의론을 결정하도록
했으며, 건저建儲 문제로 서인 정철의 처벌 문제가 대두되자 온건한 주장을 펼쳐 강
경한 처벌을 주장하는 이산해李山海와 견해차를 보였다. 이해에 변방의 난에 대비
해 형조정랑 권율을 의주목사로, 정읍현감 이순신을 전라좌수사로 천거하고, 노
쇠한 경상우병사 조대곤曹人坤을 이일李鎰로 교체하도록 청했으며, 진관법鎭管法을
예전대로 복구할 것을 주청했다. 이해에 이산해의 추천으로 다시 홍문관대제학을
겸임했다.

1592년 4월 13일 일본의 도요토미 히데요시가 대병을 내어 침입해오자 병조판
서를 겸하고 도체찰사가 되어 군무를 총괄하게 되었는데, 신립을 발탁해 전장으로
보내고 이어 이일로 하여금 이를 후원하도록 조처했다. 아울러 세자를 정해 국본을
튼튼히 하기를 청하고, 경상우병사 김성일의 과오를 너그러이 받아들여 다시 기용

『근폭집』, 류성룡, 27.2×23.5cm, 보물 제160호, 유교문화박물관. 임진왜란 당시 류성룡이 국왕 선조에게 올린
차자와 계사를 편찬한 책이다.

임란의 한가운데를 학문과 충忠으로 관통해낸 구국의 경세가

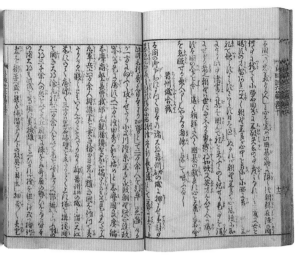

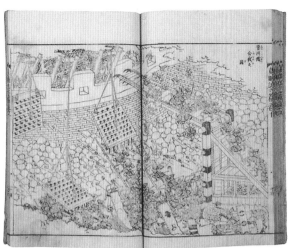

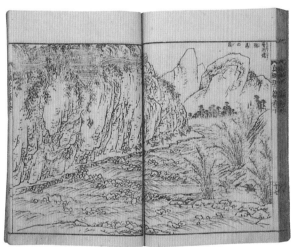

『회본태합기』, 22.5×16.0cm, 국립진주박물관. 도요토미 히데요시의 일대기를 그림과 글로 담은 것인데, 임진왜란의 주요 장면들이 묘사되어 있다. 진주성 전투(위 왼쪽), 일본군이 진주성 공략하는 장면(위 오른쪽), 진주성 공격에 사용했던 일본군의 귀갑차(아래 왼쪽), 남강에 투신하는 김천일과 최경회(아래 오른쪽).

교서, 77.5×108.0cm, 보물 제460-3호, 1592, 유교문화박물관. 도체찰사 류성룡에게 내린 교서로, 군기에 관한 일을 일체 맡기니 일일이 보고할 필요 없이 처결할 것을 허하는 내용이다.

하도록 선조를 설득했다.

선조 임금의 몽진蒙塵 방향을 두고 동로東路(함경도)보다 서로西路(평안도)를 택하도록 하는 데 결정적인 건의를 했고, 또 의주에 있다가 불리하면 명나라에 내부內附하자는 이항복의 의견을 저지시키고 국내의 저항 역량을 결집시킬 방안을 강구했다. 이 두 가지 결정은 임진왜란을 극복하는 데 결정적으로 작용했는데, 이로써 미뤄보면 서애가 당시 조정에서 대국大局을 통찰할 안목을 갖춘 거의 유일한 인물이었음을 알 수 있다.

9월에는 건주위 여진이 원병을 보내겠다는 제의를 거절하도록 했는데, 이 또한 여진으로 인한 후환을 미연에 제거한 선견을 보여준 것이었다. 이어 영의정이 되어 왕을 호종했지만 평양에 이르러 나라를 그르쳤다는 탄핵을 받아 면직되었다. 의주에 이르러 평안도 도체찰사로 복귀하고, 1593년(52세)에 이여송李汝松과 함께 평양

임란의 한가운데를 학문과 충忠으로 관통해낸 구국의 경세가

「동래부순절도」, 비단에 채색, 145.0×96.0cm, 보물 제392호, 1760, 육군박물관.

『당장시화첩』, 64.5×94.8cm, 보물 제160호, 유교문화박물관. 임진왜란 때 명나라 제독 이여송이 서애에게 보낸 부채다.

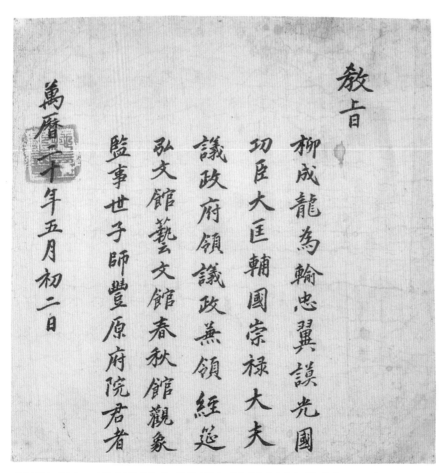

교지, 76.2×75.4cm, 보물 제460-3호, 유교문화박물관. 임진왜란이 발발한 직후의 것으로, 류성룡을 영의정에 임명하는 교지다.

임진왜란 때 활약한 류성룡이 착용했던 투구(위)와 갑옷, 개인.

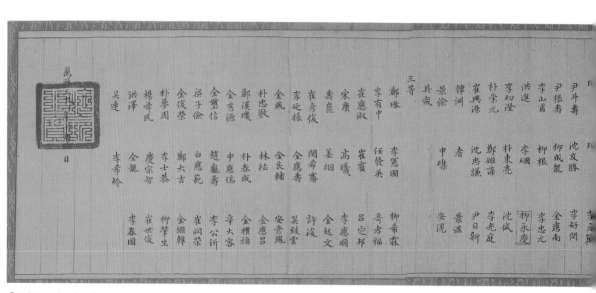

「류성룡 호성공신교서」, 40.0×248.0cm, 보물 제160-11호, 1604, 유교문화박물관.

輸忠翊讚光國忠勤貞亮効節揚策廟堂功臣大匡輔
國崇祿大夫府院君柳成龍書

王若曰忘身徇國克著弘濟之功報德酬勞舉崇族之
典爰稽雲臺故事庸載鐵券新盟惟卿金玉之精
永藥其樣卡稗王佐早稱忠信衆而推者道德文章
目靈英於苟班尉有聲事牽之措菩暨蔿樂扑樣
府更見切業之衷如入皆謂漢代仲舒子則曰宋
朝君實頃遷島衷之猶獲遠羅國步之播遷留
鎮都城雖開宗澤之守閒旅詞令必得趙衷之文
執従我兩周蹕卿與子而佐作瞻四方而靡驟悅
而徐之如進一馬渡江子未堪平多難五地後野卿
獨奮其孤忠酒涙而登卅溫嶠之義氣感嘆負
罵繮以東命孤僱之幼贊備嘗乃心益勵扑始終
此誠寧閒扑進退老富拍畫十三策檜雪君父之
羹小泛肯讒百萬兵身無辞相之責通辭忠獻之
絡象俾專蕭相國之轉漕漢将之威武至揚寬頼之
饋餉之不絶周原冠盖相屬亦由擴接之浮宜翔當
國事之擴攘自任栽務之填委陶偃之義狀明敏應
之如讒陸贄之奏對懇勤知無不告蓁揚

天兵兩克勤以致王業之重恢
宗社之獲造瘯郱伊誰之力圖家之淮保今日惟乃之休院
共患扑銀兔敘相肯扑安樂鞠郱効一節諸蒀之忠
貞式彰功臣一等量形垂後超二階爵爵其急肆策蠡
為魔雲功臣一等其子則壻坌女胥超一階蠸其母妻子
亦趣二階其長世鞮不失茉
祿宥及永世仍賜伴僞六人奴婢九口丘史四名田八十
結銀子七而表裹一段内厩馬一匹至可領也扑截卿
固有興國色續子何忘在苦心心地之察天之明
敢要貿扑神鬼山若礪河子帶期勿替扑子孫玻
蓁敕示想宜知卷

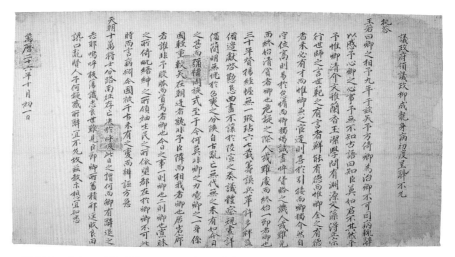

교서, 84.3×161.3cm, 보물 제460-3호, 1598, 유교문화박물관. 영의정 류성룡에게 내린 불윤비답이다. 노환과 질병으로 사직을 청하자 국왕이 이를 만류하면서 내린 것이다.

성을 수복한 뒤 충청, 경상, 전라 3도의 도체찰사가 되었다. 이어 다시 영의정이 되어 4도(경기, 황해, 평안, 함경)의 도체찰사를 겸하고 군사를 지휘했다. 4월 이여송이 일본과 화의하려 하자 글을 보내 좋은 계책이 아님을 역설하고, 화포 등 각종 무기 제조와 성곽 수축 등을 건의했다. 또 소금을 만들어 굶주리는 백성을 진휼할 방안을 내놓기도 했는데, 서애의 전란 극복 대책은 어디까지나 국내 역량을 결집시키는 데 초점을 두고 명군의 효율적 지원을 유도하는 것이었다.

이해 10월 선조를 모시고 서울로 귀환한 뒤 훈련도감 설치를 주청했으며, 변응성을 경기좌방어사로 삼아 용진龍津에 주둔시키고 반적들이 적과 내통하는 것을 차단시킬 것을 주장했다.

1594년(53세) 훈련도감이 설치되자 제조가 되어 척계광의 『기효신서紀效新書』를 강해하고, 호서의 사사위전寺社位田을 훈련도감에 소속시켜 군량을 조달하게 했으며, 조령鳥嶺에 관둔전을 설치할 것을 요청했다. 1598년(57세) 명의 경략 정응태丁應泰가 조선이 일본과 내통해 명을 치려 한다고 무고한 사건이 있었는데, 사건의 진상에 대해 변명하러 가지 않는다고 탄핵받아 삭탈관작되었다. 1600년(59세)에 「퇴

임란의 한가운데를 학문과 충忠으로 관통해낸 구국의 경세가

계선생연보退溪先生年譜」를 찬했고, 1604년(63세) 복관되었으나 더 이상 벼슬길에 나아가지 않았다. 이해 7월에 호성공신 2등에 책록되고 다시 풍원부원군에 봉해졌으며, 1607년(선조 40, 66세)에 세상을 떴다. 시호는 문충文忠(도덕이 넓고 깊음을 칭하여 '문'이라 하고, 한 몸의 위험을 무릅쓰고 임금을 섬긴 것을 칭하여 '충'이라 한다道德博聞日文 危身奉上日忠)이고 묘지는 안동시 풍산읍 수동리 뒷산 자좌子坐에 있다가 인조 계미년에 중동 계좌로 천장했다. 행장은 문인門人인 우복愚伏 정경세鄭經世가 찬했다.

수천만 언의 글을 뛰어넘는 도학의 증거

서애는 조선조의 명재상으로 세 손가락 안에 꼽히는 인물이다. 물론 당색이나 보는 사람의 관점에 따라 차이가 있겠지만, 크게 양보해도 다섯 손가락 안에 드는 것만은 분명하다. 조선시대에 '일인지하一人之下 만인지상萬人之上'인 영의정의 지위에 오르는 것은 결코 아무나 누릴 수 있는 일이 아니며 또한 그 자리에서 명상名相으로 일컬어지는 것은 더더욱 어렵다. 따라서 서애의 학문과 사상을 보통의 유학자라는 차원에서 바라보는 것은 그를 깊이 있게 이해하는 거라 볼 수 없다. 서애는 유학자 가운데서도 '방중도학房中道學'(방 안에서만 하는 관념적인 도학으로 현실에 쓰임이 없는 학문)이나 '서상도학書上道學'(병든 세상의 학자는 글자에 나타난 뜻만 머리로 이해하려 하고 스스로 자기 마음에 돌이켜 성찰하는 것을 알지 못한다)을 한 인물이 아니다. 그 것은 서애의 학문을 이기론理氣論적 구도에서 위치지어 논하는 것은 큰 의미가 없다는 뜻이다. 그는 퇴계학파의 중심인물이기 이전에 조선조의 수상首相으로 임진왜란이라는 왕조 최대의 위기를 극복해낸 경세가經世家였다.

더구나 목릉성세穆陵盛世라 불릴 만큼 인재가 극성했던 선조대에 대표적인 수상이었다는 점은 지역 차원에서 서애를 이해하기보다는 국가적 차원에서 평가해야 하며, 도학자의 차원뿐 아니라 정치가·경세가의 차원에서도 조명되어야 함을 말해준다. 즉 조선 후기 성리학이 번성했던 때의 영남에서는 주로 병산서원에서 제향받는 인물로서나 퇴계 문하생으로서 서애가 평가·논의되었는데, 이것만으로는 오히려 그의 진면목을 가리고 만다.

서애는 정신과 풍채가 가을 하늘의 둥근 달처럼 정명精明했고 천재성을 타고났다. 젊어서 상산학象山學에 관심을 가졌으나, 곧 퇴계의 가르침을 굳게 믿어 정확히 이해하고 지켰다. 그러나 서애의 학문에 있어서 상산·양명陽明에 대한 이해는 반드시 나쁜 영향을 미쳤다기보다는 그 장점을 수렴해 그의 사상을 풍요롭게 하고, 중도를 잡아 실천하는 데 일정한 기여를 했다. 그렇더라도 서애 학문의 특징은 무엇보다도 사색思索을 강조한 데서 찾을 수 있다. 서애는 병세病世의 학자들이 책에서 말하는 학설만 피상적으로 따르고, 자기 마음으로 구해 체화하지 않는 것을 병통으로 여겼다.

서애 학문은 짧은 지면에서 다 논의할 수 없으며 그 최대의 특징을 꼽자면 경학經學과 사학史學의 통합이라 할 수 있다. 그는 경학은 물론이고 사학을 강조했다. 경학 공부를 통해 터득한 관점을 역사에 투사시킴으로써 스스로의 견해를 점검해보고, 지혜를 터득하며, 폭넓은 세계관과 사려 깊은 출처관을 확립했다. 그 구체적인

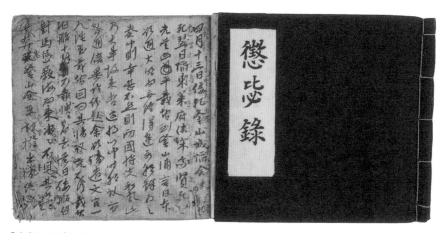

『징비록』, 류성룡, 26.4×27.4cm, 국보 제132호, 유교문화박물관.

임란의 한가운데를 학문과 충忠으로 관통해낸 구국의 경세가

『난후잡록』, 류성룡, 37.3×26.0cm, 보물 제160호, 유교문화박물관.

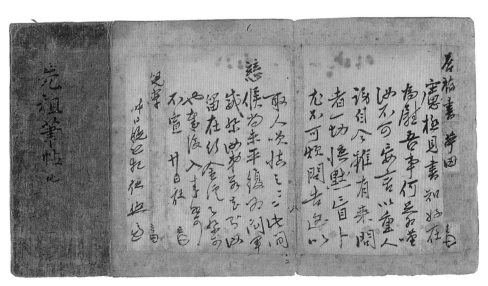

『선조필첩』, 35.5×27.0cm, 유교문화박물관. 『선조필첩』이라고 되어 있으나 대부분 서애 류성룡의 서한이다. 아들 류진이나 조카 류주에게 보낸 것이 많다.

예가 「독사여측讀史蠡測」으로 남아 있다.

　서애의 학문 방법은 '정밀하게 사색하고 자세히 질문하는精思審問' 것이었으며, 정밀한 사색 없는 '의문'이 생기지 않으며, 의문이 일어나지 않으면 많은 책을 읽어도 도움이 안 되는 것으로 보았다(「기제아寄諸兒」). 이처럼 학문하는 사람은 독서와 사색을 병행하되 마음속에 항상 '의난疑難'한 부분을 남겨두어 힘써야 함을 강조한다(「여곽수사與郭秀士」). 서애 학문의 철저함이 엿보이는 관점으로 오늘날의 학자에게도 통하는 학문의 요체다.

　서애는 19세 되던 해 겨울에 학문의 전기轉機를 맞는데, 『맹자』 한 질을 들고 관악산에 들어가 몇 달 동안 스무 번을 정독하고 암송할 수 있는 경지에 닿았으며, 20세 되던 해에는 고향 하회에 돌아와서 『춘추春秋』를 서른 몇 차례나 읽었다. 그는 그 시절에 사서四書를 100여 번씩 읽지 못한 것을 후회했는데, 서애가 경서를 어떤 방법으로 공부했는지를 짐작케 한다. 즉, 서애에게 사서는 외우는 것은 기본이고 정밀하게 사색하며 깊이 읽어 자기 것이 되도록 해야 하는 것이었다. 이것은 서애 학문의 득력처得力處를 짐작케 하며, 그가 남다른 식견과 학문, 지혜와 실천력을 갖출 수 있었던 데에는 그의 천재성뿐만 아니라 학문하는 방법이 기반이 되었음을 알 수 있다.

　서애의 사상은 한마디로 궁리정심窮理精深한 도학과 구사통철究事通徹한 사학을 기초 삼아 정치·군사·경제·문학 등의 영역에서 독특한 경지를 열어 보였다고 할 수 있다. 특히 퇴계가 터득한 도학의 진결眞訣을 계승해 국난 극복 과정의 냉엄한 현실에서 실천했으며 그 안에서 살아 있는 자신의 도학으로 체화했다. 이때 심득心得한 경지는 가히 조선 도학의 새로운 지평을 열었다고 할 수 있다. 그것은 기왕의 도학이 국가와 백성으로부터 멀어지면서 그들만의 관심사로 전락해간 것과 대비시켜보면 분명해진다. 서애 역시 이기심성에 관한 투철한 이해를 바탕으로 했음은 그의 저작 곳곳에서 발견되지만, 오히려 『징비록懲毖錄』『근폭집芹曝集』『군문등록軍門謄錄』『진사록辰巳錄』에 실려 있는 수많은 대책과 조치, 판단들이 바로 서애의 도학이 갖는 진면목이 아닐까 한다.

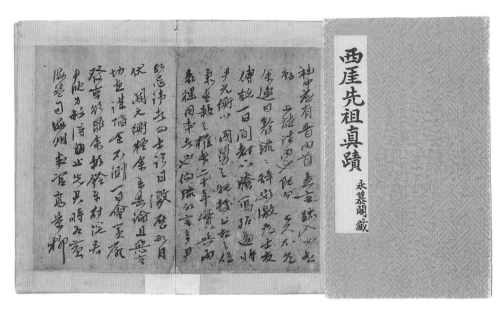

『서애선생진적』, 류성룡, 28.0×17.2cm, 유교문화박물관. 앞부분은 윤원형이 몰락하게 된 과정을 기록했고, 이어 1567년 명종의 승하부터 시작해 임진왜란 당시까지 기록했다.

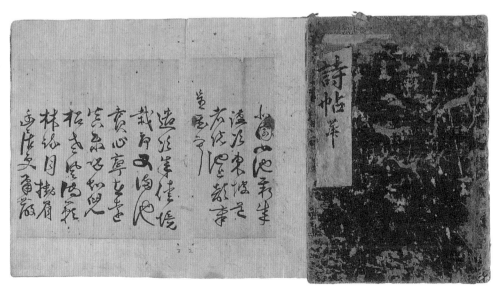

『시첩』, 류성룡, 37.3×26.5cm, 유교문화박물관. 류성룡의 친필 시들을 모아 첩으로 만들었다. 모두 30면으로 구성되어 있다.

즉 이기理氣를 논하는 수천만 언의 글보다 더 참혹한 현실 속에서 뼈를 깎는 고뇌의 과정에서 집필된 이러한 자료들이야말로 진정한 도학이 어떤 것인가를 보여주는 생생한 증거일 것이다.

그는 수천수만의 목숨이 걸려 있는 전장뿐 아니라 모략과 거짓 정보가 난무하던 정치 군사적 위기 상황에서도 중심을 잃지 않고 시의 적절한 판단과 그에 따른 대책을 제시했는데, 가까이서 이를 지켜본 상촌象村 신흠申欽의 눈에는 서애가 진기재眞奇才로 비쳤다. 서애는 진퇴양난의 어려운 국면에서도 마음속에서 언제나 백성의 삶을 잊지 않았으며, 신분에 구애받지 않고 널리 인재를 발탁해 적재적소에서 능력을 발휘하게 했는데(권율, 이순신, 신립, 이일은 말할 것도 없을뿐더러 관서 지방에서 인망이 두터웠던 조호익으로 하여금 의병을 일으키게 하고, 소금 생산에 재능 있는 윤선민의 재능을 활용했으며, 심지어는 정인홍의 의병활동도 지원했다), 이는 서애의 평소 신념(옛날에 사람을 뽑아 쓰는 길은 매우 넓었다. 혹 노예 가운데서도 발탁하기도 하고, 혹 졸병 가운데서도 나왔으며, 혹 장사꾼 가운데서도 분발하여 발탁되기도 했으니, 오직 재능으로 인재를 선발하고 다른 것은 묻지 않았다古者取人之道甚廣 或拔於奴隷 或出於行伍, 或奮於賈竪 惟才是取 不問其他)이기도 했다.

명나라의 지원군이 들어오면서 대부분의 양식이 명군을 위한 군량미로 봉폐되던 상황에서 관군의 군량마저 부족한 형편임에도 서애는 굶어 죽어가는 백성을 생각하고, 그들을 위한 구체적인 활로를 모색했다. 즉 한편에서는 백성의 얼마 안 되는 양식마저 강제로 거둬들이고 있었지만, 서애는 반대로 군량을 덜어내 백성을 구제했다. 그는 전쟁의 승패는 물론 국가의 존망도 결국 민심에 달려 있다는 철학 위에서 제반 조치를 취해나갔는데, 그가 백성을 생각하는 것은 일시적인 방편이 아닌 진심에서 우러나온 것이었다(『진사록辰巳錄』「논군량민식장論軍糧民食狀」). 이것이 서애가 세상을 버렸다는 소식이 알려지자 서울의 백성이 경제京第에 몰려와 통곡했던 이유일 것이다.

우리는 국가적 위기와 개인의 고통 속에서 수많은 결정을 하고 그 실천의 방략方略을 강구해나가는 그 이면裏面에서 서애의 마음을 볼 수 있고, 그 학문의 진정한

維道光十九年歲次己亥十一月癸巳朔初二日甲午
國王
遣臣禮曹正郎李容敏
諭祭于卒豊安君柳相祚之靈惟靈有赫文忠學醇業
宏卿寔其嫡八世炳靈丰南聲價矯表矜式鐵礪持
鉴有光前躅
聖祖視學美擢魁元
天顏有喜故家令孫雲漢昭回
特命侑廟玉署銀臺聯華詰昭勳托契隆渥渝裏
氷蘗有聲三載海郡志誓圖報治著循良於戲便
訣杳杳雲鄉遽至
兩朝禮遇愈崇陽保驚時值西警示懼不慭倉卒
緱方乃亞天官乃長栢府仍帶經筵
特授戎權卿何遽巡永矢彌堅盟府耆社白髮優
閒遼河風雪星軺穩旋廉白無瑕否人咸歎引年
屢牘易退難進速子嗣服耆造是畀年前慶禮薄
言来歸天胡不慭子懍永傷齋香遠侑庶歆茲鶴

제문, 51.0×80.3cm, 1839, 유교문화박물관. 1839년(헌종 5) 국왕이 예조정랑 이용민을 보내 풍안군 류상조의 영전에 올린 것이다.

면모를 읽을 수 있다. 꼭 정주程朱와 대차 없는 이기심성론을 입이나 글로써 피력해야만 도학이라고 보는 것은 성리학의 말폐다.

결론적으로 서애는 국가에 대한 충성과 백성에 대한 배려, 부모와 형제에 대한 효제에서 남달랐을 뿐 아니라 국가 위기의 한가운데서 국방과 경제에 관한 각종 대책을 마련함에 중도를 잡아 그 적실함을 잃지 않았으니 가히 출장입상出將入相하는 대재상의 면모가 생생히 드러나며, 또 한편으로는 현실의 국가 경영에서 도학의 효용성을 구체적으로 보여준 일대의 유종儒宗이라 할 수 있다.

서애의 대표적 문인으로는 정경세, 이준, 김봉조, 김응조, 김윤안, 홍위 등이 있다. 문인들 외에 서애의 사상과 학문을 계승한 하회마을의 후손들로는 봉사손이며 병조판서를 지낸 풍안군豊安君 류상조柳相祚, 학자관료로 명성을 떨친 학서鶴樓 류태좌柳台佐가 쌍벽을 이루었으며, 석호石湖 류도성柳道性은 북촌댁의 주인으로 구한말 하회를 대표하는 학자로 널리 알려졌다.

서애 학문과 덕행을 기리는 병산서원

병산서원의 전신은 고려 말 풍산현에 있던 풍악서당으로 풍산 류씨의 사설 교육기관이었다. 1572년 서애가 지금의 장소로 옮겼는데, 서애가 세상을 떠난 뒤 1613년(광해군 5)에 정경세 등 유림의 공의로 서애의 학문과 덕행을 추모하기 위한 존덕사尊德祠를 창건하고 위패를 모셨다. 1620년(광해군 12)에 유림의 공론에 따라 퇴계 이황을 모시는 여강서원廬江書院으로 서애의 위패를 옮겼다.

1629년(인조 7)에 별도의 위패를 마련해 존덕사에 모셨으며, 셋째 아들 수암修巖 류진柳袗을 추가로 배향했고, 1863년(철종 14)에 '병산屛山'으로 사액되어 서원으로 승격되었다. 1868년 대원군의 서원철폐 당시에도 훼철되지 않고 존속한 47개 서원 가운데 하나다.

병산서원.

【6장】

엄격한 가정 경영과 과감한 실천으로 이름을 떨치다

—무안 박씨 무의공 가문

정수환

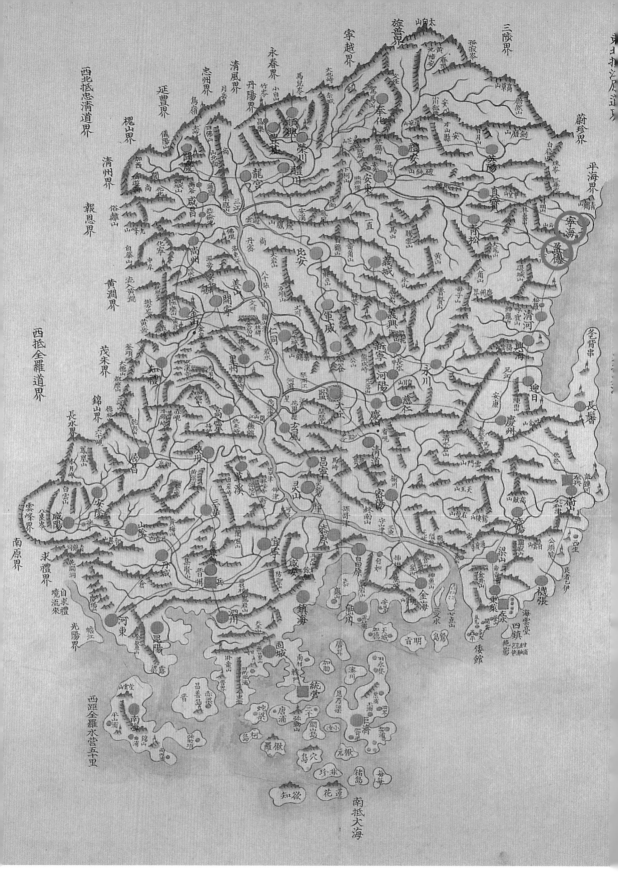

「경상도」, 『해동지도』, 규장각한국학연구원.

가정도 경영이 필요하고 전략이 필요하다

조선시대 양반들은 어진 사람名賢과 이름난 조상顯祖을 중심으로 문중을 결속하고 가계를 발전적으로 이어받고자 노력했다. 문중에서 명현의 등장은 짧은 시간의 노력으로 이룰 수 없는 것이며, 여러 대에 걸친 가정 경영의 전략이 뒷받침되어야 했다. 이는 이른바 대대로 선을 쌓은積善 노력의 결과로 나타나곤 했다.

사회적 적선을 위해서는 반드시 경제력이 뒷받침되어야 했다. 흔히 생활이 안정되어야 마음 편히 자신의 뜻을 펼 수 있다고 말한다. 진성 이씨 퇴계 이황 가문만해도 이황은 선대로부터 많은 토지와 노비를 물려받았으며, 그 자신 또한 적극적인 가산 경영을 통해 노비 367명과 약 200섬지기의 토지를 후손들에게 물려주었다. 이러한 배경은 이황 자신뿐만 아니라 퇴계 가문이 조선 후기 대표적인 양반가로 우뚝 서는 데 바탕이 되었다.

16세기 이후 외가나 처가를 따라 정착하는 일은 흔했다. 이 과정에서 이른바타향에 처음 자리잡은 조상入鄕祖을 정점으로 여러 대에 걸쳐 새로운 터전에 뿌리내리기 위한 노력들이 뒤따랐다. 무엇보다 생활 기반이 갖춰져야 했으며, 혼인을 통한사회적 자리매김, 그리고 가장 중요한 벼슬길에 나아가 고급 관료를 배출하는 것이 필요했다. 이는 세월의 흐름을 기다려야 했고 여러 대에 걸친 전략적 선택과 집중으로 가능했다.

조선시대 영해의 대표 가문으로 영남의 명가로 일컬어지던 무안 박씨 무의공 종택은 이러한 가정 경영의 성취를 잘 보여준다. 지금은 1914년의 행정구역 개편으로 영해가 영덕에 편입되었으나 조선시대에는 도호부都護府로 아주 큰 고을이었으며, 숱한 명가가 이 지역에서 나왔다. 무안 박씨는 한양에서 영해로의 정착에서 시작해 경제력 확보, 벼슬길 개척, 명현의 배출이라는 성취를 차례로 이루기 위해 가정을 아주 합리적으로 이끌어나갔다. 이제 그 이야기를 살펴본다.

박지몽, 영해에 뿌리를 내리다

무안 박씨는 무안 토성으로서 고려조에 발신해 개경에서 벼슬上京從仕하는 과정에서 이족과 사족으로 발전했다. 박진승朴進昇이 국학전주를 역임한 뒤 전라도 무안을 식읍으로 하사받았다고 한다. 『고려사』에 따르면 박진승의 아들 박섬朴暹은 무안현 사람이다. 그는 1010년(현종 원년) 거란이 침입했을 때 전주에서 나주까지 왕을 모신 공으로 1052년(문종 6) 호종공신에 책봉되었으며, 이후 벼슬이 상서우복야에까지 이르렀다.

박섬 이후에도 서울에 올라와 벼슬했던 무안 박씨 일족은 개경에 살며 관직생활을 이어갔다. 박문오朴文晤가 고려 말 홍건적을 토벌한 공으로 면성부원군에 봉해지면서 무안 박씨 문중이 다시 한번 떨쳐 일어나는 계기가 되었다. 박윤류朴允鏐는 고려의 유명한 학자관료인 민지閔漬(1248~1326)의 사위였으며, 그 또한 공민왕대에 전리판서 등을 역임한 최재崔宰(1303~1378)를 사위로 삼았다. 이러한 관계는 이 시기 무안 박씨 가문의 위상을 잘 보여준다.

무안 박씨 가문은 고려 멸망과 조선 건국 과정에서 이성계를 중심으로 한 신흥

엄격한 가정 경영과 과감한 실천으로 이름을 떨치다

「도사박공 묘갈음기」, 101.5×54.5cm, 탁본, 조선 후기, 장서각. 박지몽의 장인 박종문의 행적을 기록한 비문을 탁본한 것이다. 박지몽은 혼인하면서 영해에 터전을 잡았다.

무인 세력과 연대했다. 이로 인해 조선 개국 후 박천무朴天茂가 평양소윤을 지냈고, 박의룡朴義龍(1330~1430)은 이성계와의 개인적인 인연으로 개국에 적극 가담해 개국원종공신이 되었다. 이후 박강朴綱이 형조참판을 지내는 등 조선 전기 중앙 정계에서 활약하며 가문의 비중을 높여갔다.

무안을 기반으로 삼고 여말 선초 한양에서 관직을 이어가던 무안 박씨가 영해에 정착한 것은 박지몽朴之蒙(1445~?)에 이르러서다. 그의 아버지 박해朴解는 선전관을 지냈으며, 어머니 풍천 임씨는 임견任肩의 딸이었다. 임견의 아들 임원준任元濬(1423~1500)과 손자 임사홍任士洪(1445~1506) 등은 왕실과 혼인관계를 맺어 성장한 조선 전기 훈구파의 대표 가문이었다. 집안에 내려오는 이야기에 따르면 박지몽은 외가가 훈구파로서 선비들에 대한 가혹한 탄압을 자행해 세상으로부터 지탄을 받자 잠시 여주로 피했다고 한다. 이처럼 서울에서 기반을 다졌던 그는 부모를 여의자 깊이 의지하던 백부 박이朴頤(1402~1478)가 영덕군수로 부임한다는 소식을 접하고 그를 수행해 영해에 왔다.

박지몽 묘역, 경북 영덕군 창수면 보림리 소재.

임격한 가정 경영과 과감한 실천으로 이름을 떨치다

박지몽은 함길도도사로 이시애의 난(1467)을 토벌하다가 순절한 박종문朴宗文의 딸과 혼인하면서 영해에 정착했다. 당시 영해에는 재령 이씨, 영양 남씨, 안동 권씨 등이 인량리에 정착했는데, 이는 영덕 박씨를 비롯해 영해 신씨, 수안 김씨, 대흥 백씨 등 고려시대 이래 이 지역에 기반을 다졌던 성씨와 혼인하는 계기가 되었다. 박지몽도 1470년을 전후한 시기에 인량리에 기반을 마련했다.

박지몽이 영해에 안정적으로 뿌리를 내리고 그 후손들이 번성할 수 있었던 것은 경제력이 뒷받침되었기 때문이다. 박지몽은 조선 전기까지 이어진 자녀균분상속의 관행에 따라 본가뿐만 아니라 처가, 처외가로부터 재산을 물려받았다.

무안 박씨는 앞서 언급했듯이 한양에서 관직을 유지하고 있었으며, 박지몽의 부친 또한 선전관을 지냈다. 이는 무안 박씨 가에 경제적 배경이 있었음을 알려준다. 더욱이 그의 어머니가 조선 전기 훈구파의 핵심 인물이었던 임사홍의 고모였기에 외가 또한 경제적으로 여유로웠을 것이다.

박지몽의 장인 박종문은 영덕을 토성으로 하는 영덕 박씨의 후손으로 토지와 노비에 바탕한 강력한 경제력을 갖추고 있었다. 뿐만 아니라 박종문은 이미 고려시대에 영해에 정착한 수안 김씨 김승중金承重의 딸과 혼인했는데 박종문에게는 처외가가 된다. 이처럼 박종문은 한양의 본가를 비롯해 영해의 토착 세력인 처가와 처외가로부터 많은 지원을 받을 수 있었다.

박영기, 경제적 토대를 놓다

영해의 인량리는 다섯 개의 큰 성씨가 함께 거주하는 마을로 번성했다. 이에 따라 인근 토지를 확보하려는 경쟁이 일어났다. 박영기朴榮基 입장에서는 아버지 박지몽의 뜻을 크게 펼칠 만한 새로운 터전이 필요했다. 그리하여 그가 찾은 곳은 인량리에서 남쪽으로 2킬로미터쯤 떨어진 원구리(원두들)였다.

상단 중앙 부분이 원구리이며, 하단이 인량리의 풍경이다.

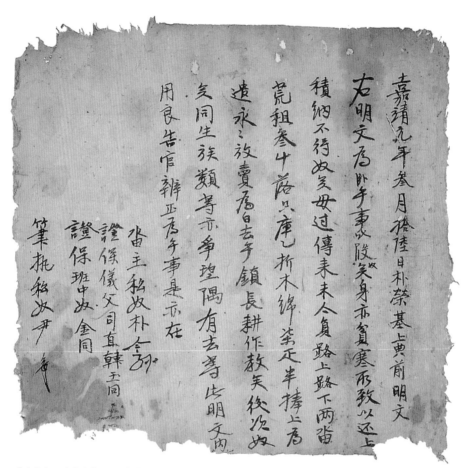

嘉靖元年參月橋陸日朴榮基上典前明文

右明文為臥乎事衣段矣身亦貧寒所致以还上

積納不得奴矣母边傳禾未仝負路上路下兩畓

荒租參斗落只庫乙折木綿柒疋半捧上為

遣永々放賣為白去乎鎮長耕作敎矣後次奴

矣同生族類等示爭望隅有去等此明文內

用良告官辨正為乎事是示在

　　　　　畓主私奴朴今孫

　　　　　證條儀父司直韓玉同

　　　　　證保班中汝金同

　　筆挑私奴尹金

「박영기 토지매매명문」, 종이에 먹, 37.2×39.7cm, 1522, 영남대박물관. 박영기가 사노 박금손으로부터 논을 사들이면서 작성한 문서다.

원구리는 동에서 서로 가로질러 흐르는 남천을 경계로 인량리와 남북으로 마주 보고 있으며, 두 마을 사이에는 들판이 있어 농업을 하는 데 유리하다. 원구리는 인량리에 견줘질 만큼 안정적인 수원과 넓은 토지를 갖추었는데, 박영기는 마을 근처의 토지를 사들여 관개, 파종, 추수 등 농업 관리의 효율성을 높이고자 했다.

박영기는 그의 매부인 영양 남씨 남한립南漢粒과 함께 원구리를 개척했다. 영양 남씨는 남수南須(1395~1477)가 그의 처 대흥 백씨의 고향으로 오면서 인량리에 정착했다. 영양 남씨보다 조금 늦게 영해로 온 박지몽은 남수의 증손자 남한립을 작은 사위로 맞았는데, 이 인연으로 박영기와 남한립이 원구리로 이거했다. 이로써 16세기 초 영양 남씨와 무안 박씨의 새로운 터전이 마련될 수 있었다.

영해에는 탄탄한 경제적 배경을 기반으로 명문가로 성장한 양반 가문이 많았다. 특히 안동지역 명문가의 혈연·학문적 연대를 통해 이황의 학통을 계승하고 꽃피운 곳이라 하여 이른바 '작은 안동小安東'이라 불렸다. 박영기는 혼인을 통해 지역 내 기반을 다지는 것은 물론 안동권 명가들과의 연결로 아들 손자가 퇴계 학통과 혈연, 지연, 학연의 고리로 이어질 수 있도록 했다.

박영기의 처는 영해 신씨 신숙행申叔行의 딸로 영해 신씨는 영해에서 확고한 지분을 확보하고 있었다. 영해 신씨는 영덕 박씨와 더불어 영해와 영덕 지역의 대표적인 토착 세력이었다. 박영기가 처가 영해 신씨와 외가 영해 박씨로부터 적극적인 후원을 받았음은 물론이다. 영해에 이들 토착 성씨와의 혼인을 인연으로 정착한 가문이 많았음을 떠올려보면 무안 박씨 가문은 비교적 쉽게 지역 명가들과 직간접적인 혈연적 유대를 구축할 수 있었다. 이는 이후 무안 박씨가 성장하는 데 중요한 밑거름이 되었다.

박영기는 두 아들의 혼사를 통해 당대의 학자였던 이황과 학문적 인연을 맺도록 했다. 둘째 아들 박세현朴世賢(1521~1593)이 이황의 형 이옹伊翁 이징李澄(1498~1582)의 딸과 혼인한 것을 비롯해, 셋째 아들 박세렴朴世廉(1535~1593)은 남시준南時俊의 딸과 혼인했다. 남시준 역시 이황과 사돈지간이었다. 이를 기반으로 손자 박의장朴毅長(1555~1615)이 영천 이씨 이지영李芝英의 딸과 혼인했다. 영천 이씨의 외할아

「박세렴남매 화회문기」, 종이에 먹, 84.0×264.0cm, 1563~1568, 장서각.

버지는 이징으로 그녀는 어린 시절 이황의 집에서 교육받고 자랐다고 한다.

박영기는 원구리에서 부모에게 물려받은 재산을 기반으로 삼으면서도 자립적인 경제활동을 펼쳤다. 그가 토지를 산 기록으로 1522년(중종 17)에 작성된 토지매매명문이 있다. 박영기는 노비 박금손으로부터 원구리 인근에 있는 논 세 마지기를 목면 7필 반의 값으로 샀다. 이처럼 그의 경제활동 결과는 그의 사후 일곱 자녀가 재산을 공평하게 나눠 가진 것을 기록한 「박세렴남매 화회문기」에 잘 나타나 있다. 화회문기에 기록된 재산 현황은 [표 1]과 같다.

화회문기에는 1509년(중종 4)부터 1559년(명종 14)까지 사들인 토지와 노비의 현황이 기록되어 있는데, 이는 그가 장년부터 노년까지 활발한 경제활동을 했음을 보여준다. 「박세렴남매 화회문기」에는 일반적으로 기재되는 제사를 위한 재원(봉

엄격한 가상 경영과 과감한 실천으로 이름을 떨치다

[표 1] 「박세렴남매 화회문기」의 분재 현황

*전답=두락斗落, 노비=구口

구분		장녀 권대인權大仁 처妻	차자次子 박세렴朴世廉	차자 박세순朴世淳	얼장녀孼長女 남중종南仲宗 처	얼차자孼次子 박세온朴世溫	얼차자 박세공朴世恭	장형長兄 (세충世忠) 얼녀孼女	계
논반 (전답)	논	80.0	95.0	87.5	33.0	23.0	35.0	8.0	361.5
	밭	101.5	122.5	106.0	13.0	26.0	18.0	6.0	393.0
종 (노비)	남자	7	10	9	–	–	1	1	28
	여자	10	9	7	1	1	–	–	28
	미상	2	–	–	–	–	–	–	2
소(우牛)		–	–	–	2	3	3		8
솥(정鼎)		–	–	–	1	1	2		4

사조奉祀條)을 비롯해서 큰아들 박세현 몫의 재산 내역이 떨어져나가 있다. 그럼에도 재산은 전답 약 40만 제곱미터(754두락), 노비 58명을 비롯해 소 8마리頭, 솥鼎 4개로 규모가 컸다. 문서의 기록이 떨어져나간 것을 염두에 두더라도 박영기 부부 당대에 이룩한 가산을 셈하면 적어도 전답 60만 제곱킬로미터(1000두락), 노비 80구 이상의 부자였던 것이다.

박영기가 원구리를 중심으로 영해 일원에 있는 토지와 이 지역에 거주하는 노비를 집중적으로 사들였음은 「박세렴남매 화회문기」를 통해 파악할 수 있다. 재산의 비중은 노비에 비해 토지가 높았다. 당시 토지보다 노비의 가치가 더 높아 비교적 구매하기 쉬운 토지 확보에 노력을 기울인 결과이기도 했다. 이후 아들 박세렴과 손자 박의장대에 이르러 토지 가치의 상승으로 가산이 급격히 불어난다.

박세렴, 관료 진출의 길을 열다

박영기 부부는 아들딸에게 균등하게 재산을 상속했던 시대 관행에 따라 토지의 척박함과 비옥함, 노비의 건강 여부와 나이를 고려해 자녀들에게 공평하게 재산을 나눠주었다. 박세렴은 논과 밭 217마지기, 노비 19명을 물려받았다. 또한 1558년 (명종 13) 그는 무과에 급제한 것을 계기로 어머니 영해 신씨와 장인 의령 남씨 남시준에게서 별도로 토지 45마지기와 노비 3명을 받았다. 이를 바탕으로 박세렴은 좀 더 규모 있는 가계 경영을 할 수 있었다.

박세렴은 아버지가 그러했듯 가계경제 운영에 적극적이었다. 현재 남아 있는 노비매매 관련 문서에 따르면 박세렴은 1586년(선조 19)부터 그가 세상을 떠난 1593년 (선조 26)까지 노비를 지속적으로 사들였다. 1586년 36세의 남자종 1명을 산 다음 영해부로부터 소유권을 확인받은 문서에 따르면, 박세렴은 남자종의 값으로 황소 1마리와 쌀 두 섬 이상의 고액을 지불했다. 박세렴 부부 당대에 확립된 가산 규모는

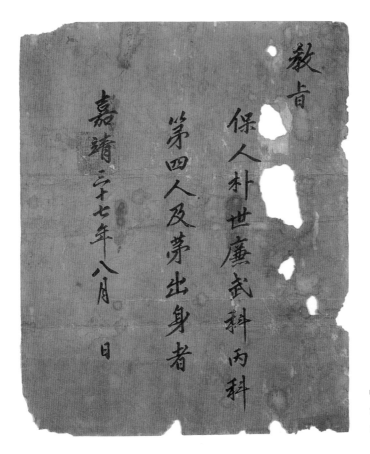

教旨

保人朴世廉武科丙科
第四人及茅出身者

嘉靖二十七年八月 日

「박세렴 홍패」, 종이에
먹, 91.0×37.5cm,
1558, 장서각.

임진왜란으로 인해 분재와 관련된 문서를 남기지 못함에 따라 정확하게 파악하기 힘들다. 다만 그는 이미 확충된 토지를 경작·관리할 노비를 확보하는 데 주력함으로써 가산을 안정적으로 이끌어나가려 했다.

박세렴이 합리적인 경제활동으로 가산을 확충한 것은 두 아들의 입신을 염두에 두었기 때문이다. 그러나 한편으로 그는 부모의 경제력을 바탕으로 배움에 전념했으며, 나아가 벼슬길을 열어 문중에 새로운 전기를 마련해야 할 책임을 느꼈다.

박세렴은 아버지가 돌아가시고 얼마 지나지 않아 24세(1558)의 나이로 무과에 급제했다. 어머니 영해 신씨는 아들의 과거급제에 대해 "과부가 된 어미에게 있어 그 기쁨이 차고도 넘친다"며 마음을 드러냈다. 뿐만 아니라 장인 또한 "한 가문의

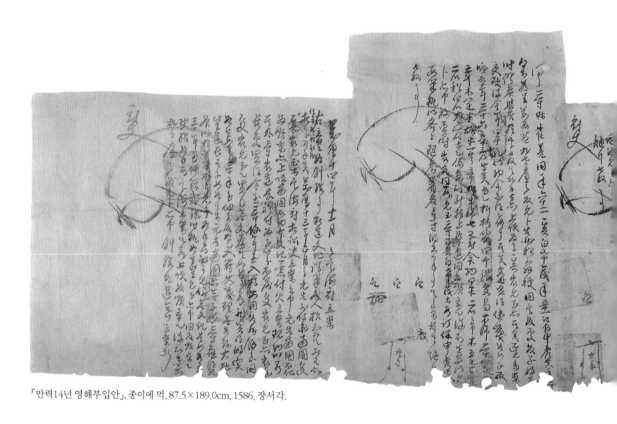

「만력14년 영해부입안」, 종이에 먹, 87.5×189.0cm, 1586, 장서각.

萬曆梳婢年戌丙拾壹月初貳日朴迎日宅奴先福亦明文

右明文爲臥乎事叱段矣身亦八結遝上多爲受敗爲有乎天旱飢大甚納舍斗路爲乎
等用良天父母買得使喚乙如斗奴婢等乙参梳捷辛身亦乙折楷賀婢仔鐵叉
易末綠歳拾捌逆匹五丗木捌逆半雄生壹処良中捗末柒逆對倉畓田柒歳拾
末任逆半棄已祖婢名大壹名等乙依旀准斗捧上放遠回宅耆保亦生年以
亩乙辭者舍矣乙岑浩斗有巴代七明文告官雜公爲乎事

奴主正兵崔先玉 [印]
證保三寸姝崔善同 [印]
證保匹兵白亨茂

筆梳池居申秀夾
恵

「만력 5년정축 문무과별시방목」, 금속활자본, 22.7×15.3cm, 1577, 장서각. 박의장의 이름이 올라 있다.

자랑일 뿐만 아니라 원구리를 더욱 빛냈다"며 큰 의미를 부여했다.

박영기가 비록 용양위 우부장을 역임하긴 했으나 당시 중앙군이 유명무실화되는 과정에서 이는 명예직의 성격을 띠었다. 이런 상황에서 박세렴의 무과급제는 원구리에서 그야말로 출세해 세상에 이름을 떨친 것으로, 가문의 관직 진출 신호탄으로 여겨졌다. 그는 남해의 미조항 등에서 하급 군관으로 시작해 훈련원과 군기시 등에서 오랫동안 벼슬을 하다가 영일현감을 끝으로 고향으로 돌아왔다. 영일현감으로 있을 때는 '청렴과 근신淸愼'으로 고을을 다스려 칭송이 높았다고 한다.

박세렴이 39세(1573)의 나이에 영일현감을 끝으로 관직을 버리고 고향에 돌아온 뜻은 두 아들의 성취를 독려하고자 함이었다. 그는 고향으로 돌아와 가산 경영에 신중했고, 한편으로는 아들과 손자들을 훈육하는 데 열중했다. 그 결과 큰아들 박의장이 1577년(선조 10) 무과에 급제한 것을 비롯해 작은아들 박홍장朴弘長(1558~1598) 또한 1580년(선조 13) 무과 특별과거에 급제했다.

무안 박씨 가문은 박영기가 무관인 우부장을 역임한 것을 비롯해 박세현, 박세순, 박세렴 세 형제가 무과로 출사하면서 영해 일대에서 무반 가문으로 이름을 알

엄격한 가정 경영과 과감한 실천으로 이름을 떨치다

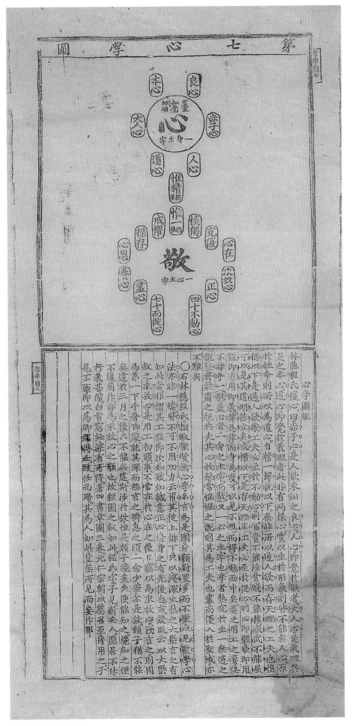

『성학십도』중 제7도 「심학도」, 이황, 91.7×52.2cm, 조선 후기, 장서각. 무안 박씨가에
전해오는 퇴계의 『성학십도』로, 이로써 문중의 학풍이 이황의 학문을 몸소 익히고 그
학맥을 이어받는 입장이었음을 알 수 있다.

렸다. 그러나 조선 초기 문반과 무반의 양반 체제에서 시간이 흐름에 따라 점차 학문을 존중하는 분위기가 확산되고 있었다. 이러한 전환기에 맞닥뜨리자 박세렴은 아들과 손자에게 학문적 교양을 쌓을 것을 강조했다. 자녀 훈육의 방향은 그의 신도비에 잘 드러나 있다.

박세렴이 맏손자인 박유를 매우 사랑하여 어릴 적부터 늘 함께하며 가르치고 깨닫게 하였다. 손자에게 배우고 있는 것을 토론하고 독서하도록 하면서도 한편으로는 시 짓는 것과 무예 익히는 것을 게을리하지 않도록 했다. 무엇보다 행동에 신중하여 삼가도록 가르쳤다. 그러므로 박유가 젊은 나이에 벼슬길에 올라 일을 처리한 것이 모두 합당했으며, 큰 선비 집안에서 교육받은 자제라 해도 나란히 하기 어려워했다. 이러한 모든 것은 박세렴이 스스로를 닦고 길러서 자제들을 가르친 데에서 비롯되었으며, 그의 후손 중에 큰 인물이 많이 배출된 것은 모두 그의 음덕이다.(박세렴 신도비에 새긴 글 중에서)

손자 박유朴瑈(1576~1618)에 대한 훈육을 언급하고 있으나 그의 두 아들에 대한 엄격함 또한 크게 다르지 않았다. 박세렴은 부친과 자기 당대에 구축된 이황과의 인연을 바탕으로 퇴계 학통과의 연결을 모색했다. 그는 큰아들 박의장이 열두 살 되던 해 이황의 제자인 김언기金彦璣(1520~1588)에게 보내 학문을 익히도록 했다. 이를 계기로 박의장은 금난수琴蘭秀(1530~1604), 신지제申之悌(1562~1624) 등과 교유했는데, 모두 이황의 문인이었다. 박세렴의 신도비에 언급된 것처럼 손자가 유학자적 소양을 갖출 수 있도록 큰 노력을 기울였다.

엄격한 가정 경영과 과감한 실천으로 이름을 떨치다

영해의 무안 박씨 문중이 전략적으로 착실하게 가계를 경영한 노력은 임진왜란
이라는 전대미문의 위기에 의연하게 대처한 박의장에 의해서 결실을 맺었다. 박의
장은 무과급제 후 훈련원, 군기시를 거친 정통 무관이었다. 그는 진해현감을 지낸
뒤 임란 직전에 경주부 판관으로 부임했다.

1592년(선조 25) 4월 13일 일본군의 기습으로 촉발된 전쟁은 조선군의 신속한
초기 대응 부족으로 전황이 매우 불리했다. 38세의 박의장은 경주의 수장인 경주
부윤을 대신해 판관으로서 피란민을 이끌고 죽장으로 피신했다. 경주 변방 산간에
위치한 죽장에서 그는 흩어진 관군을 다시 모으고 가토 기요마사加藤淸正의 선봉장

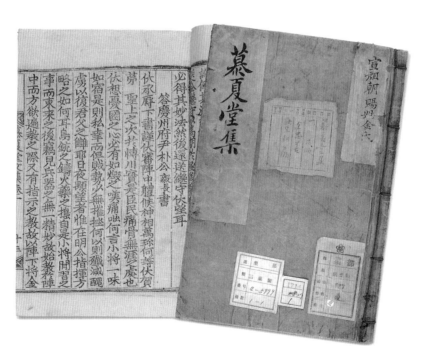

「답경주부윤박공의장서」, 『모하당집』, 22.0×17.0cm, 1798, 장서각. 임진왜란 중 귀화한 일본 장수 김충선이
박의장에게 보낸 편지다.

으로 조선에 귀화한 김충선金忠善(1571~1642)으로부터 조총 제조 기술을 지원받아
전력을 다시 가다듬었다.

박의장은 10여 차례의 크고 작은 전투를 승리로 이끌면서 그 이름이 선조에게
까지 알려졌고, 백성 사이에서는 명장으로 이름이 높았다. 대표적인 전승은 영천성
과 경주성의 수복이었다. 이 두 성은 영남에서 한양으로 향하는 가장 중요한 전략
적 요충지였다. 그는 새로 정비된 경주의 관군을 바탕으로 이 일대에서 봉기한 의병
장들과 조화로운 협력을 이뤄 커다란 전승을 올릴 수 있었다.

1592년 7월 27일 박의장은 영천 의병장 정세아, 정대임 등과 연합하여 경주성을
수복했다. 그때 마침 날이 저물었으므로 동트기를 기다렸다가 전진하니 왜적은 성
안에서 다시 내성을 쌓으며 죽기를 각오하고 항전하는 것이었다. 우리 병사들은
승세를 타고 사방에서 함께 진격했는데, 바람을 이용해 불을 놓음으로써 마침내
내성을 함락시킬 수 있었다. (…) 적들이 불길을 피해 동남쪽 문을 통해 뛰어나오
자 의병들이 나오는 족족 활을 쏘아 죽였다. 궁지에 몰려 갈 곳을 알지 못한 적들
은 절벽에서 강물 속으로 떨어져 죽는 자가 부지기수였고, 혹은 성안에서 적들끼
리 분간하지 못하고 서로 찔러 죽였으므로 살아남은 자라고는 한 명도 없었다.(정
세아의 임란 기록을 정리한 『호수실기』 중 영천성 수복 부분)

전날 의병과의 협공을 결의한 박의장은 영천성을 에워싸고 사방으로 진격해 백
병전을 불사했으며, 전투는 다음 날 새벽까지 치열하게 이어졌다. 적을 완전 소탕하
고 성을 수복했는데, 이는 바다에서 이순신의 승첩에 버금가는 것으로 피란 중인
선조는 크게 기뻐했다고 한다.

1592년 9월 7일에는 경주성을 되찾았다. 박의장은 영천전투에서 함께했던 전
우들과 더불어 신무기를 활용한 효과적인 전술을 구사했다.

박의장은 휘하의 여러 장수와 함께 밤낮으로 군사들을 조련하고 전투 장비들을

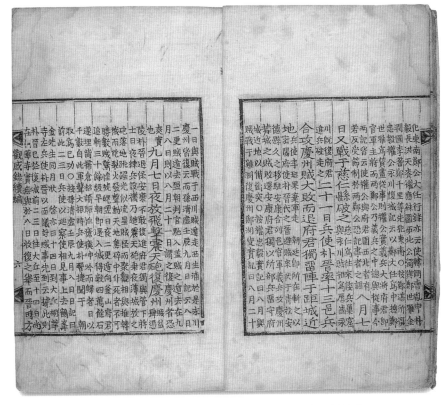

『관감록』, 박의장, 20.1×15.2cm, 1847, 장서각. 박의장이 경주성을 되찾은 기록 부분이다.

박의장 장도.

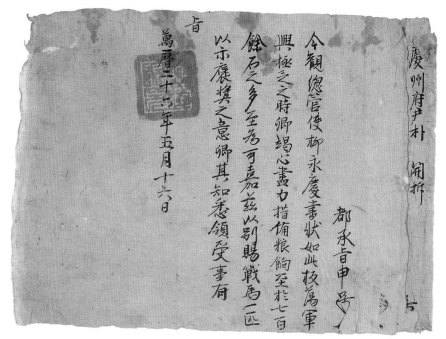

박의장 유지, 종이에 먹, 35.0×54.0cm, 1598, 장서각. 선조가 박의장의 공군을 치하하고 특별 포상으로 전마 1필을 하사하면서 내린 유지.

정비해 마침내 비격진천포飛擊震天砲를 제조했다. 밤을 틈타 성벽 가까이 다가가서 비격진천포를 경주성 안으로 발사하니, 그 포가 땅에 떨어지자 쿵쿵 튀면서 마치 유성과 같은 빛을 발산했다. 왜적들이 이상하게 여기면서 모여들어 구경했는데, 서로 먼저 보려고 다투는 중에 포탄이 터지며 불꽃이 발사되니 그 소리가 천지를 진동시켰다. 파편에 맞아 쓰러져 죽은 자는 이루 헤아릴 수 없을 정도였다.(박의장의 임란 기록을 정리한 『관감록』 중 경주성 수복 부분)

박의장은 오늘날의 수류탄 격인 비격진천포를 활용해 적군을 먼저 제압한 뒤 성을 되찾을 수 있었다. 뿐만 아니라 경주성의 피해를 최소화하면서 성에 보관 중이던 군량미를 확보해 전쟁을 치르는 데 유리한 상황을 조성했다.

조선군이 궁지에 몰렸던 전쟁 초반에 박의장의 거듭된 승전 소식이 들리자 선

엄격한 가정 경영과 과감한 실천으로 이름을 떨치다

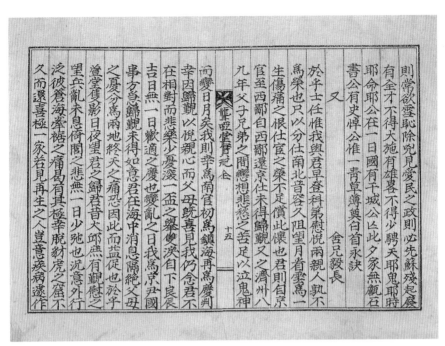

「사형의장제문舍兄毅長祭文」, 20.2×14.5cm, 1973, 장서각. 1598년 박의장이 동생 박홍장의 죽음을 애도한 글이다.

조는 포상을 아끼지 않았다. 박의장을 4품에서 2품으로 특진시켜 공경대부公卿大夫의 재상 반열로 대우했다. 뿐만 아니라 경주가 지닌 전략적 중요성과 전란에 임한 박의장의 전략 전술적 능력을 고려해 그를 경주부윤으로 특진시키고 전란을 수행하도록 했다. 선조의 신임을 바탕으로 박의장에 대해 특전이 이어진 뒤에도 승전이 잇따르자 조정에서는 포상 방식을 고민하는 상황까지 연출되었다. 결국 박의장의 공에 대한 더 이상의 관작 제수는 의미가 없다고 여기고 전마戰馬를 하사함으로써 무장에 대한 대우를 다하기로 의견을 모으는 일이 일어나기도 했다.

박의장은 전쟁이 한창이라 1593년(선조 26) 그의 부친 박세렴의 임종을 지키지 못했다. 더욱이 전쟁터에서 병을 얻어 세상을 떠난 동생 박홍장의 초상을 치르는 일에도 함께할 수 없었다.

형제의 정으로 밤낮 다행스럽기를 바랐으니, 사람들은 틀림없이 동생이 죽을 것이라 여겼지만 나는 다행히 살아나리라 여겼었노라. 그런데 어찌 알 수 있었겠는가! 부음의 기별이 갑자기 진중에 이르게 될 줄을. 명나라 군대와 함께 왜적을 치면서 밤낮으로 싸우며 화살과 돌덩이가 날아와 많은 사람과 말이 죽어갔노라. 나는 그 틈바구니에서 틀림없이 죽게 되리라 생각했으니, 때때로 가족에게 생각이 미치면 어머니와 그대 동생을 못 만나본 채 죽을 일이 통탄스러웠도다.(박의장이 동생 박홍장의 죽음을 슬퍼하며 쓴 「제문」 중에서)

박홍장은 전쟁이 한창일 때 적국 일본에 사신으로 파견되어 전쟁 정보를 수집하고 돌아왔으며, 대구부사와 순천부사를 지냈지만 전장에서 병을 얻었다. 병환 소식을 접한 박의장은 동생의 건강을 염려하면서도 한편으로는 자신의 안위를 장담할 수 없는 상황이었다. 1598년(선조 31) 박홍장이 세상을 떠났는데도 전쟁이 한창이라 달려가 동생의 시신조차 어루만질 수 없었다. 그는 당시 상황을 "몸에는 갑옷을 두른 채 가슴을 치며 통곡할 따름"이었다고 하며 절규했다.

전쟁 당시 개인적인 감정을 뒤로하고 전장에 집중했던 박의장은 7년에 걸친 전쟁 동안 경주를 굳게 지켰으며, 전란의 파고가 가라앉은 뒤에도 전후 수습을 위해 노력했다. 경주부윤으로 옥산서원에 내린 박의장의 글에는 그의 노력과 심정이 잘 나타나 있다.

경주의 수장인 내가 자나 깨나 서원을 활성화하는 데 온 정성이 쏠려 있는 점만은 다른 사람에게 뒤지지 않는다고 생각한다. 이에 실행 방안을 갖추어 일일이 적었으니, 우리 고을의 여러 선비는 그 뜻을 잘 알고 여러 선배의 가르침과 인도를 열심히 익혀서 몇 년 사이에 공부하는 분위기가 크게 일어나길 바란다. 많은 뛰어난 선비가 배출되어 전쟁이 끝나고 어려운 조정의 훌륭한 인재가 되어준다면 매우 다행스럽고 매우 다행스럽겠노라.(박의장의 임란 기록을 정리한 『관감록』에 수록된 옥산서원에 내리는 글 중)

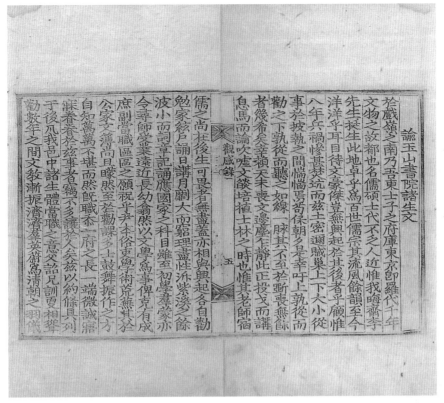

於戲嶺之南乃吾東士子之府庫東京即羅代千年
文物之故都也乃名儒碩士代不乏之人近惟我晦齋李
先生挺生此地卓乎爲百世儒宗其流風餘韻至今
洋洋乎耳目待生文家豈無興起於其後者乎顧惟
八年兵禍慘甚焚坑而玆土密邇賊巢上下大小從
事於披執之間惱惱焉苟保朝夕是幸呻吟顧惟
勤之下孰從而聽一脉其不至於斷喪無餘
者幾希矣幸賴天未喪文邊塵乍靜此正投戈而講
息馬而論吹噓文酸培植士林之時也惟其老師宿

儒之尚其後生可畏者無盡蓋亦相與而興起各自勤
勉家絃戶誦日講月嗣大而窮理盡性泝紫濚之餘
波小而詞章記誦應國家之科目雖至初學蒙蒙亦
今尊師黨業遠近長幼翕然以文學爲事俾克有成
庶副當職區區之願祝平尹本俗東學術荒蕪莫甚於
公家文簿尚且曚然至於勸課多士鼓舞振作之方
自知萬萬不堪而然旣職乎一府之長一端微誠庸
寐春養於絃事者寫不多讓然入矣諸兄
于後凡我邑中諸生體當職之意父詔兄訓要相聳
勤數年之間文教漸振濟濟菁莪蔚清朝之羽儀

觀感錄

五

諭玉山書院諸生文

『관감록』, 박의장, 20.1×15.2cm, 1847, 장서각. 박의장이 전란 후 경주 유림의 면학을 장려하면서 옥산서원에 내린 유시문(위)과 옥산서원의 모습.

박무의공수복동도비朴武毅公收復東都碑, 230.0×89.0×35.5cm, 1861, 경주 황성공원. 임진왜란 때 경주 판관과 부윤을 지낸 무의공 박의장을 기리기 위해 세운 비석이다.

경주부윤의 갑옷과 투구, 높이 80cm(투구), 130cm(갑옷), 조선 후기, 국립경주박물관.

무의공 묘역 전경. 영덕군 청수면 수리 소재.

박의장은 경주 백성이 전란 중에 군사로 동원되었고, 많은 군량미도 마련해 임진왜란을 승리로 이끄는 데 크게 기여했음을 중앙 정부에 강조했다. 이를 통해 경주에 부과된 과도한 세금과 노동력 징발을 감면받는 조치를 얻어낼 수 있었다. 그 뒤 면학에 힘쓴 유생에 대한 포상 계획을 포함해 옥산서원의 운영 활성화 방안을 발표한 것이다.

경주부윤의 소임을 다한 박의장은 벼슬을 버리고 고향 영해로 돌아와 비로소 주위를 돌아볼 수 있었다. 그러나 곧이어 북방에서 청나라가 일어나고 바다 건너 일본의 동향을 주시하지 않을 수 없는 상황이 일어나자 다시 벼슬길로 나오라는 부름을 받았다.

> 3품 이상 당상관의 고위 무신으로 지방에 있는 사람은 마땅히 한양에 올라와야 한다. 경(박의장)은 품계가 높은 무관으로서 물러나 고향에 있어서는 안 되니, 속히 올라와 조정에 기여하도록 하라.(선조가 박의장에게 내린 명령서)

박의장은 경상좌도 병마절도사, 공홍도(충청도) 수군절도사 등을 역임하며 전란으로 흐트러진 전투 준비 태세를 정비하고, 이를 통해 변화하는 국제 정세에 대비하고자 했다. 그는 1615년(광해군 7) 1월 25일 경상좌수영에서 세상을 떠났다. 박의장은 임진왜란에 대한 포상을 통해 선무원종공신 1등에 올랐으며, 1784년(정조 8) 3월 11일 정조는 '무의武毅'라는 아름다운 시호를 내려 그를 기렸다. 시호에는 왜군을 무찔러 적을 두렵게 만들고 강직하게 사리를 잘 판단했던 그의 공적과 인품이 그대로 투영되었다.

적선과 내조로 전란에 대처하다

박의장 형제가 왜란 중에 전장에 전념할 수 있었던 것은 아버지 박세렴을 중심
으로 한 고향 영해의 후원에 힘입은 바가 컸다. 박세렴은 고향으로 돌아와 집안 단
속과 더불어 흉년에 주위를 구휼하는 등 적선으로 고향 사람들의 인심을 얻었다.
전쟁 당시 왜군이 전국을 유린하는 상황에서 그나마 피해를 적게 입은 영해로 전국
의 유민들이 몰려들자 이들에게도 관심을 늦추지 않았다.

> 지난해 5~6월에 왜적이 사방에 없는 곳이 없고 심산유곡에도 매일 분탕질을 했
> 다. 나는 겨우 몸을 피해 여러 곳을 떠돌아다니며 양식을 구걸했다. 살아갈 방도
> 와 대책이 없어 아주 슬픈 지경이 되었다.(1593년 노비를 사고파는 문서 중에서)

김천에서 영해로 피란온 유학자 강경서姜慶瑞가 자신의 처지를 한탄한 사연이
다. 강경서는 피란길에 걸식하게 되면서 입을 하나라도 줄여야 하는 상황에 처하자
21세의 남자종 1명을 팔려 했다. 그러나 전쟁 중에 관리가 어려운 노비를 거래하기
란 불가능에 가까웠다. 박세렴은 21세의 남자종을 수말 1필과 조租 20말의 값으로
사들였는데, 그 값이 전쟁 전과 별반 차이가 없을 뿐만 아니라 대금의 결제도 걸식
해결을 염두에 둔 것이었다.

임진왜란이 발발한 1592년과 그 이듬해에는 흉년이 심해 부모가 자식을 잡아먹
었다는 참혹함이 실록에 기록될 정도였다. 영해에서도 아사자가 급증하고 있었다.

> 1593년 4월 3일 인근 강변에서 이름 모르는 20세와 10여 세로 보이는 남녀가 굶
> 어 구렁텅이에 머리를 처박은 채 곧 죽을 지경이었습니다. 그들의 이름과 나이를
> 물었으나 기절하여 말이 통하지 않았습니다. 이들을 집으로 업고 와 음식을 주고
> 돌보니 점차 생기가 돌아왔습니다.(1593년 굶어 죽어가는 사람을 살려주고 영해로부

엄격한 가정 경영과 과감한 실천으로 이름을 떨치다

터 사실을 확인받은 문서 중에서)

전쟁으로 두 아들을 전쟁터로 보낸 박세렴 부부는 영해에서 처참한 전쟁을 힘 겹게 헤쳐가며, 주위에 넘쳐났던 아사자 구활에도 힘을 쏟고 있었다.

1593년 12월 23일 박세렴이 세상을 떠났다. 전쟁이 한창인 터라 박의장 형제는 아버지의 초상을 제대로 주관하지 못했다. 고향 영해에서는 친척들의 도움을 받아 박세렴의 처 영양 남씨와 며느리 영천 이씨가 초상을 감당해야 했다. 1598년 병으 로 세상을 떠난 박홍장의 장례 또한 집안 안주인들의 몫이었다. 전쟁과 집안의 큰일 을 의연히 치를 수 있었던 것은 박영기의 처 영해 신씨가 갖추었던 엄격한 풍모 덕이 었다.

부인은 성품과 행실이 곧고 깨끗했다. 집안일을 처리함에 한결같이 예법을 따랐으 며, 이웃과 화목하게 지내고 친족들을 서로 사랑하게 하여 온 고을 사람들로부터 칭찬을 받았다. 영해에서 부인을 공경하고 우러러보지 않는 사람이 없었다.(영해 신씨의 묘비명 중에서)

영해 신씨는 주위 사람들과 조화롭게 지냈으며, 집안의 질서는 예법에 맞게 엄 격히 하여 무안 박씨 며느리들의 모범이 되었다. 이로써 며느리들이 세파에 흔들림 없이 굳건히 가정을 지켜낼 수 있었다. 뿐만 아니라 가산의 대부분인 토지를 경영하 기 위해 전란 중에 노비를 확보함으로써 상당한 자산을 마련했다. 이러한 노력은 전 란 중 박의장이 군량미 700석을 마련할 수 있었던 바탕이 되기도 했다.

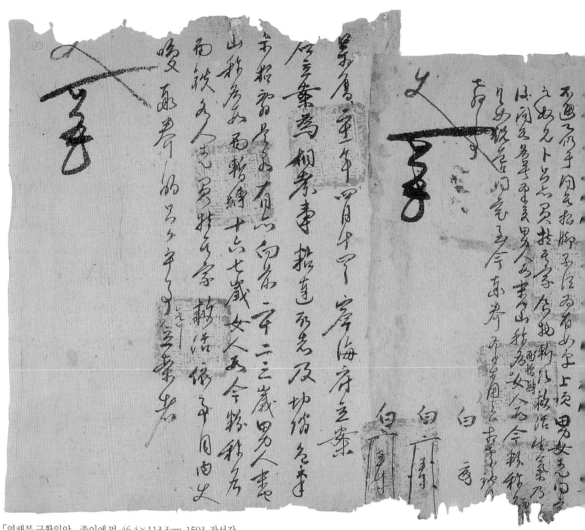

「영해부 구활입안」, 종이에 먹, 46.4×113.3cm, 1593, 장서각.

前縣監朴世廣戶奴允卜只

右謹陳爲白內等矣段府仍良里前江邊良中年辛二三歲
人亦叱山稱名人及年十六七歲量女人今稱名人等亦累日飢餒沁
黑言語悴絕命在頃刻爲白有去乙沁其根脚則語音悴紀分明白
浮爲在果大緊上道飢離中流未之人以仟地悻死極爲哀憐爲白等
用良其條救活使嗳計料爲白去子去死眞僞以良協隲色業等雜
閱依事目立案成給爲白爲
行下向敎是事宰在前陳

村官主 慶弘
萬曆三十一年四月 日所志

（押）

菫邑四月十日
勸農官正言 命海捧年軍里
里正言 萬產年 手
坊將私奴 就伊年 卅八

右手前勸農官朴世廣戶奴允卜只所志仍叱欠江
三十年至二三歲量男人十六七歲量女人去伢餓航
坊將私奴 就伊年卅八
礬將人死曰沙有去乙 山東後去白所之 乙卒以詳知子
爭由同置乙仍亏良久卜只所之乙題辭半乙分亏白亏至男女人去年月

박의장의 선택과 그가 남긴 것

전란 후 고향으로 돌아온 박의장은 오랜 관직생활과 전장에서의 임무로 인해 소홀했던 가족을 돌아보았다. 그는 새삼 그의 증조부에서부터 가계 운영을 위해 노력했던 합리적인 선택의 노력을 깨닫게 되었다. 자신의 성취를 생각할 때 조부 이래로 가장 중요했던 것은 안정적인 경제력을 물려준 데 있었다는 것도 알게 되었다.

박의장은 선대로부터 물려받은 토지 중심의 가산을 운영하기 위해 노비 확보가 필요하다는 것을 깨닫고 이에 주력해 가계 경영의 합리화를 시도했다. 넓은 토지에 노동력인 노비를 효과적으로 투입해 생산을 증대시키고, 이를 바탕으로 다시 토지를 사들이는 경영으로 재산을 비약적으로 축적해나갔다. 박의장 당대에 형성된 가산의 규모는 그가 세상을 떠난 뒤 아들 손자들이 이들 부부의 재산을 나눠 가진 문서인 「박유남매 화회문기」에 잘 나타나 있다.

조선시대 토지 규모 계산 방식이 지역에 따라 혹은 단위에 따라 달랐으므로 정확하게 계산하기는 어렵지만 대략 82만 제곱미터(1400두락)를 웃돌았으며, 노비 또한 263구에 이르는 방대한 규모였다. 뿐만 아니라 기와집 두 채도 포함되어 있었다. 이들 재산은 다시 아들딸이 균등하게 나눠 가짐으로써 경제적 제약에서 벗어나 박의장이 남긴 뜻에 전념할 수 있었다.

박의장은 전장에서뿐만 아니라 전란 후 포상 과정에서 무관에 대한 차별을 겪었다. 그는 조선 전기의 문무양반 체제에 그대로 안주할 수 없음을 절감했다. 이에 3대에 걸친 무과급제자 배출로 무반가로 인식된 무안 박씨 가문의 현실을 바꾸고자 아들과 손자들에게 학문적 성취를 강조했다. 이는 아버지 박세렴의 뜻이기도 했다.

박의장은 지방관을 지내느라 외관에 머물던 큰아들 박유의 학문적 성취를 염려했다. 그리하여 박의장은 스승 김언기의 아들로 퇴계 학파의 핵심 인물인 김득연 金得硏(1555~1637)에게 아들을 특별히 지도해줄 것을 당부했다. 김득연이 박의장에

엄격한 가정 경영과 과감한 실천으로 이름을 떨치다

[표 2] 1631년 「박유남매 화회문기」의 분재 현황

구분		토지			노비			기타
		밭	논	미상	남자	여자	미상	
제제위위조條	주사질 主祀秩	6석石 10두락斗落	1석 6두락	–	4	4	–	제기질34 祭器秩
	조고비질 祖考妣秩	–	–	–	2	–	–	–
	고비질 考妣秩	5석 20두락	70두락	–	3	1	–	제기질21 祭器秩
장녀 손로 孫魯		63두락	80두락	–	17	18		
장자 박유 朴瑜		57두락 +34복ト5속束	72두斗5승升 +20복4속	–	18	21	1	
차녀 박종무 朴樅茂		1석27두	67두5승락升落	20두락	13	18		
차녀 이시형 李時亨		2석34두	62두5승락	4두락	15	12	1	
차자 박위 朴瑋		1석61두	70두5승락	–	20	17	1	와가瓦家1좌坐
차자 박륵 朴玏		2석52두	1석61두5승	–	20	12		
말자 박선 朴璿		2석43두5승락	56두락	1석락石落	16	19		와가1좌
얼자 박무 朴珷		1석8두락	8두락	–	1	1	–	
장손 박문립朴文立, 손 박문도 朴文度, 손 박문기朴文起, 손서 이주李裯, 외손서 정호인鄭好仁, 손서 이영구李榮久					5	3		
계		20석 375두5승 +34복5속	2석554두 5승+20복	1석 24두락	134	126	3	제기祭器55, 와가2좌

게 보낸 답장에는 이러한 사정이 드러나 있다.

> 아드님(박유)께서는 오랫동안 여러 고을에서 벼슬하시면서 아직 성취를 보지 못했습니다. 이는 실로 공부하고 실천하는 자세에 대해 알지 못하기 때문입니다. 매번 힘껏 말씀하시는 분부를 받들고 보니, 제가 부끄럽고 송구한 마음이 절실합니다. (…) 아드님께서는 『논어』를 다 읽으셨습니다만, 돌아오면 다시 또 숙독하기를 명하는 것이 어떻겠습니까?(김득연이 박의장의 편지에 보낸 답장 중에서)

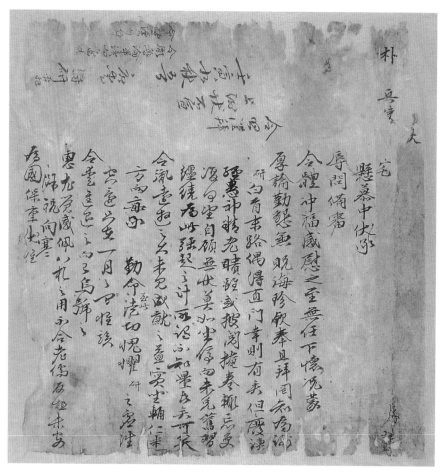

김득연 서한, 종이에 먹, 33.2×32.0cm, 1602, 무안 박씨 충효당. 김득연이 박의장에게 보낸 서한의 후반부는
박의장의 맏아들 박유에 대한 염려로 채워져 있다.

김득연에게 여러 번 박유에 대한 지도를 청하고 독려했음을 알 수 있다. 박의장
은 기회가 있을 때마다 영해의 해산물을 선물로 보내 선생에 대한 예우도 잊지 않
았다.

박의장의 셋째 아들 박륵朴玏(1594~1669)은 전국의 귀중한 책들을 모아 그
의 집에 '금서헌琴書軒'을 짓고 만 권의 책을 갖추었다. 금서헌은 영해 지역의 도서
관 역할을 함으로써 학자들이 모여 토론하는 공간이 되었다. 넷째 아들 박선朴璿

(1596~1669)은 당대의 학자인 수암修巖 류진柳袗(1582~1635)과 여헌旅軒 장현광張顯光(1554~1637) 문하에서 배워 학자로 이름이 높았다. 이는 모두가 아버지 박의장의 의지와 당부에 따른 착실한 실천의 결과였다.

박의장과 그의 배위 영천 이씨는 일곱 남매의 혼사에 신중했다. 이는 무안 박씨가 영해에 자리잡는 과정에서 혼인을 통한 가족의 연대가 중요함을 인식했기 때문이기도 하다. 자손들의 학문적 성취를 위해서도 혼인을 바탕으로 함께 공부하는 분위기를 조성해야만 했다.

「박유남매 화회문기」에는 박의장 부부 당대에 이뤄진 혼인관계가 잘 반영되어 있다. 큰며느리는 경주 손씨 손시孫時(1555~1603)의 딸, 둘째 며느리는 재령 이씨 이운룡李雲龍(1562~1610)의 딸, 셋째 며느리는 예안 이씨 이역李瑒의 딸을 얻었다. 넷째 아들 박선은 풍산 류씨 류단柳褍(1580~1612)의 딸, 풍양 조씨 조기원趙基遠(1574~1652)의 딸과 혼인했다. 그리고 사위는 경주 손씨 손로孫魯, 반남 박씨 박종무

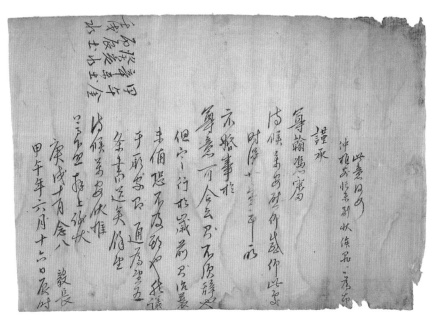

박의장 서한, 종이에 먹, 31.9×45.5cm, 1610, 장서각.

朴橙茂(1582~1664), 재령 이씨 이시형李時亨(1586~1612)을 얻었다. 손자사위는 여주 이씨 이주李儔, 영천 이씨 이영구李榮久(1592~1671), 외손녀사위는 연일 정씨 정호인 鄭好仁(1597~1655)이었다.

이러한 혼인망은 영해를 비롯해 안동, 경주, 상주, 영천 등지의 명문가를 아우르는 것이었다. 박의장은 자신이 고관을 역임한 관료였기에 왜란 당시 의병장 가문들과의 인연을 바탕으로 아들 손자들의 혼사를 신중히 했다. 이러한 혼인망에 있는 가문들이 조선 후기 퇴계 학통의 주류를 이루면서 조선 후기 무안 박씨 가문의 학문적 성취와 사회적 지위를 강화하는 중요한 발판이 되었다.

선조의 덕을 닦아 명가의 전통을 남기다

무의공武毅公 박의장이 높은 전공으로 고관을 역임했을 뿐만 아니라 덕망도 높아 무안 박씨 가문은 그를 명현, 현조로 받들고 '종가'를 구성해 결속을 다졌다. 박의장의 맏아들 박유는 16세기 초엽 이래 근 70여 년 그들 집안의 터전이었던 원구리를 벗어나 동남으로 약 4킬로미터 거리에 위치한 도곡리에 새로운 발판을 마련하고자 했다. 이는 박의장을 정점으로 한 새로운 가문 전통을 확립하기 위함이었다. 박유의 구상은 그의 아들 박문립朴文立(1602~1673)과 동생 박선에게와서 현실로 이뤄졌다. 오늘날 영덕군 축산면에 위치한 도곡리에 종가를 건립하고 300년 동안 문중의 중심으로 무의공 종택이 이어져온 것이다.

무의공 종택은 조선 후기 변화된 경제 환경에 따라 장자를 우선으로 한 재산 상속을 해 종가의 경제적 기반을 강화하고, 이를 통해 문중의 품격을 높이고자 했다. 이로써 종가에서는 글을 하는 선비가 계속 배출되어 문장이 끊이지 않는 문한가文翰家로 성장할 수 있었다. 조선 후기 무의공 종택에서 문집을 남긴 선비만 33명에 이르렀다. 이는 박세렴과 박의장이 일찍이 예견하고 당부한 가풍의 전환, 즉 숭무崇武

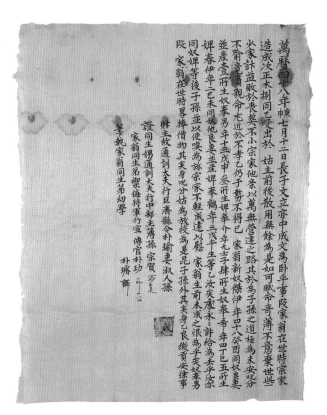

박문립 별급문기, 종이에 먹,
79.5×60.3cm, 1620, 장서
각. 박유의 처 월성 손씨가 아
들 박문립에게 노비를 나눠
주며 작성한 분재기다.

에서 호학好學 전통의 마련이라는 뜻을 충실히 계승한 결과다.

한편 국가적 위기에 개인뿐만 아니라 온 가족이 희생했던 정신은 일제강점기 무
의공 종택 사람들이 독립운동에 투신한 것으로 이어졌다. 박우종朴禹鍾(1875~1938)
이 임시정부 국무령을 지낸 이상룡李相龍(1858~1932)과 더불어 신흥무관학교를 설
립해 항일운동을 펼치고 독립운동에 필요한 자금을 조달한 것은 박의장이 임란 당
시의 많은 전공을 세우고 군량미를 희사한 뜻을 잊지 않았기에 가능했다.

영해의 무안 박씨는 1470년을 전후해 박지몽이 영해에 정착한 이후 가계 운영
을 위한 장기적인 전략을 바탕으로 운영되었다. 박지몽은 처가 혹은 외가에 정착하
던 당시 분위기에 따라 영해에 입향했으며, 그의 아들 박지몽은 경제적 기반을 확
립하고 자손들이 교유할 수 있는 혼인을 통한 학문적 연결망을 구축했다.

박우종이 이상룡 앞으로 보낸 편지(위), 종이에 먹, 25.0×38.0cm, 1905년 전후, 장서각. 남세혁이 박우종 앞으로 보낸 편지(아래), 종이에 먹, 22.9×35.7cm, 1911, 장서각. 항일운동을 펼치던 박우종이 그와 함께 뜻을 도모하던 이들과 주고받은 편지다.

무안 박씨 무의공 종택 전경. 경북 영덕군 축산면 도곡리 소재, 경상북도 민속자료 제744호.

박세렴은 그 자신이 무과를 통해 출사하여 벼슬길을 열었음에도 아들에 대한
훈육을 목적으로 고향으로 돌아와 가정경제와 손자들에 대한 학업을 독려했다. 그
결과 박의장이 과거에 합격하고 나아가 임진왜란에서 큰 공을 세우게 되면서 무안
박씨는 일약 명문가로 발돋움했다. 박의장 또한 선대의 가정경영 전략을 바탕으로
시대적 변화를 제대로 읽어 후손들을 위한 경제 기반을 확고히 함은 물론 무반가에
서 학문하는 가문으로의 전환이라는 유훈을 남겼다.

7장

학통과 정파와 혼맥을 초월한 열린 가문

— 해주 오씨 추탄 가문

김학수

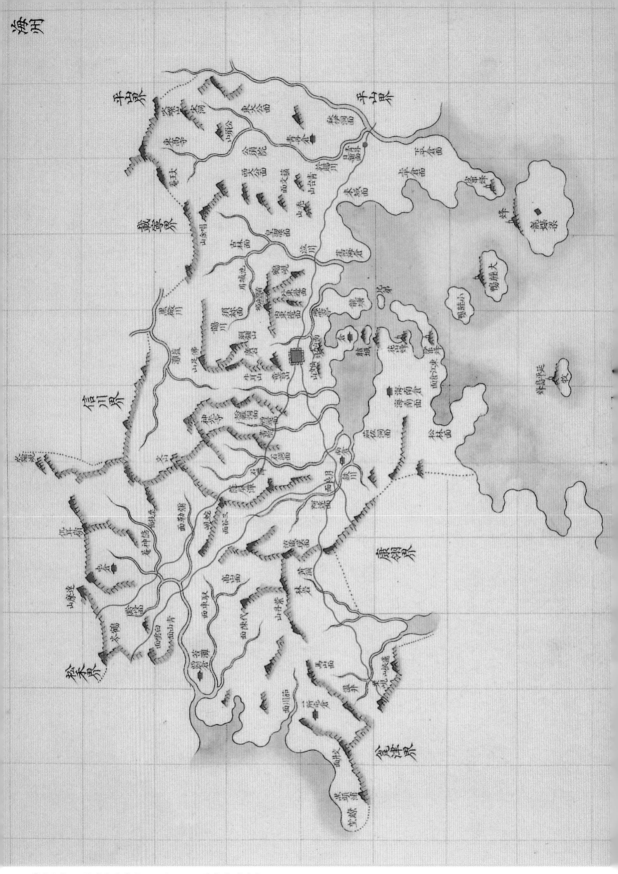

「해주지도」, 종이에 채색, 47.7×34.2cm, 조선 후기, 장서각.

해주 오씨, 서울에서 명가의 터를 닦다

해주 오씨는 고려조에 검교군기감감을 지낸 오인유吳仁裕를 시조로 하는 가문으로 고려시대 이래 계속해서 벼슬을 하던 중 조선 중후기에 접어들어 문벌 가문으로 발전했다. 이들의 관향지貫鄕地이자 발상지인 해주는 삼국시대에 주로 고구려 영역에 속했다. 해주라는 이름은 고려 때 남으로 큰 바다와 임해 있다는 뜻에서 붙여졌으며, 대령大寧, 서해西海, 안서安西, 수양首陽, 고죽孤竹으로도 불렸다. 오인유는 검교군기감감을 지낸 것 외에는 그 행적이 알려져 있지 않지만 가문의 시조로서 무한한 추모를 받았다.

이후 해주 오씨는 오인유의 아들과 손자대부터 관직에 나아가기 시작했는데, 손자 오민정吳民政과 증손 오찰吳札은 과거에 합격해 각각 비서성감, 태자첨사를, 현손 오승은 녹사를 지냈다. 벼슬길이 넓어지자 곧 혼반의 상승으로 이어졌다. 오찰의 처가 수원 최씨는 향리 가문에서 과거를 통해 문벌 가문에 오른 집안이었고, 오승의 처가 경주 김씨 또한 여러 대에 걸쳐 평장사를 낸 재상 가문이었다.

오승은 오효성·효순·효충·효전 등 네 아들을 두었는데, 이들을 기점으로 해주 오씨의 문호는 더 크게 자라날 수 있었다. 이것은 곧 '가문의식'을 굳게 세우는 계기

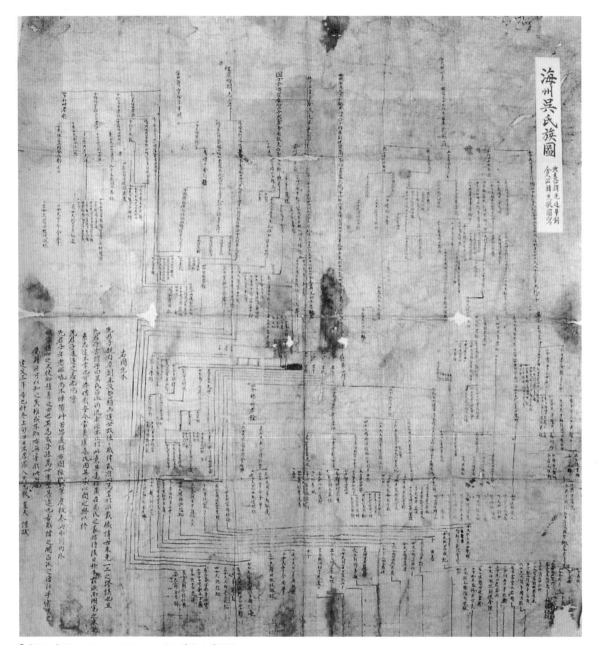

「해주오씨족도」, 112.0×115.0cm, 1401, 해주 오씨 문중.

가 되었으며, 「해주오씨족도」의 존재가 이를 입증한다. 오효충의 아들 오광정吳光廷이 기초하고 아들 오선경吳先敬이 1401년에 완성한 이 족도는 해주 오씨의 윗대는 물론이고 혼반을 파악하게 해준다. 족도는 여말 선초 해주 오씨가 장흥 임씨, 경주 김씨, 수원 최씨, 여흥 민씨, 행주 기씨 등과 맺었던 혼인관계를 파악하는 데도 필수적이다.

이 글에서 다루려는 추탄 가문은 셋째 아들 효충 계열이다. 오효충의 관직은 비록 풍저창승에 그쳤지만 그의 자손들은 조선시대 해주 오씨를 대표하는 가계로 성장한다. '해주오씨족도'를 이 가계에서 제작했을 뿐 아니라, 오윤겸을 비롯해 오숙·오두인·오도일·오명항·오재순 등 조선 후기 관계와 학계에서 두각을 드러낸 인물들이 바로 오효충의 자손들이었다.

오윤겸의 선대가 해주 오씨 대종에서 갈려나와 새로운 지파를 형성한 것은 오효충의 손자 오희보吳希保대에 이르러서였다. 용양시위사 좌영호군을 지낸 오희보는 죽산에 정거定居해 해주 오씨가 근기지역을 발판으로 문호를 넓혀가는 계기를 마련함으로써 후손들에게는 가문의 중조中祖로 인식되었다.

이런 토대 위에서 오윤겸의 선대는 오희보의 아들 오중로吳重老(1413~1452)를 기점으로 사환가로서의 기틀을 좀더 착실하게 다져나갔다. 1438년(세종 20) 사마시에 입격한 뒤 괴산교도를 지낸 오중로는 오윤겸의 선대로서는 최초로 새 왕조에서 벼슬한 인물이었고, 그 아들 오계선吳繼善(1439~1494) 역시 1462년(세조 8) 사마시에 입격한 뒤 문음으로 출사해 북평관 제검, 사과 등을 지냈다. 오계선은 비록 벼슬이 서반 한직에 그쳤지만 부책賦策에 뛰어나 문아한 인물로 떠받들어졌는데, 추탄가의 문한 전통도 여기서 비롯되었다고 할 수 있다.

오계선은 2남(옥정玉貞·복정福貞)1녀(장적張籍)를 두었는데, 큰아들 옥정이 오윤겸의 증조다. 오옥정은 벼슬이 석성현감에 그쳤지만 당대의 명문 연안 김씨 집안의 사위로서 사회적 지위는 높았다.

오옥정은 7남매를 둠으로써 내외 자손이 크게 번창했을 뿐만 아니라 죽산에서 광주지역으로까지 재지적 기반을 확대했다. 오계선의 첫째 부인(전주 이씨) 및 둘째

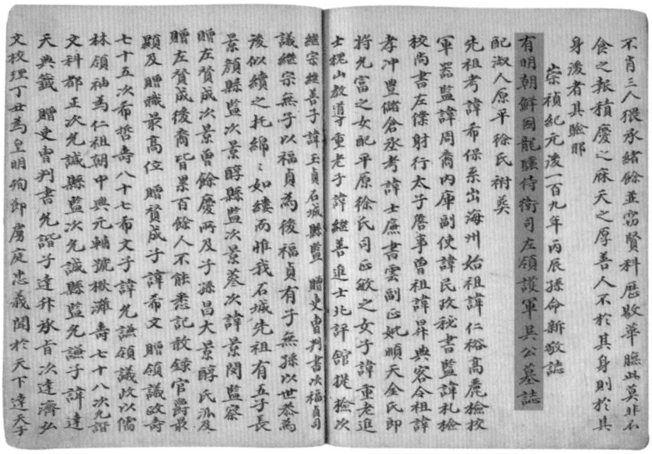

『오희보묘지』, 오명신, 26.0×21.0cm, 추탄 종택.

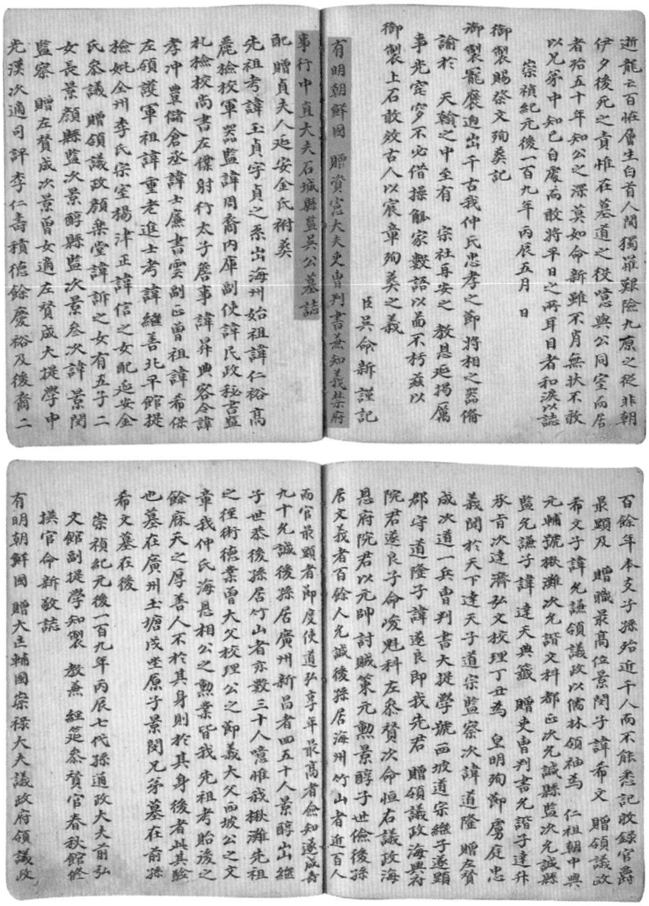

『오옥정묘지』, 오명신, 26.0×21.0cm, 추탄 종택.

부인(안동 권씨)의 묘역을 조성하는 과정에서 비롯된 광주 '토당전장土塘田庄'은 오윤겸의 분묘가 용인 오산리에 조성되기 전까지 해주 오씨 추탄가의 대표적인 선영이자 퇴관, 은거처가 되었다.

이전까지 거의 독자로 이어져오던 오윤겸의 선대는 오옥정이 5남2녀를 둠으로써 가문의 세력이 크게 뻗어나갔다. 특히 오옥정은 공자 문하의 우뚝한 제자들의 이름을 따서 다섯 아들을 경안景顔(안자顔子)·경순景醇(맹자孟子)·경삼景參(증삼曾參)·경민景閔(민자건閔子騫)·경증景曾(증자曾子)이라 지었는데, 이는 유학을 통해 가문을 일으키고자 했던 염원에서였을 것이다. 또한 이들의 자손은 문의, 해주, 죽산, 광주 등지로 세거의 기반을 확대해나갔다.

16세기, 조선의 석학들과의 단단한 교유

오옥정의 아들 중 오윤겸의 직계는 넷째 아들 오경민(1515~1575)이다. 오경민은 문과 출신이 아니지만 오희보의 자손 가운데 유일하게 요직(감찰)을 지냈다. 뿐만 아니라 그는 신광한의 처남이자 명문 고성 남씨 집안의 사위가 되어 자손들이 현달할 수 있는 기반을 착실히 다져나갔다. 『쇄미록瑣尾錄』의 저자인 아들 오희문과 영의정을 지낸 손자 오윤겸이 나올 수 있었던 것도 이런 맥락에서 봐야 할 것이다.

오경민의 처가 고성 남씨는 조선 초기에 병조참판을 지낸 남금南琴의 후손으로 전형적인 근기 사대부 가문이었다. 처부 남인南寅의 조부 남의문은 세종조의 대표적인 학자이자 문신이었던 남수문의 아우였는데, 그가 신숙주의 손서가 될 수 있었던 것도 가문 배경과 밀접한 관련이 있었던 듯하다. 16세기 이후 이 가계는 충청도 영동(황간)으로 낙향했는데, 오경민이 혼인 이후 상당 기간을 영동에서 머문 배경도 여기에 있다. 이 과정에서 오경민은 처가로부터 상당한 지원을 받았던 듯하며, 그런 정황은 아들 오희문이 쓴 『쇄미록』 곳곳에서 찾아볼 수 있다.

오경민의 묘소(위)와 오희문(아래) 묘소.

　　오윤겸의 선대가 어느 대부터 경제적 기반을 확보해 서울에 살았는지는 잘 알려져 있지 않다. 다만 『쇄미록』에서 '나는 본래 서울 사람余本京人'이라고 한 것으로 미루어 적어도 오희문대 이전부터 서울생활을 했음이 분명하며, 뒤에 제시되는 기사는 서울을 중심으로 얽혀 있던 추탄가의 인적 연계망을 잘 보여준다.

　　한편 오경민의 장자이며 오윤겸의 아버지인 오희문은 『쇄미록』의 저자로서 학계에 널리 알려진 인물이다. 그는 과거급제를 하지도 않았고 고관을 지내지도 못했지만 자손들이 학문적·사회적으로 성장하는 데 커다란 영향을 미쳤다. 우선 그는 최기남崔起南, 윤민헌尹民獻, 정엽鄭曄, 안창安昶, 김장생金長生, 조정호趙廷虎, 김상용金尙容, 신흠申欽, 이귀李貴, 송이창宋爾昌, 조수륜趙守倫 등 이이·성혼의 주요 문인들과 긴밀한 유대관계를 맺었다. 오희문의 교유권은 크게 이귀와 같이 인척관계에 바탕한 교유, 김장생 등 아들 오윤겸으로 인해 확보된 교유로 구분되는데, 1593년 6월 정산현감으로서 오희문 일가족을 후하게 대접한 김장생은 후자에 속하고, 1593년 7월 검찰사로서 장성에 와서 오희문에게 피란생활에 쓸 물자를 제공한 김상용은 전자와 후자가 복합된 경우였다.

　오희문의 교유관계에서 주목할 만한 인물은 성혼이다. 성혼과의 교유 역시 오윤겸의 매개 역할에서 기인했을 가능성이 크고, 평생 얼굴을 마주한 적은 없지만 두 사람은 자주 편지를 주고받을 만큼 관계가 깊었다. 특히 오희문은 성혼을 '선생'이라 부르며 존경했다.

　우계牛溪 선생이 지금 해주 석담石潭에 가 있는데, 윤겸에게 편지를 보냈고, 또 내게도 보내서 후한 뜻을 보였으니 감사하다. (…) 종 덕년德年으로 하여금 해서로 도로 돌아갈 때 보령 윤겸이 있는 곳에 들러서 우계에게 보내는 답장을 가져가게 했으나 덕년이 그곳을 모르기 때문에 송노宋奴로 하여금 함께 가게 했다. 나 또한 우계

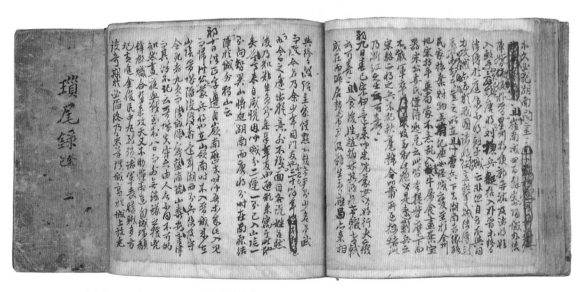

『쇄미록』, 오희문, 보물 제1096호, 추탄 종택.

先祖考諱希文字斐然系出海州高麗軍器監諱仁
裕之後祖諱玉貞石城縣監 贈司憲府監察 贈史曹判書考諱景
閔司憲府監察 贈議政府左贊成妣 贈貞敬夫人
固城南氏叅奉寅之女配延安李氏文康公石亨之
後郡守廷秀之女以嘉靖己亥降萬曆癸丑卒壽七
十五清陰金文正公尚憲嘗有狀德之辭曰公家行純
篤鄉里推爲誠長者先賢自有定論百歲之下可
以想像其高風長德壬辰撰瓚尾錄七卷備記朝野
聞見藏于家教四子次芳登大小科長諱允謙文科
頌議政以儒林領袖爲 仁祖朝中興元輔號楸灘次

允諧文科都正次允誠生進 俱中縣監次允誠縣監
女適旀盲申應榘次適縣監金德民餘慶丙及子孫
昌大孫學士達濟以節義聞於天下曹孫太學士道
一以文章名世五代孫右議政命恒以元師討賊策元
勳經術文章節義勳業卒一門實積德餘廕
也雲仍數百餘人散在京外而居海州竹山者最多
墓在廣州土塘石城先祖墓後戌坐原贊成先祖
墓同在一原

「오희문묘지」, 오명신, 26.0×21.0cm, 추탄종택.

에게 답장을 써서 보냈다. (…) 나는 우계에게 답장을 쓰고, 또 고성 누이에게 편지를 썼다.(오희문, 『쇄미록』 계사 윤11월 23일)

밤에는 꿈속에서 우계를 보았고, 또 잉어 두 마리를 얻었다. 우계는 전에 만나본 일이 없는데, 이것이 무슨 징조인가.(오희문, 『쇄미록』 병신 6월 초7일)

1598년(선조 31) 오희문이 성혼의 병세가 위중하다는 소식을 듣고 우려를 감추지 못했으며, 그해 6월 부음을 듣고서는 살아생전 만나지 못한 회한을 토로했던 것도 이런 관계였기 때문이다. 이후 그는 1599년 파주를 지나는 길에 성혼의 집에 들러 뒤늦은 문상하는 것으로써 신교神交의 정을 표했다.

서울의 사환가로서 발돋움하다

오희문(1539~1613)이 지낸 벼슬은 선공감 감역뿐이다. 그마저도 63세 되던 1601년 1차 의망시에는 무망으로 올랐다가 낙점을 받지 못했고, 그 뒤 어느 시기에 재의망되어 잠시 관계에 발을 디딘 것으로 보인다. '이제 자식의 힘으로 인해 60세에 비로소 벼슬의 망에 올랐으니 비록 되지는 않았어도 또한 하나의 다행한 일이다'라고 한 1차 의망시의 술회처럼 노년의 말직도 아들 오윤겸 덕에 받은 것이었다.

노년에 이르러서도 미련을 떨치지 못했던 오희문의 벼슬살이에 대한 욕구는 그가 한평생 이를 얼마나 열망했는지 짐작케 한다. 오희보 이래 과거 출신 및 고관을 내지 못했던 집안의 열등감은 가난한 집안 형편과 맞물려 그로 하여금 과거급제자를 내는 데 대한 욕구를 더욱 자극했을 것이다. 그러한 마음의 한 자락은 1595년 3월 3일자 일기에 솔직하게 담겨 있다.

윤겸이 날이 밝기 전에 밥을 먹고 도로 결성結城으로 향했다. 부임할 기일이 박두하니 지연할 수가 없기 때문에 다시 하루도 머무르지 못하고 떠났다. 어지러운 나라에 살지 말라는 것은 옛사람의 경계인바, 벼슬하기가 몹시 어려운데 집은 가난하고 부모는 늙었으니, 또한 녹을 위해서 벼슬해야 할 것이므로 억지로 권해서 보냈다.(오희문, 『쇄미록』 을미 3월 초3일)

그러나 오희문이 궁극적으로 바라던 바는 봉양을 위한 벼슬보다는 자식들이 과거에 합격해 출사함으로써 집안을 일으켜 세우는 것이었다. 이런 염원을 이루고자 그는 반평생을 고심했다.

의정공(희문希文)은 문행文行이 있어 과업을 닦았는데 공의 두각이 뛰어남을 보고는, 집안에 위인偉人이 있어 장차 가문을 창대하게 만들 것이라 여겨 마침내 과업을 포기하고 반궁泮宮과 가까운 마을로 옮겨가 살면서 오직 시詩·예禮에만 열중했고 가까이 지내던 손들 중에는 한때 명성 있는 사람이 많았다.(윤휴尹鑴, 『백호전서白湖全書』 권21, 「영의정오공윤겸행장領議政吳公允謙行狀」)

그가 피란살이 와중에도 오윤겸 형제를 서당으로 보내 학업을 독려하고, 과장의 소식과 동정에 귀를 곤두세운 것도 이 때문이었다. 그런 만큼 결과에 따라 일희일비하는 습성이 생겨 1594년(선조 27) 10월 오윤겸이 낙방했을 때는 크게 상심했고, 1595년 별시방에 윤겸·윤함·윤해 삼형제의 이름이 보이자 희색을 감추지 않았지만 1596년 삼형제 모두 회시에서 낙방했을 때는 끝내 운명을 탓했다. 이런 곡절을 지나 1597년(선조 30) 오윤겸이 39세의 나이로 별시 문과에 합격하자 그는 자신의 심정을 다음과 같이 토로했다.

방목을 보니 조수인趙守寅이 장원이고 윤겸은 일곱 번째로 급제했다. 온 집안의 기쁨은 말할 것도 없거니와 윤해가 실패한 것이 유감이라 하겠다. (…) 오씨 문중 5대

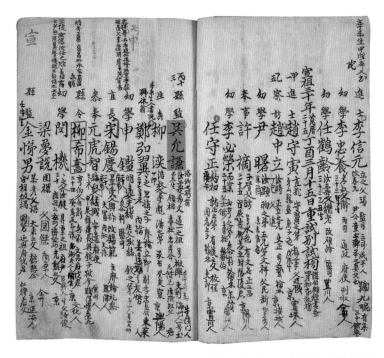

『선조정유문과방목』, 24.5×16.5cm, 1597, 한산 이씨 수당고택. 1597년 별시문과 합격자 명단으로, 오윤겸은 현직 평강현감으로서 응시해 병과 1인으로 합격했다.

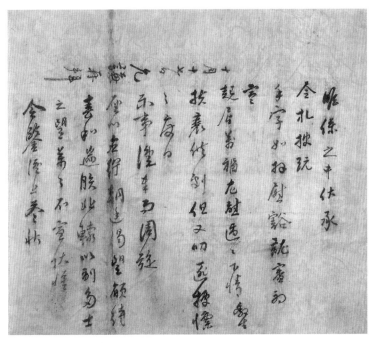

오윤겸 서간, 수원박물관.

조 이하에는 등과가 없었는데, 이번에 내 아들이 처음으로 이겨낸 것이다. 지금부터 뒤를 이어서 일어날 희망이 있으므로 일문의 경사를 어찌 말로 다 표현하리오. 한없는 기쁨이 넘친다. 하늘에 계신 아버님의 영혼이 필경 어둡고 어두운 저승에서도 기뻐하실 것을 생각하니 비감한 마음을 누를 길 없다.(오희문,『쇄미록』정유 3월 19일)

결국 오희문은 오윤겸의 급제를 가문이 다시 일어날 조짐이자 발판으로 여겼고, 1600년(선조 33) 오윤해 또한 급제하자 그런 생각을 더욱 굳혔다. 이로써 해주 오씨는 오희보 이후 6대 약 200년 만에 문과 합격자를 낸 문신 가문으로서 입지를 다졌고, 오윤겸의 학문·정치적 성장에 힘입어 17세기 기호학파의 핵심으로 도약하게 된다.

17세기, 기호학파의 핵심으로 도약하다

오희보에서 오희문에 이르는 해주 오씨의 한 지파가 17세기 사림사회에서 주목받는 집안으로 도약하는 데 결정적인 계기가 된 것은 오윤겸의 현달이었다. 오윤겸의 정치·사회·학문적 면모와 비중은 우율 문인, 특히 '파문고제坡門高弟'라는 점, 광해조에 절의를 지키고 반정 이후 수상을 지냈다는 점, 한평생 학자·관료로서 청렴·근면하며 덕업을 쌓았고, 정치적으로는 서남 화합을 추구했던 보합론자였다는 점 등으로 요약된다. 이런 바탕 위에 조카 달제達濟의 절의, 손자 도일道一의 문장, 현손 명항命恒의 훈공이 더해지면서 추탄가는 '3불후三不朽'를 갖춘 집안으로서 자존의식을 천명해나간다.

오윤겸은 우율牛栗로도 불리는 기호 학통을 이었고, 이중에서도 성혼과의 학연이 더욱 강고해 파문고제로 여겨졌다. 이것은 곧 그의 자손들이 나아갈 정치·학

吳楸灘

英秀居家孝友出天與人交誠談論之際精彩溢發
立朝正直不撓剛方解許可臨事不以利害禍福動
其氂髮文音根於性理有文集院享瞭村集行狀

吳允謙字汝益號楸灘海州人生而端穎異凡兒旣
冠學于成牛溪牛溪先生重其操履待之有加登第
爲校理牛溪被奸黨誣詆以門人自劾遞後承旨
以師誣未雪齋廢母廷議辭甚嚴正亦不赴廷請臺
疏請遠竄使倭所遺盡却倭人敬服又越海進賀
遇颶風危坐題詩晏然如常度及還已反正始登庸

拜領議政壽七十七而卒謚忠貞天資粹美自然寡
過平生不爲新奇高遠之論能守師說飭躬砥行爲
世模楷號稱名臣有文集祠享清陰集誌表○終始力爭

金拙灘

金權字而中號拙灘　清風人大司成湜之孫也登第
光海時戶曹叅判公已老時事日益
不出廢母收議公愾然沸出遂議曰納君無過微臣
愛君之至誠終始全恩聖上虎變之大德千載之後
與舜亞稱區區之望寬畎畒移務安五年而卒年七
十四公外似寬柔內實剛毅孝根於天性忠義發

「우계선생연보보유」, 윤증 편, 31.2×20.1cm, 장서각. 우계 선생 연보 보유에 오윤겸은 문인록 제4위에 오추탄이란 항목으로 수록되어 있다.

문적 행보를 결정짓는 데 영향을 미쳐 숙종조 이후 추탄가는 학문적으로는 우계 학통, 정치적으로는 소론의 대표 가문으로 자리잡는다.

20세 무렵까지 주로 가정이나 관학을 통해 학문을 닦아오던 오윤겸이 공식적인 사제관계를 통해 사림파의 학통을 받아들인 것은 23세 되던 1581년(선조 14)이었다. 이때 성혼이 오윤겸의 지조와 행동을 높이 사서 '오 아무개는 어지러운 나라에서도 살 만한 사람'으로 평했다고 한다. 오윤겸의 우계 문하 출입은 조광조-성수침-성혼으로 이어지는 학통의 계승을 의미했다. 이후 그는 스승의 심법心法을 이어받아 그 학설을 넓히는 데 전념하며 고제高弟로서의 역할에 충실했기에 1635년(인조 13) '우율문묘종사牛栗文廟從祀' 찬반 논쟁 때 남인 채진후蔡振後 등이 우율을 맹렬히 비난하자 이에 맞서기도 했다.

오윤겸에 대한 성혼의 신뢰는 각별했다. 1587년(선조 20) 성혼은 이이와의 관계에서 비롯된 학자로서의 감회를 담은 시 2절을 지어 오윤겸과 황신黃愼에게 준 적이 있다. 이때 그는 시의 서문에서 다음과 같이 언급하며 두 문생에 대한 지우를 표했다.

인하여 졸렬한 시구를 써서 받들어 두 현자에게 화답해줄 것을 요구하듯이 했으니, 한편으로는 뜻을 말하는 방법을 요청한 것이요, 다른 한편으로는 서로 개발開發하는 뜻을 바라서이다. 이것이 비록 한가로운 말이긴 하나, 잘 배우는 자가 물건을 관찰해 자기 몸을 살피고 가까이에서 취해 스스로 기른다면, 반드시 감동하여 분발하는 공부에 도움이 없지 않을 것이다.(성혼, 『우계집牛溪集』권1, 「서시오윤겸황신양생이수병서書示吳允謙黃愼兩生二首幷序」)

이런 신뢰로써 성혼은 오윤겸에게 학문과 시사를 자문하는 일이 잦았고, 그를 후사를 맡길 만한 몇 안 되는 문인의 한 사람으로 꼽기도 했다. 성혼은 1592년 11월 선조를 뵙기 위해 의주로 떠나기 직전 사위 윤황尹煌에게 후사를 당부했던 것이다.

즉, 성혼은 김권金權·황신黃愼·신응구申應榘·오윤겸·유대진兪大進·이귀·한교韓

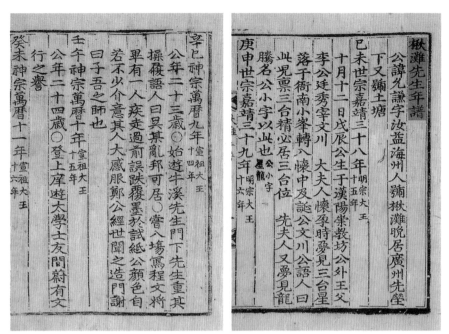

『추탄집』, 오윤겸, 28.3×19.3cm, 장서각.『추탄집』맨 앞에 실린 오윤겸의 연보다.

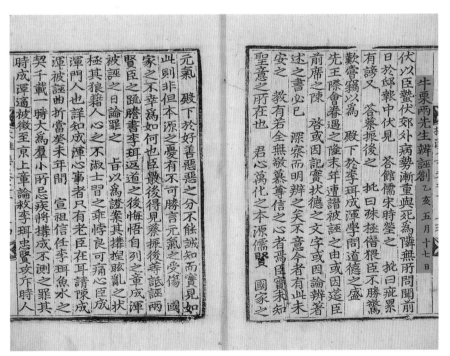

『추탄집』, 오윤겸, 28.3×19.3cm, 장서각. 1635년 오윤겸이 우계 성혼과 율곡 이이를 변무하기 위해 올린 차자다. 조선 후기 서남 당쟁의 최대 쟁점 중 하나는 '우율종사찬반논쟁'이었다. 이 차자는 서인 유생 송시형의 우율종사소를 남인 유생 채진후 등이 반박한 것에 대해 오윤겸이 우계 문인의 입장에서 재반박한 것이다.

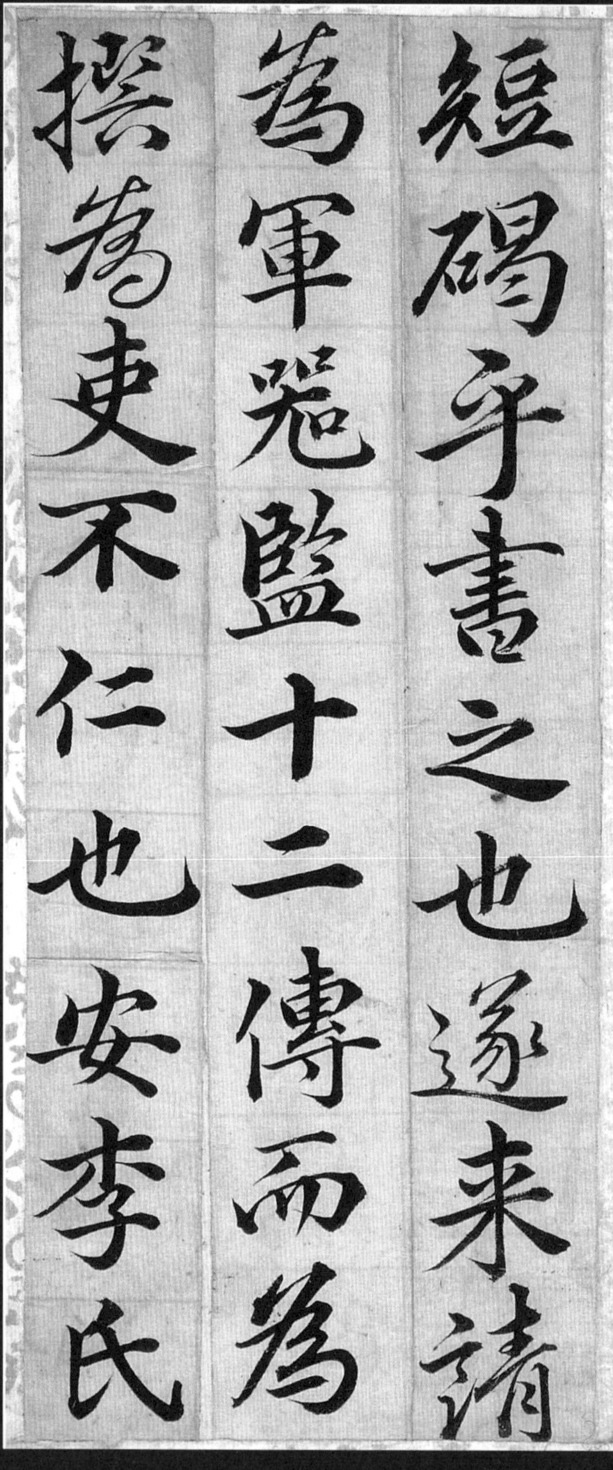

短碣乎書之也遂来請
爲軍罷監十二傳而爲
撰爲吏不仁也安李氏

嘉靖乙未十月生公在

娠有異夢生景閔左賛

學移弘文館副修撰又

嶠 등에게 골육과도 같은 특별한 신뢰를 표했다. '무실務實'을 우계학파의 종지로 규정할 때, 이 점에서도 오윤겸은 성혼의 가장 충실한 계승자로 여겨졌다. 박세채가 『추탄집』 발문에서, 오윤겸을 유문儒門에서 강습해 공상公相에 이른 드문 인물의 한 사람, 즉 학자·재상으로 칭송하고, 윤증이 오윤겸과 황신을 '성문양생成門兩生'으로 일컬은 배경도 여기에 있다.

성혼에 대한 오윤겸의 생각은 제문에 잘 표현되어 있다. 여기서 그는 성혼으로부터 '효제충신이 근본이 되는 것과 사우 간의 강습이 즐거움이 되는 것을 알았고, 인애의 공평한 도리, 왕패王覇와 의리義利의 분별에 있어서도 일찍이 얻어 들은 것을 항상 마음속에 간직했다'고 적고 있다. 물론 오윤겸에 대해 '사문의 종지를 강명하지 못했다'거나 '학문은 드러난 것이 없다'는 평들도 뒤따랐지만 우계학파의 무실에 바탕한 실용론은 그의 경세론의 기저가 되어 국방·민생 정책으로 구체화된다. 또한 당파에 치우치는 것을 배격했던 그의 보합론적 태도는 1632년 이황의 「무진봉사戊辰封事」 가운데 '돈성학敦聖學'을 군주 성학의 전범으로 제시하고, 정경세 등 영남 남인을 수용하는 데 적극성을 보이게 함으로써 당쟁을 누그러뜨리는 데도 크게 기여했다.

학맥과 혼맥을 통한 우계 학통의 강화

우계 학통으로서 추탄가의 학문적 경향은 학맥과 혼맥의 중층 구조를 이루며 더욱 강화되어갔다. 특히 오윤겸과 함께 우계 문하의 고제로 꼽히는 신응구(1553~1623)와의 혼사는 두 가문의 혈연·학문·정치적 연대를 넘어 조선 후기 소론 가문 형성의 세세한 모습을 보여준다.

1608년 성혼의 신원운동을 주도하게 되는 신응구는 성혼의 처종질이라는 점에서 창녕 성씨 우계 가문과는 혈연·학연으로 얽혀 있었다. 해주 오씨와 고령 신씨는 선대에 이미 혼척에 따른 세의가 이뤄져 있었고, 신응구의 아버지 신벌申橃과 오희문도 교유가 있긴 했지만 두 집안의 혼사는 오희문과 신응구 사이의 동문적 유대가 강화된 것으로 해석해야 할 것이다.

> 함열咸悅(신응구)은 비록 윤겸의 친한 친구라 하지만 나에게는 본래 친속도 아니오, 또 일찍이 아는 사람도 아닌데, 우리 집을 대접하기를 남보다 몹시 후하게 해 한 달 안에 두세 차례 사람을 보내서 구걸해도 조금도 어려운 빛을 띠지 않아 한 집 열 식구의 목숨을 오로지 여기에 의지하고 있으니 그 은혜를 어찌 다 갚는단 말인가. 한갓 스스로 감축할 뿐이다.(오희문, 『쇄미록』 갑오 2월 23일)

이러한 『쇄미록』의 기사처럼 오희문 일가는 피란의 와중에 신응구로부터 엄청난 지원을 받았다. 이런 마음 씀씀이는 오윤겸과의 친분관계를 넘어 두 집안이 인척으로 맺어지는 연결 고리가 되어 1594년 7월 마침내 신응구와 오희문의 장녀 사이에 혼담이 성사되었고, 그해 8월에 혼례를 치렀다. 비록 오희문의 딸은 신응구의 셋째 아내가 되었지만 오씨 부인의 아들 신량申湸이 가통을 계승했고, 손자 신익상申翼相(1634~1697)이 숙종조 소론의 중진으로 활동함으로써 이 혼인은 두 집안의 세의를 강화하는 계기가 되었으며, 이는 조선 후기 소론 가문의 혈연적·인척적 면모를 파악하는 데 참조할 만하다. 오달천이 추포 황신의 손자 황연黃沇을 사위로 맞은 것에서 보듯이 학맥과 혼맥의 중층 구조는 오윤겸 이후에도 변함없이 유지되었다.

우계·대곡·화담·남명의 학맥을 절충하다

해주 오씨 추탄 가문의 주요한 특징 가운데 하나는 개방적인 성향이다. 이것은 다양한 학통을 포괄했던 혼맥과 정파를 초월했던 교유관계로 알 수 있다. 우선 그들 혼맥에서 주목되는 인물은 오희문의 둘째 사위 김덕민이다. 보은 출신인 그는 현감을 지낸 김가기金可幾의 아들로 성운成運(1497~1579)과 관계가 깊었다. 김가기는 임진왜란 당시 오희문 일가를 후하게 대접했던 적이 있고, 또 오희문이 김가기의 자부 고령 신씨를 자신의 8촌 손주뻘로 표현한 것에서 보듯 두 집안은 익히 통교가 있던 터였다. 이런 맥락에서 오희문은 김가기 집안의 내력을 자세히 알고 있었고, 김덕민에 대해서도 좋은 인상을 품었다.

> 찰방(김가기)은 곧 성대곡成大谷(성운)의 양자로 인후한 장자의 기풍이 있었는데, 이것은 곧 그 집의 가풍이었다. 그 아들 덕민 또한 비범한 사람이어서 능히 가업을 계승할 만하니 아들이 있고, 손자가 있다고 할 만하다.(오희문, 『쇄미록』 계사 6월 11일)

이 글에서 보듯 김가기·덕민 부자는 성운과 특별한 연고가 있었다. 성운은 성수침·성수종·성우·성희·성담수·성제원 등 16세기 창녕 성씨 문중이 배출한 학자로 종질 성혼의 우계학파 형성에도 영향을 미친 인물로 여겨진다. 뿐만 아니라 그는 서경덕·성수침·조식과 함께 16세기의 전형적인 처사의 한 사람으로 평가되며, 특히 조식이 가장 믿고 인정했던 친구라는 점에서 남명학의 형성에도 적잖은 영향을 미쳤었다.

성운은 형 성우가 을사사화의 화를 입어 죽자 시명時名을 단념하고 보은 속리산 아래에 은거했다. 그의 은거처 '대곡大谷'은 처가 경주 김씨 집안의 전장이 있던 곳으로 부사직 벼슬을 지낸 처부 김벽金碧은 기묘명현 김정金淨과 사촌간이었는데, 그 손자가 곧 김가기였다. 아들이 없었던 성운은 자신이 종적宗敵이 아니라는 이유로 입후를 마다하고 처질 김가기를 양자로 삼았으며, 말년에는 질녀(성우의 딸)를 김가기와 혼인시켜 후사를 부탁했던 것이다. 결국 김가기는 성운의 처질·양자·질서라는 자격으로 세업을 물려받지만 성씨 부인과의 사이에서 아들을 두지 못했다. 김덕민은 둘째 부인 전주 유씨(유윤상柳潤祥의 딸)와의 사이에서 낳은 아들이었다.

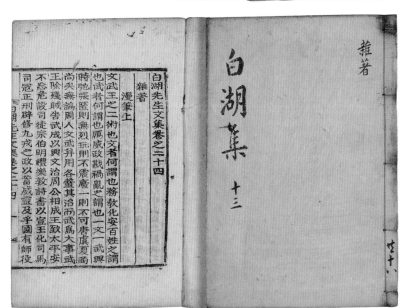

『백호집』, 윤휴, 30.5×20.7cm, 1927, 국립중앙박물관.

창녕 성씨와 혈연상 단절되었음에도 김가기·덕민 부자는 『대곡유고大谷遺稿』를 편찬하는 등 성운의 추양사업에 열성을 보여 성운의 '양자 가문'이라는 가격을 유지할 수 있었다. 이런 정황은 김덕민이 신식의 사위가 된 것으로도 알 수 있다. 『의례고증』 『가례언해』 『사계문답』 등을 저술한 예학자 신식은 이황의 문인으로 알려져 있으나 성운의 문인이기도 했다. 김덕민이 어떻게 신식의 사위가 되었는지 그 정황은 자세히 알려져 있지 않지만 그가 성운의 양자 김가기의 아들이라는 것이 그런 배경이 되었을 수 있다.

김덕민은 신씨 부인이 딸 하나를 두고 임란 때 순절하자 1600년(선조 33) 3월 오희문의 둘째 딸을 아내로 맞아 5남2녀를 두었다. 여기서 한 가지 주목할 것은 전부인의 딸이 윤효전에게 출가했고, 거기서 난 아들이 숙종 초기 남인의 이론가로 명성이 높았던 윤휴라는 점이다.

이런 흐름 속에서 윤휴는 오윤겸과 사제관계에 준하는 관계를 유지했다. 김덕민의 둘째 부인이 된 오씨는 계통상 윤휴의 외조모였으므로 오윤겸과 윤휴 사이에는 척연이 맺어져 있었다. 윤휴는 외조모 오씨가 키우다시피 했는데, 그 외조모의 오라비가 바로 오윤겸이었다.

후처 숙부인 해주 오씨는 선공감역으로 의정부 영의정에 증직된 희문希文의 딸이며, 고 영의정 토당土塘 오공吳公 윤겸의 누이동생이다. 부인은 성품이 유순하고 아름다운 데다 또 훌륭한 부형으로부터 가르침을 받아 대체로 진성眞誠과 순덕醇德이 있었다. 그리하여 남편을 섬기는 데에 뜻을 어김이 없었고, 전부인의 소생을 기르는 데 있어서는 몸을 돌보지 않고 애쓰는 것이 자기 소생에게보다 더 했다. (…) 휴는 일찍 아버지를 여의고 외가에서 자라면서 외왕부모外王父母를 30여 년 동안 섬겼다.(윤휴, 『백호전서白湖全書』 권19 「외조첨지중추부사금공묘지명外祖僉知中樞府事金公墓誌銘」)

이런 관계를 바탕으로 윤휴는 17세 되던 1633년(인조 11) 오윤겸을 찾아가 학문을 질정해 깨우침을 얻었다. 윤휴가 오윤겸을 찾아간 것은 '통가通家의 의義'에 따른 예방禮訪일 수 있으므로 정식 사제관계를 뜻하는 '집지執贄' '입설立雪' '청업請業'과는 구별할 필요가 있다. 그렇더라도 윤휴가 오윤겸을 학자·관료로서 매우 존경했고 또 그로부터 상당한 가르침을 받은 것은 분명했다.

오윤겸에 대한 윤휴의 경모심은 「추탄행장」을 짓는 데로까지 나아갔다. 여기서 그는 오윤겸의 학문·성정·도량를 곡진하게 서술하는 한편 그로부터 받았던 학문적 감화를 자세히 표현했다.

또한 윤휴는 1623년 오윤겸이 대사헌으로 있을 때 땅굴을 파고 도망가다 잡힌 폐세자의 처리와 관련해 사간 정온의 주장에 따라 강경론에서 은애론恩愛論으로 선회시킨 것을 '군자가 선과 의리에 승복하고 남의 좋은 점이면 즐겨 취하는 성의'로 칭송해 마지않았다. 특히 그는 이 대목이 「추탄가장」에서 누락된 것을 매우 애석하게 여겨 기억을 더듬어 자신의 글(「신사맹동서辛巳孟冬書」) 속에 정리해두는 애착을 보이기도 했다.

결국 서인 기호학파에 속했던 추탄가 입장에서 볼 때, 김덕민 및 윤효전 집안과의 직간접적인 통혼망은 우계·대곡·화담·남명 네 학맥을 교합한 성격이 짙으며, 정치적으로는 소북이나 남인계를 수용한 것으로 볼 수 있다. 인조반정 이후 오윤겸이 성운과 신식의 포증을 건의하고 오윤겸의 조카 오달제가 신식의 손서가 되어 세의를 이어나간 배경도 여기서 찾아야 할 것이다.

이처럼 해주 오씨 추탄가는 서인 우계학파로서의 정체성을 고수하면서도 대곡·남명·화담 계열은 물론 퇴계·서애 계열의 남인까지도 포용했는데, 이러한 개방성은 추탄가의 중요한 특징으로 자리매김할 수 있다.

한 명의 자손도 빠짐없이 친목을 다지다

해주 오씨가 자손들이 동조 관념을 바탕으로 서로 혈연·사회적 유대를 강화하며 가문의식을 본격적으로 고취해가던 때는 18세기 초반이었다. 이 시기에는 오희문·윤겸 부자의 4대 봉사가 끝나 체천遞遷이라는 현실적인 문제와 더불어 지손 입장에서는 위 두 부자와의 관계성을 이어나갈 종족적 관계망이 절실히 요구되었다. 아울러 이런 움직임은 종법질서가 사회 깊숙이 뿌리내리면서 어느 집안 할 것 없이 배타적인 종문의식을 강화해나가고, 또 가문의 격이 사실상 개인의 사회적 입지를 규정하는 중요한 기준이 되던 당시의 사회·문화적 추세를 반영하는 것이기도 했다.

18세기 해주 오씨 구성원들의 가문의식은 오희문을 중심으로 이뤄지는 면이 강했는데, 이는 포괄적 가문의식으로 규정할 수 있다. 정치·사회·학문적 위상에 비춰볼 때, 오희문의 네 아들 가운데 오윤겸과 그 나머지 아우들은 견주기 어려울 만큼 차이가 났다. 그럼에도 오윤겸의 후손들은 '추탄 가문'이라는 배타성보다는 '감역 가문'이라는 포괄성을 추구함으로써 오히려 맏집長子家으로서의 권위를 배가시킨 면이 있었다. 그리고 이러한 포괄적 가문의식의 밑바탕에는 오희문의 당부가 자리하고 있었다.

오희문은 1600년(선조 33) 5월에 쓴 족도기 서문에서 '나는 네 아들을 두었는데, 모두 학문에 뜻을 두고 있고 저마다 아들을 낳았으니 한미한 문호가 내 자손들에 의해 떨쳐지기를 크게 기대한다'고 언급했으며, 바로 이 짧은 언명이 전가傳家의 유훈이 되어 자손들을 화합으로 이끌었던 것이다.

종회宗會 또는 종계宗稧로 대변되는 종중활동의 단초가 마련된 것은 1735년(영조 11)이었다. 이해에는 오윤겸의 증손 오수채吳遂采와 오윤해의 현손 오명서吳命瑞가 나란히 문과에 합격하는 경사가 있었다. 이에 오수원吳遂元·수욱遂郁·수엽遂爗·명천命天·명화命和·명흠命欽·명수命洙·명관命觀·명수命秀·언상彦相·언준彦儁·언박彦博·언유彦儒·언부彦溥·태양泰讓 등 18인이 이를 축하하기 위해 서울 저동苧洞의 오명서 집에 모여 화수회를 열었는데, 이 자리에서 화수회를 결성하자는 논의가 나왔다. 이를 주도했던 인물은 오수원이었고, 매년 봄가을 두 차례 회동해 강신키로 했으나 종회를 결성하는 데까지 이르지는 못했다. 그리고 1737년경에는 오수원·수발遂發·명신命新·명정命鼎 등 4인이 갑계甲契를 겸한 화수회를 열어 돈목을 강조하기도 했다.

이런 상황에서 1766년 오윤겸의 현손 오명구가 오희문의 조천祧遷을 계기로 종계 결성을 강력히 추진함으로써 결실을 보았다. 오명구가 이렇게 한 데에는 인덕仁德(오희문)을 쌓아 도학道學(오윤겸)·절효節孝(오달제·명항)·문장文章(오도일)·훈업勳業(오명항)으로 일세를 풍미한 집안이라는 자존의식이 깔려 있었다. 이런 의식은 뒤에서 다룰 오명신吳命新의 3불후사우三不朽祠宇 건립론과 일맥상통하는 것이었다.

「수양오씨증영의정감역부군제손종계좌목首陽吳氏贈領議政監役府君諸孫宗稧座目」이란 이름이 웅변하듯 이 종계는 오희문의 자손들을 대상으로 했다. 출계와 적서 여부, 연령을 따지지 않고 모든 자손과 함께하기 위해 노력한 결과 좌목에는 현손~9대손까지 6대에 걸쳐 206명의 자손이 계원으로 등록되었다.

종계의 운영을 위한 출자, 유사 등 실무 운영자의 선임과 역할, 계칙 위반에 따른 벌칙, 경조사에 대한 상호 부조 등에 관한 규정은 '계헌稧憲'에 명문화되었다. 계헌 가운데 가장 역점을 두고 제정된 것은 역시 오희문의 묘제 및 묘소 관리 규정이었다.

종계의 결성은 종중원이 결속하여 친목하도록 했을 뿐 아니라 종사와 관련해 종원들에게 책무의식을 심어주는 데도 매우 효과적이었다. 1775년 오명위·명구 등이 종원들에게 강신講信 참여를 촉구하고, 조묘祧廟 이봉례移奉禮에 협조할 것을 독려할 수 있었던 것도 종계라는 종중 통제 장치가 있었기 때문이다.

이후 '수양오씨증영의정감역부군제손종계首陽吳氏贈領議政監役府君諸孫宗稧'(이하 '수양종계')는 적어도 19세기 초반까지 해주 오씨 집안의 '종중통합체'로서 본래 기능에 충실하게 운영되었고, 이 중심에는 추탄 가문, 즉 오윤겸의 자손들이 포진해 있었다.

一等

吳命恒

二等

●繢新

朴文秀

李森

趙文命

朴弻健

金重萬

李萬囿

三等

李遂良

李益馝

「오명항 분무공신교서」, 42.9×289.5cm, 보물 제1177호, 1728, 경기도박물관. 1728년 무신란을 평정하는 데 공을 세운 오명항을 분무공신 1등에 녹훈하는 교서다.

鼎沸而旋定寇賴江左寅吾

廟社震搖而再安咸曰天生李晟惟嘉績尚多于前輩故概賞宜

舉乎舊章肆策勳為揚武功臣一等圖形垂後超三階爵其父

母妻子亦超三階嫡長世襲不失其祿宥及永世無子則甥姪

女婿亦超二階仍賜伴倘十名奴婢十三口丘史七名田一百五

十結銀子五十兩表裏一段內廐馬一匹至可領也誓指山

河名加茅土齊履冠十八之列鄭俟獨多雲臺圖四七之形鄧

公為首文昭武暢鬱為一世之元龜志確功高爛焉四字之華

哀汝惟不伐人莫與爭予嘉乃勳曰篤母忘於戲南樓露布式

舉百年之盛儀東閣宣麻庸寄三事之丕責執干戈而衛

社稷既效捍艱之勞縉紳笏而措國家勉卒抹時之業安不忘危

治不忘亂此誠何時濟則作舟旱則作霖惟汝予弼庶母隳乎

덕망·절의·공훈으로 명문의식을 제고하다

18세기 추탄가의 종족활동에 있어 또 하나 주목할 점은 '명문의식'의 제고였다. 명문의식은 명조, 즉 현달한 조상을 두었다는 우월감에서 비롯되었고, 그러한 의식은 원우건립론院宇建立論으로 구체화되었다. 사실 해주 오씨는 오윤겸·달제·도일·명항 등의 정치·사상·문학사적 비중을 고려할 때 원향의 실태는 여기에 한참 미치지 못했다.

오윤겸은 성혼의 고제로 평가되고 영의정까지 지냈지만 광주 구암서원에 배향되었을 뿐 주향처가 없었다. 그나마 3학사의 한 사람이었던 오달제는 충절로서 광주 현절사顯節祠, 홍산 창렬서원彰烈書院, 평택 포의사褒義祠, 영주 장암서원壯巖書院 등에 제향되었지만 오도일은 유애처遺愛處인 울진의 고산서원孤山書院에 제향되었을 뿐이고, 오명항은 원향 자체가 이뤄지지 못했다.

이런 상황에서 영조 연간 오윤겸의 현손 오명신(1682~1749)은 이른바 '3불후사우론'에 바탕해 오윤겸·달제·명항의 '일묘합사一廟合祀'를 주창했다. 오명신이 제기한 3불후는 오윤겸의 입덕立德, 오달제의 입절立節, 오명항의 입공立功이었다.

추탄 선조는 파산 문하의 고제로서 위기의 학문에 종사하여 학문과 도덕으로 유림의 영수가 되었다. (…) 충렬공은 추탄 선조의 조카로 명나라를 위해 오랑캐의 군진에서 대절大節을 세웠으며 (…) 우리 중형 영모암 상공은 추탄 선조의 현손으로 문려에는 효자의 정려가 서고 충정은 정이鼎彝에 새겨졌다.(오명신, 『동호東湖』 「삼불후사우기三不朽祠宇記」)

오명신은 일가 5대만에 입덕·입절·입공의 명현을 배출한 집안의 저력을 원우건립을 통해 세상으로부터 공인받고 싶었던 것이다. 나아가 그가 '일가3불후'를 전고에 없던 자신들만의 위업임을 강조하며 숭덕崇德·보공報功·모의慕義 차원에서 사

教旨

吳允謙爲大匡輔國崇祿大
夫議政府領議政無領經筵
弘文館藝文館春秋館觀象
監事世子師者

崇禎元年十一月二十一日
奴三口
婢三口

賜給

「오윤겸의정부영의정고신」(위), 종이에 먹,
112.0×78.5cm, 1628, 추탄 종택. 오늘날 구
암서원의 상징적 건물인 구암정(아래).

妙筆吾東宣有
二觀晶仍怱感
前事韓君不暫
心忘國對虜何
嘗口絶罵節義
昭昭三子同孝
忠炳炳一身備
誰知嗣續終無
傳於此雖諶福
善理
乙酉臘月下澣題

忠烈公吳達濟梅花簇

御詩績賁仍賜其孫大司成彥儒
今日望拜細憶　首乎蓮堂中批宷切惝然且辛
此辰得覽一簇東凋一梅忠烈菜蹟工有
卽詩退薹興歎嶺律停久敬續以貧裥忠何歲漢南
夕雲何以聊未持賜其孫
　　　宋明紀元後三甲子望公吳達濟云孫朴戌珂細大司成　其玄孫儒
　　　敬敬書

「묵매도」, 오달제, 종이에 먹, 104.9×56.4cm, 국립중앙박물관.

「오명항 상」, 종이에 채색, 96.2×67.5cm, 18세기, 경기도박물관.

우 건립을 강력히 촉구한 배경도 여기에 있었다.

결국 오명신은 '입덕' '입절' '입공'의 논리로 명문의식을 제고했던 것인데, 1766년 오명구가 「수양종첩」 서문에서 표명한 '도학道學' '절효節孝' '문장文章' '훈업勳業'의 논리도 이를 확대·강조한 것에 다름 아니었다.

이른바 '3불후사우'의 건립 여부는 자세히 알 수 없다. 『조두록俎豆錄』 『열읍원 우사적列邑院宇事蹟』 등 각종 원우편람에 오윤겸·달제·명항을 합사하는 서원의 존 재는 드러나지 않는다. 따라서 성사되지 않았을 가능성이 매우 높지만 사우 건립론 이 해주 오씨 집안의 명문의식을 구체적으로 표현했다는 점에서 그 의미는 컸다.

한편 이러한 명문의식은 19세기 후반 '서파사우영건론西坡祠宇營建論'을 통해 재점 화된다. '서파사우영건론'은 대원군의 서원정비령에 따라 울진 고산서원孤山書院이 훼 철되자 그 대안으로 모색되었는데, 사우의 건립처는 묘소가 있던 공주였다.

> 사론士論이 오씨 중에서도 아무 집, 아무 집은 곧 아무 공의 후손이니 명문名門·
> 우족右族으로 일컬으며 경애하기를 다른 사람들보다 더 특별하게 한 것이 100여
> 년이 되었으니, 옛사람들이 '명문·우족은 선조의 충효·근검에서 비롯된다'고 한
> 것이 과연 헛된 말이 아니다.(『고문서집성古文書集成』36 '용인龍仁 해주오씨편海州吳氏
> 篇', 1998, 333쪽, 「통문」 7)

이에 추탄 종손 오상묵吳商黙을 비롯한 경향의 여러 자손이 적극적으로 호응해 물력을 지원함으로써 순조로이 진행돼 마침내 완수할 수 있었다.

이처럼 추탄가는 18세기 이후 종회를 통해 종원의 내부 결속을 다지는 한편 대 외적으로는 선대의 사우 건립으로 명문의식을 고취해나갔는데, 이는 영조 이후 정 치사회적 환경이 결코 순탄치 않았던 소론 가문이 자신들의 존재 기반을 다져나간 과정으로 해석할 수 있다.

학통과 정파와 혼맥을 초월한 열린 가문

"서얼을 금고하는 것은 고금 천하에 없던 법이다"

종법질서에 입각해 적서 구별을 엄격히 했던 조선 후기의 사회 통념에 비춰볼 때 추탄가의 적서관은 자못 이례적이었다. 이것은 '무실'의 학풍을 지향하며 세상을 포용의 시각으로 바라보았던 오윤겸의 경세관과 결코 무관하지 않다. 일찍이 오윤겸은 서얼의 수용에 대해 다음과 같은 입장을 제시했다.

> 서얼을 금고하는 것은 고금 천하에 없던 법이며, 실로 편벽되고 좁고 비루한 소견으로서 천지가 만물을 생성시키는 뜻을 상하게 하는 것이니 선왕先王의 크게 공평한 정사가 아닙니다. 통용하는 일이 실로 이치에 맞습니다. 세간에서 행하기를 어렵게 여기는 자는 명분이 문란해진다고 말합니다만, 적嫡·서庶의 명분은 자기 집안 내부의 일일 뿐이며, 조정에서는 단지 현명한 자를 쓰고 인재를 거둘 뿐입니다. 비록 귀현貴顯하게 된 뒤에 적서 사이에 만약 명분을 범하는 일이 있다면, 나라의 법이 진실로 엄하게 적용될 것이니 문란해지리라는 것은 염려할 바가 아닙니다.(오윤겸, 『추탄집楸灘集』 권3 「서얼통사로의庶孽通仕路議」)

즉, 오윤겸은 적서의 명분은 집안 내부의 일일 뿐이므로 조정에서는 '입현무방立賢無方'의 취지에 입각해 어진 인재를 쓰는 데에만 관심을 기울일 것을 주장했다. 이런 주장은 훗날 서얼들이 허통을 주장하는 데 금석과 같은 입언으로 삼았으며, 서얼을 소통할 것을 청한 박지원의 상소上疏에도 인용되었다.

물론 서얼의 수용을 주장한 사람이 비단 오윤겸만은 아니겠지만 그의 이 헌의는 조정의 정책 입안은 물론 가법을 정립하는 데도 크게 영향을 미쳐 추탄가는 적서 화합의 가풍을 유지해갔다.

서자녀를 포용하는 태도는 오희문에게서도 엿보이는데, 아래는 아들 오윤겸의 첩과 그 딸에 대한 감회를 적은 것이다.

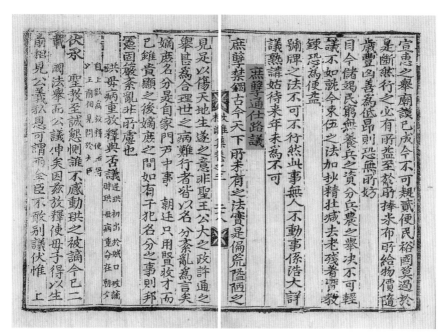

『추탄집』, 오윤겸, 28.3×19.3cm, 장서각. 『추탄집』에 실린 「서얼통사로의庶孽通仕路議」로, 서얼들에게도 벼슬 길을 열어줄 것을 요청하는 내용의 헌의獻議.

윤겸의 첩 진옥眞玉이 딸을 안고 와서 뵙는데, 그 아이를 보니 이미 걷고 말도 하는 것이 모양이 단아해 매우 사랑스럽고 귀엽다. (…) 줄 물건이 없어 겨우 필목 반 필을 주어 보냈다. 들으니 진옥은 개부改夫했다고 하나 그것이 사실인지는 자세하지 않다. 그러나 혼자 산다는 말은 하지 않았다. 처음 생각에는 그 딸만 보고자 했고 진옥은 보려고 하지 않았는데, 이제 딸을 안고 와서 울기를 그치지 않으니 그 마음의 진위는 비록 알 수 없지만 정리가 또한 불쌍하다. (…) 진옥의 딸은 지난해 4월 28일에 났고, 이름은 애임愛任이라 한다.(오희문, 『쇄미록』 기해 5월 초9일)

개부한 아들의 첩과 그 소생을 대하는 오희문의 태도에서는, 비록 탐탁지 않지만 가족애적인 동정同情이 물씬 풍겨난다. 바로 이런 의식이 적서화합을 추구했던 추탄가의 가풍으로 뿌리내렸던 것이다.

오윤겸은 슬하에 5남5녀를 두었다. 이 가운데 2남(달천·달주)2녀(정두망·구봉서의 처)는 전실 경주 이씨가 낳았고, 3남(달조·달원·달사)3녀(장후원·이경선·장석구의 처)는 부실 덕수 이씨가 낳았다. 따라서 이들 5남5녀는 이복의 형제·남매들이었고, 당시로서는 적·서의 명분에 따른 차별로부터 자유로울 수 없었다. 그러나 추탄가는 가족·형제애를 바탕으로 이 어려운 문제를 원만히 해결해나갔다.

오희문─오윤겸으로 이어지는 포용적 적서관을 확립하는 데 앞장선 사람은 오윤겸의 장자 오달천이었다. 평소 형제애가 각별해 동생과 누이들에게 경제적 지원을 아끼지 않았던 너그러운 인품을 지닌 그는 서모에 대한 예우에도 소홀함이 없었다. 어머니(경주 이씨)의 상제례를 서모(덕수 이씨)에게 일임하고 집안일을 일일이 품하여 처리한 것도 이 때문이었다. 서모에 대한 그의 각별한 마음은 서제들에게도 그대로 미쳤다.

> 병자년(1636) 정월에 아버지의 상사를 당하자 여러 아우와 함께 집을 짓고 같이 살았는데, 여러 서제·서매와도 또한 모두 한방에서 단란하게 지내 그들을 돌보고 사랑함에 차별이 없었다. (…) 서매의 남편 가운데 의지할 곳이 없어 따라온 자에게도 의식을 공급하며 돌보기를 친속과 한결같이 하여 결코 싫은 기색을 말과 얼굴에 드러내지 않으니 사람들이 어려운 일이라고 했다. (…) 심지어 서모를 섬기는 데에도 또한 정례情禮를 다했다. (…) 여러 서제의 자녀 가운데 시집가고 장가들지 못한 자는 또한 모두 데려다가 자기 자식과 다름없이 보살피고 양육했다. 선대의 전토에서 나오는 소출은 모두 서제의 집에 맡기고 그 있고 없음을 따지지 않았다.(오도일, 『서파집西坡集』권23 「선부군묘지先府君墓誌」)

오도일이 지은 오달천의 묘지에서 과장된 말들은 찾기 어렵다. 오히려 오도일은 자신이 직접 보고 들은 것에 바탕해 서모를 비롯한 서제·서매에 대한 아버지 오달천의 관후한 행적을 기술했던 것인데, 거기에는 적서화합을 강조했던 추탄가의 가풍을 특서하고 싶은 마음이 깔려 있었다.

攀號靡逮之慟尚恐言之哉尚恐言之哉竊念其者
懿德納諸幽堂俾得垂光形管永揚徽音庶可以少
洩窮天罔極之情故兹敢略述其平日事實如右以
俟夫當世立言之君子不孝子道一泣血謹狀

墓表

先府君墓表陰記

府君諱達天字伯源系出海州有諱仁裕在麗位軍
器監即鼻祖也高祖諱玉貞司瞻寺主簿贈吏曹判
書曾祖諱景閔司憲府監察贈左贊成祖諱希文繼
工監監役贈領議政考諱允謙　仁祖朝爲領相謚

西坡集　〔卷二十三〕　墓表

忠貞要慶州李氏高麗益齋齊賢之後僉正應華之
女以萬曆戊戌五月生府君于漢陽崇教坊第幼頴
異及長不肯低首博士家業肩肩爲詞章亦頗涉書
史通大義庚申丁外艱壬戌服除甲子始以蔭除四
山監役其年以　春宮冊禮差備陞副率俄遷衛率
乙丑宰果川縣戊辰陞拜刑曹佐郎數月出拜恩
津無何熟而遞兩邑民皆竪石寓去後思戊寅服除工
曹正郎以親癠不仕丙子正月遭內艱戊寅服除翌
年除儀賓府都事俄陞宗親府典籤俄拜咸興通判

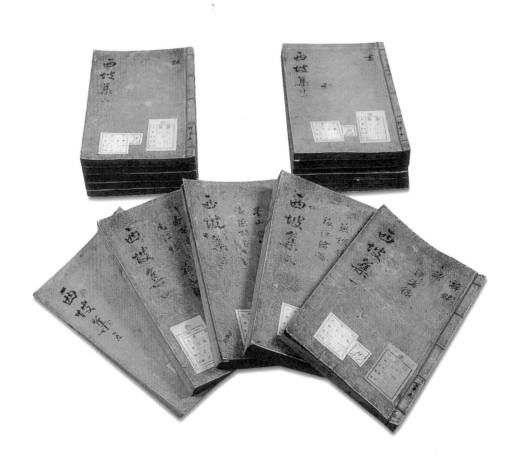

『서파집』, 오도일, 30.4×18.6cm, 장서각. 오달천의 아들 오도일이 작성한 「오달천묘표음기」다.

이러한 가풍은 앞서 이야기했듯이 1766년의 '수양종계'를 결성하는 데에도 영향을 미쳐 서자손에게도 계원으로서의 자격을 부여했던 것이다. 좌목에 수록된 206명의 계원 가운데 서자손은 44명이었으며, 계헌 어디에도 적서를 차별하는 규정은 없었다. 오히려 오언각은 1735년 오수채·명서의 과거 합격 축하연의 원운을 차운했고, 이 시는 여러 종친의 작품과 함께 시축에 실려 있다. 다만 좌목에서 계원의 명단을 적을 때는 적서를 따로 표기하지 않았다 해도 서자손의 이름은 적자손보다 한 칸 아래에 내려쓰는 방식을 취해 추탄가도 적서의 명분에서 완전히 자유로울 수 없었음을 보여준다. 그럼에도 17~18세기의 사회 통념을 고려할 때, 추탄가의 적서 관념이 매우 이례적이었음은 분명하다. 이것이 바로 여느 집안과 구분되는 추탄가의 특별한 가풍으로 해석해야 하는 이유다.

8장

'백의정승'을 배출한 소론의 명가

— 파평 윤씨 명재 가문 임선빈

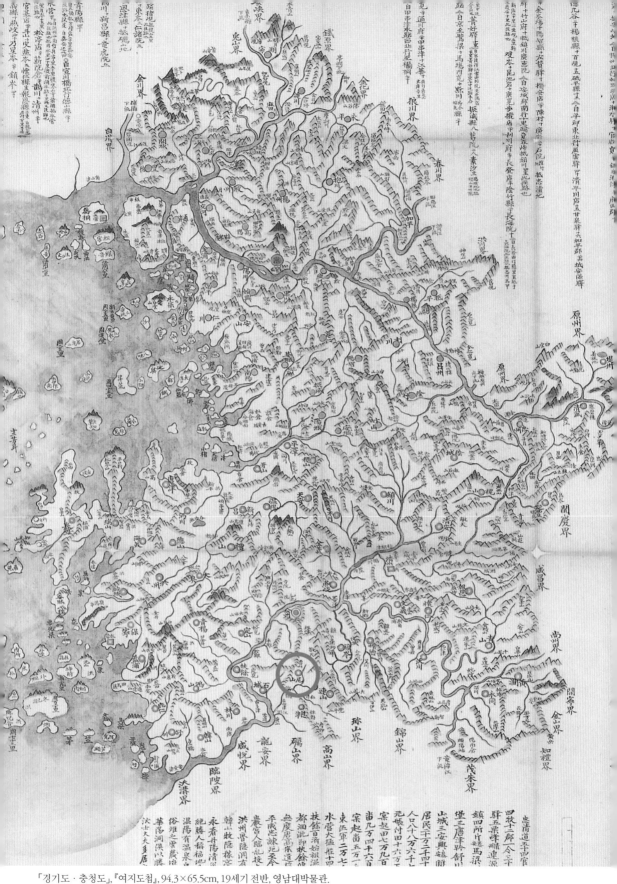

「경기도·충청도」, 『여지도첩』, 94.3×65.5cm, 19세기 전반, 영남대박물관.

충남 논산 노성의 파평 윤씨는 조선 중기 호서를 대표하는 명문가다. 일찍이 우암 송시열도 『회덕향안懷德鄕案』 서문(1672)에서 다음과 같이 말했다.

내가 생각건대 호서에는 예로부터 3대족이라 일컫는 바가 있었으니 연산의 김씨, 이산의 윤씨, 그리고 나머지 하나는 회덕의 송씨다.

이는 우암 송시열과 명재 윤증 사이의 노소분당 발단이 되는 회니시비가 있기 전에 쓰여진 글이다. 여기서 송시열은 이산(노성)의 파평 윤씨를, 연산의 광산 김씨, 회덕의 은진 송씨와 함께 호서 지방을 대표하는 사족으로 지목하고 있다. 명재 윤증 이전부터 노성의 파평 윤씨는 충청도를 대표하는 3대족의 하나였다. 그렇다면 이러한 파평 윤씨는 언제부터 충청도 노성에 정착해 번창했을까? 노성 파평 윤씨의 상징성을 띠는 명재 윤증은 어떠한 삶을 살았을까? 그리고 이들이 남긴 문화유산에는 어떠한 것들이 있을까?

호서의 3대족 파평 윤씨의 번창

파평 윤씨 노성파가 정착한 노성 지역은 조선 전기까지 이산현尼山縣에 속했다. 『세종실록지리지』에 따르면, 조선 초기 이산의 토성으로는 유兪·류柳·방方씨가 있었으며, 망성亡姓으로 문文·하河씨, 양화향良化鄕의 망성으로 지池·송宋씨, 저정소猪井所의 망성으로 조趙씨 등이 있었다. 하지만 여말 선초에 노성 지역의 주요 성씨로 보이는 이들의 활동상은 거의 알려진 바가 없다. 널리 알려졌듯이 노성현은 17세기에 당쟁이 격화되면서 서인이 노·소론으로 나뉠 때 파평 윤씨 집안을 중심으로 소론의 중심지가 되었던 지역이다. 파평 윤씨는 노성현 최고의 세거사족이었고, 조선시대 지리지와 읍지의 노성현 인물조에는 파평 윤씨 문중의 인물이 가장 많이 실려 있다.

파평 윤씨 노성파魯城派는 윤곤尹坤을 시조로 하는 소정공파昭靖公派의 후손 윤돈尹暾(1519~1577)이 정착한 뒤 세거하면서 형성된 종중이다. 경기도 파주에 살던 윤돈은 통정대부 첨정 류연柳淵의 차녀 문화 류씨와 혼인하면서 처향인 충청도 이산현 득윤면 당후촌(현 충남 논산시 광석면 득윤리)으로 이주해 노성 지역과 인연을 맺게 되었다. 그 시기는 1540~1550년 사이로 추측된다. 문화 류씨는 류연의 조부인 류채柳綵 때부터 노성 입향이 이뤄진 듯하지만, 그 사연은 아직 정확히 밝혀지지 않았다. 다만 류연은 남양 홍씨 사복 홍인준洪仁俊의 딸과 혼인했는데, 남양 홍씨가 먼저 이곳 노성에 자리잡고 류연의 선대가 내려와 류연에 이르러 홍씨가와 통혼이 이뤄졌으며, 류연의 외손으로 윤돈이 정착하게 되었다. 홍인준도 딸만 두어 외손에게로 이어지고, 류연은 1남2녀를 두었으나 아들이 일찍 죽어 외손으로 이어졌다.

윤돈의 아버지 윤선지尹先智(1501~1568)는 무과에 급제해 병사兵使와 좌부승지를 지냈으며, 그 선대에도 벼슬이 끊이지 않았다. 그러나 노성현의 두드러진 가계로 성장할 수 있었던 경제적 배경은 윤돈이 처가로부터 받은 재산과 밀접한 관련이 있을 것이다. 윤돈은 류연의 둘째 사위였다.

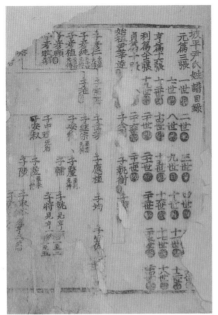
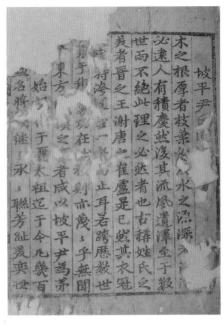

『파평 윤씨 갑술보』, 37.0×26.0cm, 1634, 파평 윤씨 확당가. 오늘날 전하는 파평 윤씨 족보 가운데 가장 오래된 것이다. 1634년 발간되었으며, 1세부터 다시 정리한 것으로 제본 과정에서 첨부된 듯한 새로운 종이가 있다. 팔송 윤황의 서문이 실려 있다.

　　윤돈이 처가에서 재산을 분급받은 분재기인 「동복화회입의同腹和會立議」에 따르면, 류연이 아들 류서봉柳瑞鳳과 두 딸(한여헌韓汝獻의 처, 윤돈의 처)에게 분재한 것이 외손봉사로 두 몫이 윤씨가로 귀속된 듯하다. 장인 류연이 사망한 뒤 삼년상을 치르고 1573년 8월 12일에 류연의 큰딸인 한여헌의 처, 둘째 사위 윤돈, 아들 류서봉의 처 이씨 등이 모여 분재했다. 분재 내용은 봉사조로 전답 8마지기와 노비 2구, 장녀 한여헌의 처인 류씨에게는 전답 207마지기와 노비 23구, 차녀의 남편(둘째 사위) 윤돈에게는 전답 174마지기와 노비 17구, 아들 류서봉의 처 이씨에게는 전답 179마지기와 노비(수효는 알 수 없음)를 나눠주었다는 것이다. 문서를 작성할 때 큰사위 한여헌이 사망해 장녀 류씨가 참석했고, 셋째 아들 류서봉도 사망한 탓에 처 이씨가 참석한 것으로 되어 있으며, 문서 작성자는 윤돈의 아들 윤창세尹

昌世(1543~1593)였다. 이때 윤창세의 외숙모가 아들 류서봉이 일찍 죽어 후사가 없자 후사를 그에게 부탁했다. 윤창세는 외숙모를 친어머니처럼 보살펴드리고 외손봉사를 다섯째 아들 희熺에게 부탁해 제사를 지내면서 봉사조奉祀條를 비롯한 모든 재산을 받은 까닭에 그 재력은 더욱더 공고해졌을 것이다. 윤돈은 59세를 일기로 1577년(선조 10)에 죽었고, 손자인 윤황이 높은 지위에 오름으로써 훗날 좌승지에 추증되었다.

윤돈의 후사로는 윤창세와 윤명세가 있었다. 윤창세는 광석면 득윤리에서 현재의 노성면 병사리 비봉산 자락으로 터전을 옮긴 인물이다. 그가 병사리에 터를 잡은 까닭은 정확히 밝혀지지 않았으나, 이곳에서 생업에 종사하면서 서모와 아들이 없는 장모까지 한집에 모셨음을 미루어보면 이곳이 처가 소유의 논과 밭이 있던 곳일 가능성이 없지 않다. 윤창세는 32세 되던 해인 1574년에 효렴재孝廉齋와 성경재誠敬齋를 세우고 자제를 가르치는 데 힘썼다. 윤창세의 지극한 효성과 이웃을 보살핀 덕으로 인해 자손과 제자들이 그를 효렴공孝廉公이라고 불렀다고 한다. 윤창세가 50세 되던 1592년에 임진왜란이 일어났는데, 그는 마침 아들들과 서울에 있다가 급히 노성으로 귀향해 거의했으나, 진중에서 걸린 전염병이 악화되어 51세를 일기로 죽었다. 뒤에 이조참판에 증직되었고, 묘소는 병사리에 있다. 윤창세의 처는 청주 경씨淸州慶氏 부제학 경혼慶渾의 둘째 딸로 친가에서 부모님의 엄한 교육을 받고 자랐다. 윤창세에게 출가해 슬하에 5남2녀를 두었는데, 자녀 교육에 남다른 성의를 보였다. 청주 경씨는 윤창세보다 31년을 더 살면서 7남매를 모두 혼인시키고, 노종 5방파의 학문이 대성하는 기반을 마련한 뒤 서울 자택에서 80세를 일기로 세상을 떠났다. 이처럼 16세기 전반에 노성으로 입향한 파평 윤씨의 가세가 급성장할 수 있었던 배경은 외가의 도움과 성공적인 자녀 교육에 있었다. 그리하여 17세기에 우암 송시열이 이른바 호서 '삼대족' 가운데 하나로 꼽았던 것이다.

윤창세 슬하의 5남은 수燧·황煌·전烇·흡熻·계烓(焞)로, 이들로 인해 노성의 파평 윤씨는 흔히 노종 5방파라 불린다. 즉 윤창세의 아들들인 설봉공파雪峰公派(수의 후손), 문정공파文正公派(황의 후손), 충헌공파忠憲公派(전의 후손), 서윤공파庶尹公派(흡의 후손), 전부공파典簿公派(계의 후손)다. 이 5형제의 슬하에서는 윤창세의 손자가 21인(1인은 출계, 1인은 무후), 증손자가 51인으로 크게 번창했다. 그리고 두 딸 가운데 장녀는 죽산 박씨 박심朴諶에게, 차녀는 우암 송시열의 백부인 송희조宋熙祚에게 출가했다.

5형제 가운데 수·황·전은 과거에 급제해 성가하고 막내 계[희]만이 아버지를 모시고 집안일을 도왔으며, 홍창세洪昌世의 따님을 아내로 맞이하여 외손봉사 일을 맡게 되었다. 장남 윤수(1562~1617)는 경서에 밝았으며, 1601년에 식년문과에 급제하고 부사府使를 지냈다. 차남 윤황(1571~1639)은 일찍이 서울로 유학해 율곡 이이와 우계 성혼에게 배우고 성혼의 사위가 되었으며, 1597년 알성문과 을과로 급제해 벼슬길에 나아가 대사간과 이조참의에 이르렀다. 정묘호란, 병자호란 때에는 주화를 반대하고 척화를 주장했다. 영동군에 유배되었다가 병으로 풀려나와 병사丙舍에서 졸했다. 셋째 아들 윤전(1575~1636)은 형 윤황과 함께 우계 문하에서 가르침을 받아 1610년 식년문과 을과에 급제했다. 윤전의 초명은 찬燦이다. 문과방목에도 윤찬으로 수록되어 있다. 자는 정숙靜叔, 호는 후촌後村이다. 병자호란 때 필선으로 빈궁嬪宮을 배종해 강화에 들어갔으나 성이 함락되자 식음을 폐하고, 송시영·이시직 등과 함께 자결하기로 결의했다. 그리하여 두 차례나 목을 매었지만 구출되었고, 이에 다시 패도佩刀로 자인自刃하려다가 미처 절명하기 전에 적병을 크게 꾸짖고 살해되었다. 이조판서에 추증되고, 강화의 충렬사, 연산의 구산서원에 제향되었다. 시호는 충헌忠憲이다. 넷째 아들 윤흡(1580~1633)은 1609년 진사에 급제하고 1633년 한성 서윤이 되었다. 다섯째 윤계(1584~1648)는 아버지를 모시고 살았으나 후손이 번창하지 못했다.

윤황의 아들 8형제는 속칭 8거擧로 불린다. 이들 가운데 윤순거尹舜擧·윤상거尹商擧·윤문거尹文擧·윤선거尹宣擧·윤민거尹民擧·윤경거尹耕擧·윤시거尹時擧 등이 사마방목에서 확인된다. 그런데 그들의 거주지가 막내인 윤시거를 제외하면 모두 '경京'으로 기록되어 있고, 윤시거만 '이산'으로 나와 있다. 아마도 윤황의 거처가 이산과 한양에 함께 있어서 그렇게 기록된 듯하다.

윤전 사우, 충남 공주시 계룡면 유평리 소재.

윤선거는 공주 이씨 이장백李長白의 딸과 혼인했는데, 윤선거와 공주 이씨 사이에서는 2남(윤증尹拯·윤추尹推)1녀(박세후朴世垕의 처)가 태어났으며, 측실에게서 3남(윤발尹撥·윤졸尹拙·윤읍尹揖)이 태어났다. 윤증(1629~1714)은 서울 정선방貞善坊 대묘동 외가에서 출생했다. 아버지와 시남市南 유계兪棨에게 배우고, 뒤에는 장인인 탄옹炭翁 권시權諰와 신독재愼獨齋 김집金集에게서 가르침을 얻었으며, 29세 때에는 김집의 권유로 송시열에게 『주자대전』을 배웠다. 송시열 문하에서 특히 예론에 정통한 학자로 이름이 났다. 평생에 걸쳐 조정에서 불러도 벼슬에 나아가지 않았다. 훗날 사상적·정치적 견해를 달리하면서 송시열과 대립했고, 이는 결국 노론과 소론이 분기하는 하나의 계기가 되었다. 윤증은 유봉 밑에 종학의 규정에 따라 학당을 설립하고 문중 자제들을 교육시켰다. 1829년 윤정규尹正圭가 유봉 종학당을 지금의 위치로 옮겨 오늘에 이르고 있다. 윤증·윤추(1632~1707, 서울생)와는 달리 측실에

『주자대전차의』, 송시열 편, 35.0×21.5cm, 18세기, 국립중앙박물관. 송시열이 『주자대전』에서 난해한 구절을 뽑아 주석을 붙인 책인데, 윤증은 송시열에게 『주자대전』을 배웠다.

『사선생 필적四先生筆跡』, 53.2×30.5cm, 1700년대 초, 파평 윤씨 확당가. 동토 선생(윤순거), 석호 선생(윤문거), 미촌 선생(윤순거), 용서 선생(윤원거)의 친필 유묵을 모은 필첩이다.

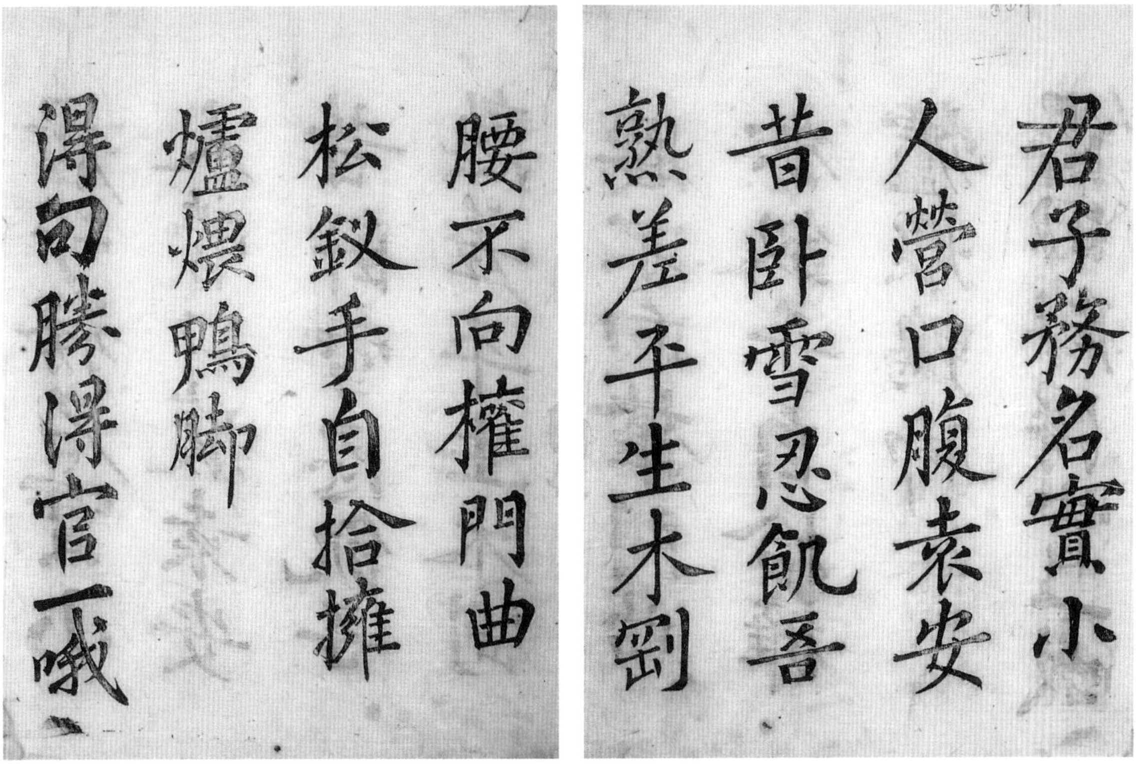

君子務名實小
人營口腹袁安
昔臥雪忍飢吾
熟羞平生木劚

腰不向權門曲
松釵手自拾擁
爐煨鴨脚
得句騰滯宦一哦

『역대명가필첩』, 윤순거 등, 39.5×32.0cm, 한국서예박물관. 윤순거의 글씨가 실려 있다.

『간독』, 윤순거, 종이에 먹, 26.0×38.0cm, 한국서예박물관.

尔来渍伏
丹白重

猶措滩十纸

毫毛茫之

磨墨图影年

蘸须之回苦心

多礼

茫毛律渍漂拆於茫茫昨日

子

之

「윤증 초상」, 장경주 필, 비단에 채색, 111.0×81.0cm, 보물 제1495호, 1744, 충남역사문화연구원.

게서 태어난 3남은 모두 진사에 입격했다. 그런데 사마방목에 기재되어 있는 이들의 거주지가 윤발·윤졸은 '경'이며, 윤읍은 '이산'으로 되어 있다.

윤증의 배위는 안동 권씨 탄옹 권시의 딸로 2남(윤행교尹行敎·윤충교尹忠敎)1녀(임진영任震英 처)를 두었다. 윤행교는 1684년에 유학으로 생원시와 진사시 양과에 입격했는데, 사마방목의 거주지가 이산으로 적혀 있다. 이는 명재 윤증이 벼슬길에 나아가지 않고 이산에 머물렀기 때문일 것이다. 윤행교는 1694년 문과에 급제했으며, 벼슬이 대사헌에까지 이르렀다. 개인적인 저술은 별로 보이지 않고, 벼슬에 전념했던 듯하다. 윤행교의 전처는 반남 박씨(박태소朴泰素의 딸)이고 후처는 은진 송씨(송기후宋基厚의 딸)다. 반남 박씨와의 사이에는 후사가 없고, 은진 송씨와의 사이에 3남(윤동원尹東源·윤동준尹東浚·윤동함尹東涵)3녀(송익보宋翼輔 처, 조한보趙漢輔 처, 오수채吳遂采 처)를 두었다. 윤동원(1685~1741)은 자가 사정士正, 호가 일암一庵이다. 이성尼城 유봉리酉峯里에서 출생했다. 1712년(숙종 38) 증조부인 윤선거의 『노서유고魯西遺稿』를 교간했고, 1731년(영조 7) 조부인 윤증의 『명재유고明齋遺稿』를 편간했다. 1722년(경종 2) 학행으로 천거되어 익위사 세마에 임명되었으며, 이어 사옹원 주부·사헌부 지평·한산군수·홍주목사·사복시 정 등을 역임했다. 저서로 『일암유고』가 있다. 윤동원은 동래 정씨와의 사이에 1남(윤광집尹光緝)2녀를 두었다.

윤광집은 2남(윤홍기尹弘基·윤정기尹定基)을 두었다. 윤홍기의 후사로는 윤영진尹永鎭이 있으며, 윤영진의 슬하에는 3남(윤자만尹滋萬·윤자천尹滋天·윤자방尹滋芳)이 있었다. 윤자만은 후사가 없어 윤상갑尹相甲이 계자로 들어왔다. 윤상갑은 윤광집의 둘째 아들인 윤정기의 증손으로 계보가 윤광집-윤정기-윤자철尹滋喆-윤상갑으로 이어진다. 윤상갑의 슬하에는 4남(윤주병尹疇炳·윤규병尹圭炳·윤도병尹衜炳·윤호병尹弧炳)이 있었다. 윤주병에게는 후사가 없어서 윤규병의 장자인 윤하중尹昰重이 계자로 들어왔으며, 이후에는 윤하중-윤석우尹錫禹-윤여종尹汝宗으로 계보가 이어진다.

노성 지역에 입향한 파평 윤씨는 윤돈으로부터 3~4대를 내려오면서 윤돈의 손

「윤증 초상」, 장경주 필, 비단에 채색, 59.0×36.2cm, 보물 제1495호, 1744년경 이모, 충남역사문화연구원.

자 다섯 명이 현달하고, 증손 21명이 벼슬길에 나아갔으며, 고손 51명 역시 이름을 널리 드러내 윤증을 정점으로 노종파가 성장하게 되었다. 조선 말기까지 시호를 받은 인물이 10명에 이르고, 문과 급제자가 40여 명에 달한다.

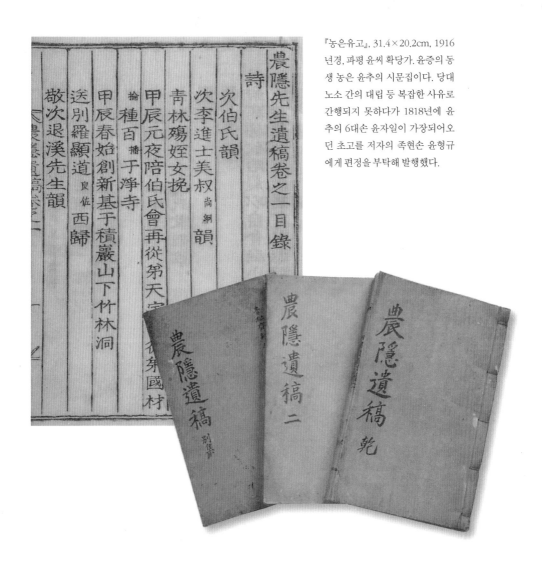

『농은유고』, 31.4×20.2cm, 1916년경, 파평 윤씨 확당가. 윤증의 동생 농은 윤추의 시문집이다. 당대 노소 간의 대립 등 복잡한 사유로 간행되지 못하다가 1818년에 윤추의 6대손 윤자일이 가장되어오던 초고를 저자의 족현손 윤형규에게 편정을 부탁해 발행했다.

[그림 1] 노성 파평 윤씨 명재 종가 계보도

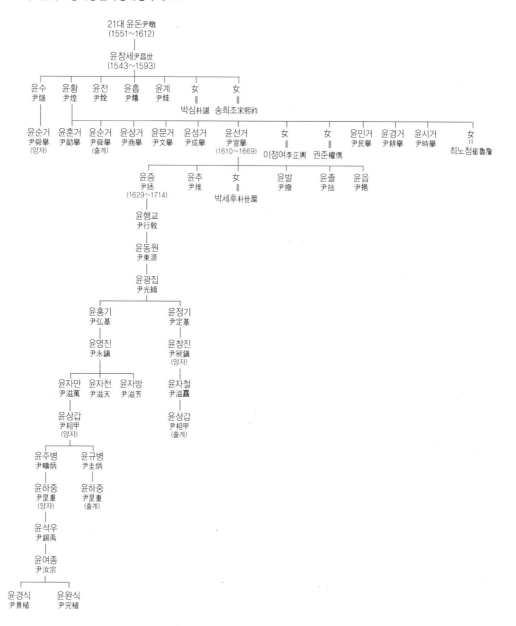

명재, 대인의 학문에 이르렀으나 노소분당의 중심이 되다

노성의 파평 윤씨 가운데 가장 널리 알려진 상징적인 인물은 명재明齋 윤증尹拯 (1629~1714)이다. 윤증의 자는 자인子仁, 호는 명재 또는 유봉酉峰(이성의 유봉 아래 살았다)이다. 아버지는 선거이며, 어머니는 공주 이씨로 장백長白의 딸이다.

윤증의 아버지 윤선거는 우계 성혼의 외손으로 가학이 성리학이었다. 1642년 (인조 20) 14세에 아버지 선거가 유계兪棨와 함께 금산錦山에 우거하면서 도의道義를 강론했는데, 그때 공부하면서 성리학에 마음을 쏟을 것을 다짐했다.

19세에 권시의 딸과 혼인하고, 권시를 사사하기도 했다. 그 뒤 주자에 관한 책 을 김집에게 배웠는데, 김집은 송시열이 주자학에 정통하므로 그에게 배울 것을 권 했다. 29세 되던 해에 당시 회천懷川에 살고 있던 송시열에게 가서 사사하여 『주자대 전』을 배웠다. 윤증은 부친처럼 관직에 뜻을 두지 않고 성리학에 온 마음을 기울였 으며, 특히 예학에 밝았다.

17세기 호서 사림의 대표로서 호서뿐만 아니라 중앙 정치에도 커다란 영향을 끼쳤던 윤증은 효종 말년 학업과 행실이 뛰어나 조정에 천거되었고, 1663년(현종 4) 35세에 공경公卿과 삼사三司가 함께 그를 천거했으며, 이듬해 내시교관에 제수되고, 공조랑·사헌부 지평에 계속해서 제수되었다. 그러나 이 모두를 사양하고 산촌에 묻 혀 학문을 쌓아 '백의정승'이라 불리기도 했다. 1680년(숙종 6) 숙종이 집의·사업을 제수하고 불렀지만 나아가지 않았고, 그 뒤 1682년(숙종 8) 호조참의, 1684년 대사 헌, 1695년 우참찬 등에 제수되었으나 모두 사퇴하고 한 번도 나아가지 않아 숙종 이 매우 애석하게 여겼다.

41세 되던 해(1669)에 아버지가 죽었는데, 거상居喪을 주자의 『가례』에 의거 해 극진히 했다. 그즈음 그의 이름을 듣고 공부를 청하는 이가 많았기에 그는 주자 가 어머니 묘소 곁에 한천정사를 세우고 학자들과 담론하기도 하며, 여동래와 함께 『근사록』을 편찬한 한천고사를 모방해 거상 중에 강학하기도 했다. 거상이 끝나자

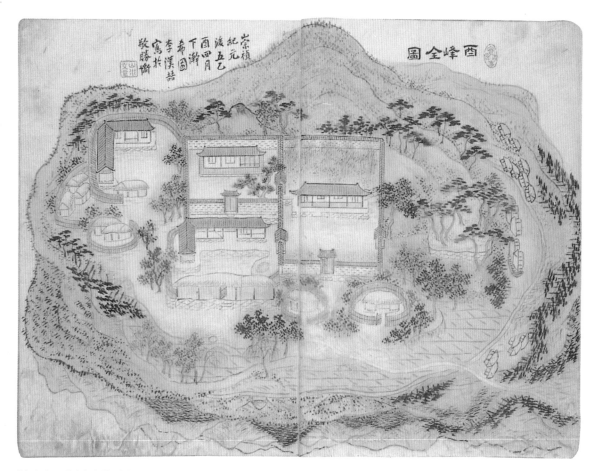

「유봉전도」, 『영당기적』, 이한철, 종이에 채색, 36.3×26.3cm, 보물 제1495호, 19세기, 충남역사문화연구원.

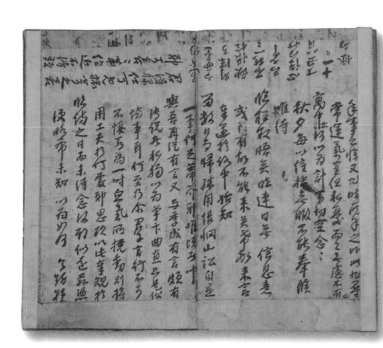

『노서 명재 간독』, 32.0×19.2cm, 1679년 이후 장정, 파평 윤씨 확당가, 윤선거와 윤증 부자의 간찰을 묶은 필첩이다.

윤증 간찰, 30.5×174.0cm, 1684, 파평 윤씨 확당가. 윤증과 송시열 사이에 오간 두 개의 편지글로 '부우옹서附
尤翁書'와 '우옹답서尤翁答書'가 하나로 붙어 있다.

아버지와 큰아버지를 추모해 종약宗約을 만들고 모임을 결성해 학사學事를 부과하기
도 했다.

한편 이 시기에 스승인 우암 송시열과 회니시비懷尼是非가 시작되었다(당시 송시
열은 회덕에 살았고, 윤증은 이산에 살았다). 회니시비는 윤선거의 아들인 윤증이 부
친의 묘갈명을 송시열에게 부탁한 데서 비롯되었다. 윤선거는 병자호란 때 가족을
이끌고 강화도로 피란갔는데, 강화가 함락될 때 윤선거의 부인 공산 이씨가 자결했
고, 윤선거와 함께 의병으로 성을 지키던 권순장·김익겸도 순절했으나, 윤선거는
평민의 복장을 하고 진원군珍原君의 마부로 변장해 강화도를 탈출했으며, 남한산성
에서 병든 몸을 이끌고 척화를 외치던 부친 윤황을 만나기 위해 그곳으로 갔다. 이
후 윤선거는 자신을 폐인으로 자처하며 일체의 벼슬을 물리치고 향촌에 은둔하면
서 학업에만 전념하다가 60세에 타계했다.

송시열은 윤선거가 타계했을 때, 그에 대한 제문에서 '커다란 난리를 겪었는데
완벽하게 처신하지는 못했지만, 늙은 부모가 계시므로 자기 마음대로 할 수는 없었
다'고 했고, 이후 벼슬길에 나아가지 않은 것에 대해서도 조행이 깨끗하여 티가 없다

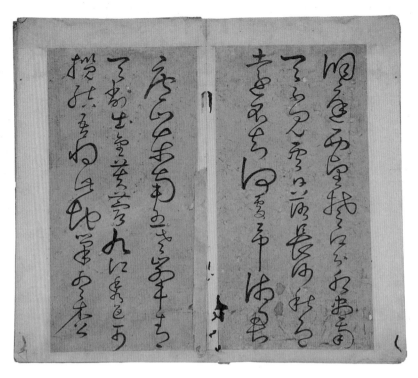

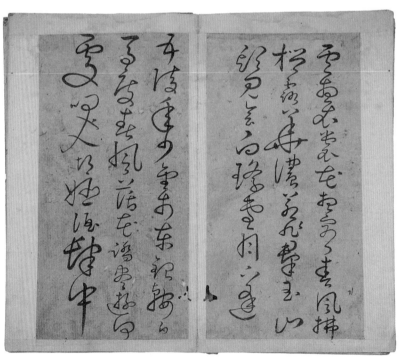

「이백李白 배족숙형부시랑엽급중서가사인유동정陪族叔刑部侍郎曄及中書賈舍人 遊洞庭 5수」 외, 『필원고법』, 윤증, 종이에 먹, 41.5×21.4cm, 개인. 윤증이 이백의 오언율시 7수를 초서로 쓴 글씨다.

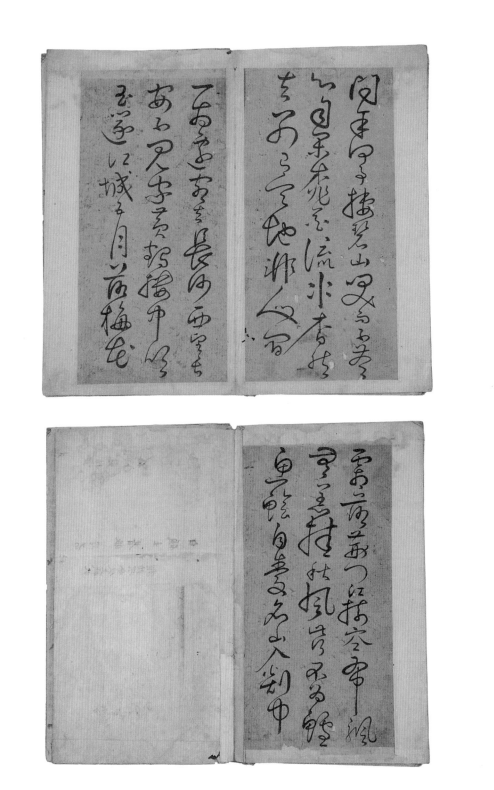

며 칭찬했다.

윤증은 윤선거가 죽은 지 4년이 지난 1673년에 박세채가 써준 행장을 가지고 송시열에게 묘갈명을 부탁했다. 묘갈명은 죽은 이에 대한 칭송이 전제되는 것이다. 그러나 이듬해 윤증이 받은 묘갈명은 송시열이 자신의 말로 윤선거를 칭송한 것이 아니라, 박세채가 이러이러하게 윤선거를 칭송했는데, 나는 박세채를 믿으니 그의 말을 '술이부작述而不作'한다고 되어 있었다. 송시열은 처음부터 묘갈명을 작성할 의사가 없었던 것이다.

윤증이 보내온 윤선거 관련 자료를 검토한 송시열은 그가 윤휴를 비롯한 남인들을 비호한 것을 보고, 그에 대한 불만을 묘갈명에 우회하여 표현한 것이다. 윤증은 이것이 후세에 송시열 자신에게도 불리한 일이 될 것이라면서, 쟁점에 대한 송시열의 입장을 직접적으로 분명하게 표현할 것을 청했지만, 송시열은 윤휴에 대한 이들 부자의 모호한 태도를 집요하게 물고 늘어지면서 그의 부탁을 사실상 거부했다.

윤증은 송시열이 자신의 스승이었고 그런 까닭에 묘비명 사건 이후에도 사제간의 예를 다하려 했지만, 인내는 한계에 다다르고 말았다. 송시열에 대한 서운한 마음은 사제 간의 의리를 갈라놓을 정도로 바뀌었다. 윤증은 이이가 입산入山의 잘못이 있긴 하나 자기 아버지는 처음부터 죽어야 할 의리가 없었고 살아남은 것은 천명이라고 반박했다. 이로부터 사제 간의 의리가 끊기고, 윤증은 송시열의 인격 자체를 의심해 비난하기 시작한 것이다.

송시열과 윤증의 갈등이 돌이킬 수 없는 길로 들어선 것은 「신유의서辛酉擬書」가 1682년경에 세상에 드러나면서부터다. 「신유의서」는 윤증이 당시 사류들의 원성을 사고 있던 송시열의 처신에 대해 비판조의 논설을 편 편지글이다. 그 글에서 윤증은 송시열이 윤휴와 남인을 지나치게 몰아붙여 정치적 실효는 거두지 못한 채 당쟁만 격화시켰다고 했다. 또 그가 평생을 바쳐 주창한 대의도 실효가 없다고 했고, 심지어 송시열의 편벽된 기질까지 논박했다. 편지를 본 송시열은 "윤증이 나를 죽이려 한다"며 대로했다.

「신유의서」로 더욱더 격화된 송시열과 윤증의 시비는 1684년(숙종 10)에 접어

「우암 영정」, 한시각, 174.0×79.0cm, 1683, 우암선생 사손가.

들면서 마침내 조정의 논란거리로 떠올랐다. 송시열의 문인 최신崔愼이 회니시비의 전말을 들어 윤선거 부자를 비난하고 나선 것이다. 한편으로는 송시열을 비판하는 상소 또한 잇따랐다. 몇 해가 지나도록 서로의 공방전은 그칠 줄 몰랐다.

이처럼 사제 간의 의리가 멀리는 윤선거가 윤휴를 두둔한 데서부터, 또 가까이는 윤선거의 묘갈문 문제가 불거지면서부터 점차 어긋났다. 송시열과 윤증 집안의 갈등을 개인적인 문제로 치부할 수도 있겠으나, 이 문제는 임술년 고변 사건 이후 송시열의 처신에 실망한 무리가 생겨난 뒤부터는 암암리에 노소 분당의 촉매제 구실을 했다. 선비들 사이에 논의가 비등하게 일어나 서인이 노·소로 갈렸는데, 송시열을 지지하는 자들이 노론이 되고 윤증을 지지하는 자들이 소론이 되어 사태는 걷잡을 수 없이 확대되었다.

한편 숙종은 1700년(숙종 26) 윤증에게 우의정을 제수하고 사관을 보내 임명장을 전했으나, 윤증은 열네 차례의 상소를 올린 끝에 사양했다. 1710년(숙종 36)에는 윤증이 병이 들자 숙종은 다시 어의를 보내 치료하도록 했지만 이마저 물리쳤으며, 1714년 병이 위독해지자 모든 제자와 자손들에게 엄히 당부하기를 "내가 죽은 뒤에는 선비의 예절로써 장사지내며 영정에는 관직명을 쓰지 말고 작은 선비라고만 쓰라"고 했다. 윤증이 세상을 떠나자 숙종은 시를 지어 애도했다.

유림에서 그의 도덕을 칭송했으며	儒林尊道德
나 역시 그대를 흠모했소	小子亦嘗欽
평생에 얼굴 한번 대한 일 없기에	平生不識面
아쉬운 마음 더욱 간절하구려	沒日恨彌深

조선시대에 군왕의 얼굴을 보지 않고 삼공의 지위에 오른 사람은 오직 명재 윤증뿐이었다고 세간에 알려졌다.

그런데 윤증이 죽고 1년이 지나 유계가 저술한 『가례원류家禮源流』의 발문을 정호가 쓰면서 윤증을 비난해 다시 노론·소론 간의 당쟁이 치열해졌다. 『가례원류』

윤증 묘소.

는 당초 윤증의 아버지 윤선거와 유계가 공동으로 편찬 작업에 들어갔다. 그런데 얼마 후 유계가 조정의 부름을 받고 무안군수로 나가게 되었다. 집필할 시간이 절대적으로 부족하자 유계는 그 초본을 윤증에게 부탁했다. 그러던 어느 날 유계의 손자이자 윤증의 문인인 유상기兪相基가 『가례원류』를 간행하고자 윤증을 찾아가 원고를 넘겨달라고 요청했다. 그는 윤선거가 편집에 도움을 준 것은 인정하나 편찬자라고는 볼 수 없다고 했다. 한편 윤증은 공동 집필을 주장했다.

저작권 분쟁을 둘러싸고 진행된 서로의 치열한 공방전 속에 『가례원류』의 초본 원고는 유상기의 강청에 못 이겨 넘겨지고 말았다. 유상기는 권상하의 서문과 정호

『명재선생수적』, 40.2×24.7cm, 1700년대 초, 파평 윤씨 확당가.

의 발문을 받아 이를 완료했다. 권상하는 서문에서 윤증이 스승을 배반했다며 극도로 배척했고, 정호도 윤증을 헐뜯었다. 윤상기는 책을 간행한 뒤 이를 숙종에게 올렸다. 그런데 책을 열람한 숙종은 오히려 정호의 파직을 명하고 그의 발문을 쓰지 못하게 했다.

그러던 중 숙종은 1716년에 이른바 '병신 처분'을 내려 소론에 대한 지지를 전면 부정했다. 병신 처분은 송시열과 윤증의 시비를 밝히는 데 그치지 않았다. 윤증에 대한 폄하가 소론의 정치적인 위상과 직결되어 있는 만큼 대대적인 인사 교체가 뒤따랐다. 얼마 뒤에는 좌의정 김창집의 청으로 윤선거 문집 판본을 헐어 없애게 했다. 윤선거 부자에게 선정先正이라는 칭호도 쓰지 못하게 했다. 뿐만 아니라 유현으로 부르지 못하게 하고 관작마저 추탈했다. 오랜 기간을 끈 회니시비는 숙종의 예기치 못한 결단으로 노론에게 승리를 안겨주었다. 병신년(1716) 숙종의 처분은 일진 일퇴를 거듭하던 노론과 소론의 세력 균형에 종지부를 찍고, 노론 전제정치를 여는 하나의 신호탄이었다.

이후 윤증의 관작은 1722년(경종 2)에 소론파 유생 김수구金壽龜·황욱黃昱 등의 상소에 의해 복작되었다. 그 뒤 문성文成이라는 시호가 내려지고 지방 유림들의 합의로 홍주의 용계서원龍溪書院, 노성의 노강서원魯江書院, 영광의 용암서원龍巖書院 등에 향사되었다.

윤증에 대한 노소 간의 서로 다른 평판은 숙종이 승하한 뒤 편찬된 『숙종실록』의 윤증 졸기에도 그대로 반영되었다. 『숙종실록』의 편찬은 숙종이 승하한 지 반년 뒤인 1720년(경종 즉위) 11월부터 편찬에 착수해 1728년(영조 4) 3월에 완성했으니, 실록 편찬에 9년이란 긴 세월이 걸렸다. 이것은 숙종의 재위 연수가 46년이나 되어 기사 분량이 많을 뿐만 아니라, 편찬 도중에 노론 소론의 정쟁으로 정국이 자주 바뀌어 편찬 책임자가 몇 차례 변경되었기 때문이다. 1725년 2월부터는 노론의 신료들이 실록청의 총재관 도청당상이 되어 1727년(영조 3) 9월에 편찬된 실록의 인쇄를 마쳤는데, 이 무렵 이른바 정미환국이 발생해 노론의 정호, 민진원 등 100여 명이 파면되고 소론의 이광좌, 조태억 등이 다시 정권을 잡았다. 소론이 정권을 잡은 뒤

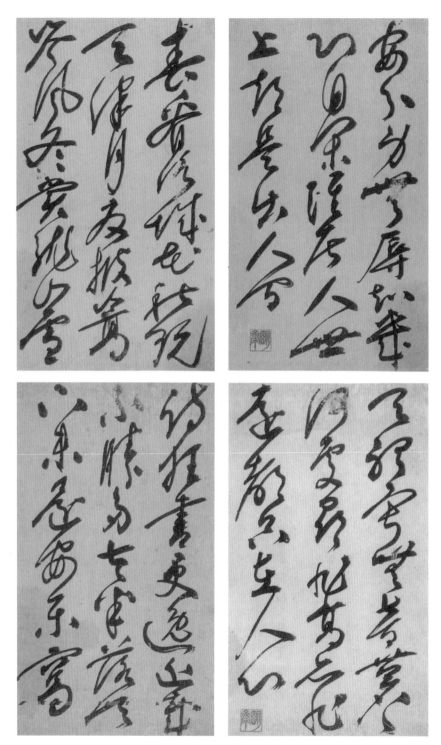

「명재소병풍서明齋小屛風書」, 53.4×31.4cm, 1700년대 초, 파평 윤씨 확당가. 명재 윤증이 쓴 글로 8폭이다.
소옹邵雍의 시를 필사한 것이다.

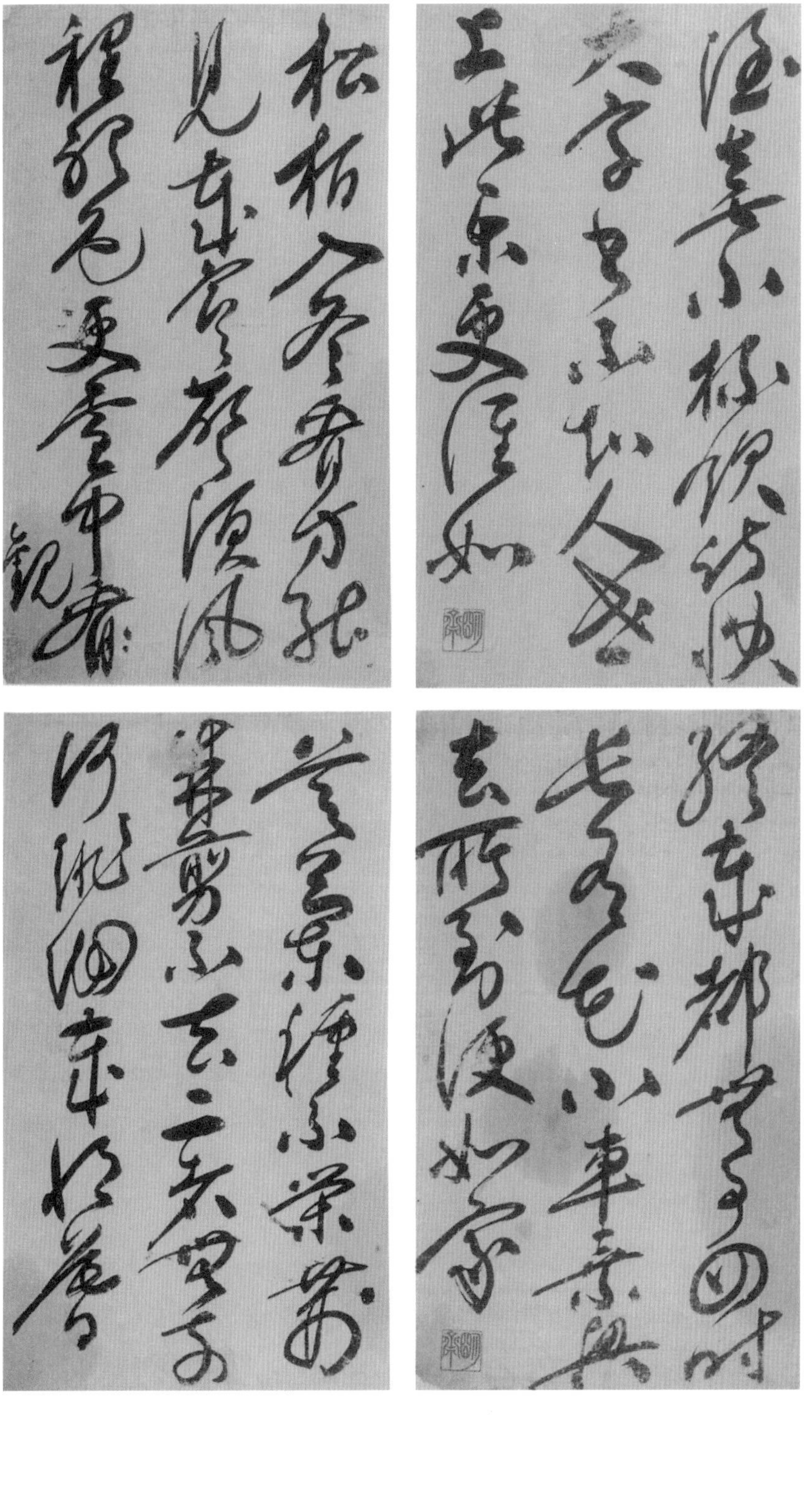

漁蓑棕顶訪侠，
六字圭山人发
玉册桑史淫如

松栢今不奇方乱
見東雲庵源涌
程家兒更奉中肴
凱

独东都甲子回时
七子包小車桑兴
玄府扮涯如客

艸堂烟水荣華
華夢不玄二天空寄
河湘四京松屋

노론이 편찬한 『숙종실록』은 노론에게 불리하면 당연히 기재해야 할 기사도 빼거나 고의로 왜곡한 것이 있다고 하여 실록을 개수하려고 했으나, 이 작업이 쉬 이뤄질 만한 것이 아니기에 각 권말에 빠진 기사를 보입하고 왜곡된 부분을 바로잡는다는 이른바 '보궐정오'를 붙이기로 하고 별도로 실록보궐청을 설치해 『숙종실록보궐정오』를 편찬해 인쇄에 들어갔다.

이러한 과정에서 명재 윤증의 졸기는 『숙종실록』에 두 번이나 서로 다르게 실리게 되었다. 먼저 1727년 9월에 인쇄 완료된 『숙종실록』에 실린 윤증의 졸기는 다음과 같다.

> 행 판중추부사 윤증이 졸하니, 나이 86세였다. 임금이 하교하여 애도함이 지극했고, 뒤에 문성文成이란 시호를 내렸다. 윤증은 이미 송시열을 배반해 사림에서 죄를 얻었고, 또 유계가 편수한 예서를 몰래 그 아버지가 저작한 것으로 돌려놓았다가 수년 전에 그 사실이 비로소 드러나니, 유계의 손자 유상기가 이를 노여워하여 편지를 보내 절교했다. 윤증은 젊어서 일찍이 유계를 스승으로 섬겼는데, 이에 이르러 사람들이 말하기를 '윤증이 전후로 두 어진 스승을 배반했으니, 그 죄는 더욱 용서하기 어렵다'고 했다.(『숙종실록』 권55, 1714년 1월 30일)

그런데 또 다른 명재 윤증의 졸기가 1728년 3월에 편찬 완료된 『숙종실록보궐정오』에 다음과 같이 실려 있다.

> 판중추부사 윤증이 졸하니, 수壽는 86세였다. 부음을 알리자 임금이 하교하기를 "윤판부사는 산림에서 덕을 길러 일찍이 중망重望이 있었으니, 과인이 존숭하여 신임함과 사림이 존경하고 본받음이 그 어떠했겠는가? 정승에 오름에 미쳐 돈소敦召함이 더욱 간절했지만, 다만 정성이 부족하여 멀리 떠나려는 마음을 돌리지 못했으니, 결연한 생각이 조금도 풀리지 않았다. 그런데 한 질병이 고질이 되어 갑자기 흉음凶音이 이를 줄이야 어찌 생각이나 했겠는가" 하고, 인하여 전례에 따라 예장

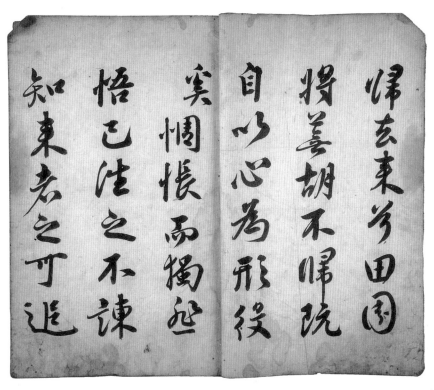

「도잠 귀거래사」, 윤증, 종이에 먹, 43.8×29.0cm, 한국서예박물관. 윤증이 도잠의 「귀거래사」를 쓴 것이다.

禮葬을 내리도록 명했다. 윤증의 자는 자인子仁이고 파평인으로 문정공 윤황의 손자이며, 문경공 윤선거의 아들이다. 천부의 자질이 화수和粹하고 깊고 중후했으며, 어려서부터 가정의 학문을 이어받아 한 번도 외부의 유혹에 빠지는 일이 없었다. 『소학』으로부터 대인大人의 학문에 이르기까지 순서를 따라 올라갔으며, 오로지 내면 수양에 힘써 깊은 연못에 임하고 살얼음을 밟듯 삼가고 조심하며 팔십 평생을 하루같이 지내왔다. 그 덕성을 충만하게 길러 화순和順한 모습이 외면에 나타남에 미쳐서는 보는 자들이 심취되어 비록 평일에 미워하고 질투하던 이들도 스스로 모르는 사이에 마음을 돌려 존경하고 복종했다. 대개 용모와 자태가 청수하고 위연偉然했으며 기상이 높고도 깊어서 그 앉은 모습은 마치 소상塑像과 같았는데,

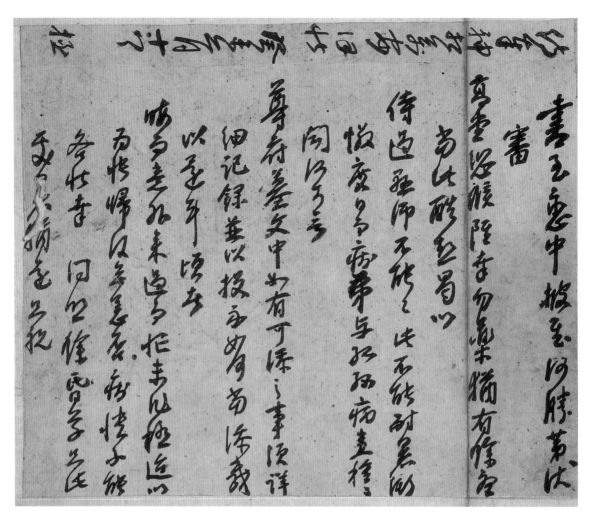

서간, 『고간첩』, 윤증, 종이에 먹, 22.8×27.9cm, 1703, 경남대박물관. 윤증은 비문을 많이 썼는데, 여기서도 "존부尊府의 비문 가운데 첨가할 사항이 있으면 반드시 상세히 기록하여 보내주십시오. 써넣어 돌려드리겠습니다"라고 하여 비문에 관해 언급하고 있다.

접촉하면 봄볕과 같았으니, 그 하늘에서 품부한 바가 이미 빼어났고, 성경誠敬으로 함양한 탓에 용모에 나타나는 바가 자연 그러했던 것이다. 그 진실한 심지와 독실한 공부는 이 문순공 이후 오직 한 사람뿐이었으며, 문장은 온후하고 간측懇惻하여 중화中和의 명성이 있었으니, 후세에 덕을 아는 자는 이에서 고징考徵할 바가 있을 것이다. 그러나 중간에 어버이와 스승의 망극한 변고를 만나 처신함이 간혹 절도에 어긋남이 있었으므로, 군자가 이를 애석하게 여기고 그 뜻을 슬퍼했다고 한다. 세상에서 명재 선생이라 일컬었다. 그 아우 윤추는 돈후하고 청엄淸嚴해 집에 있어서는 순독純篤한 조행操行이 있었고 고을을 다스리매 특이한 치적이 있었으며, 만년에 장령으로 징소徵召를 받았으나 나아가지 않았다.(『숙종실록보궐정오』 권55, 1714년 1월 30일)

이처럼 『숙종실록』에는 같은 인물에 대해 전혀 다른 졸기가 수록되어 있다. 뒤의 것은 앞의 것에 비해 생애를 자세히 적었고 평가도 달리했다. 앞의 것은 노론 입장에서 작성된 것이고, 뒤의 것은 소론 입장에서 쓰인 것이다. 이런 결과가 야기된 것은 윤증이 노소 분당의 중심에 놓여 있던 인물이기 때문이다.

노성 파평 윤씨의 문화유산

● 명재 종택

충남 논산시 노성면 교촌리에 위치한 '논산 명재 고택'(문화재 지정 명칭)은 명재 윤증의 종손이 300여 년 동안 살아온 '명재 종택'으로, 파평 윤씨 노종파의 상징적인 문화유산이다. 명재 종택은 중요민속자료 제190호로 지정되어 있으며, 지정 당시 명칭은 '윤증선생고택尹拯先生故宅'(1984. 12. 24)이었으나, 숙종 때의 이름난 유학자 윤증이 지었다고 전하는 가옥인 점을 반영해 그의 호를 따라 '논산 명재 고택'으

논산 명재 종택.

로 변경되었다(2007. 1. 29). 그러나 후손들은 이 건물이 명재 윤증의 장자인 윤행교尹行教(1661~1725)가 명재 선생 말년에 지은 건물로, 명재는 이 건물에서 거주하지 않았다고 한다. 윤증은 강학과 면학을 위해 바로 이웃에 위치한 그의 개인 사숙인 오봉정사에 상주한 듯하다. 윤증은 병자호란 직후 유봉과 병사리에 잠시 거주하다 병사리와 금산 등지를 오가며 머물렀던 것으로 알려져 있다. 윤행교가 집을 지을 당시 근검을 미덕으로 삼았던 윤증은 건축 자체를 반대했다고 전해진다. 그렇다면 '윤증고택'이 아닌 '명재 종택'이 적절한 명칭일 것이다.

명재 종택의 가옥은 목조 단층 건물로 조선 중기 상류층 주택의 전형적인 형태를 띠며, 노성산을 배경으로 왼쪽에 인접한 노성향교와 나란히 남향으로 배치되어 있다. 고택으로 들어서면 전면 왼쪽에 연못이 있고 오른쪽에 향나무가 주변에 심어져 있는 우물이 대지보다 약간 낮게 자리잡고 있다. 집 앞에는 비교적 넓은 바깥마당이 펼쳐져 있고 그 앞에 인공으로 방형지의 연못을 파고 조그마한 석가산을 조성한 정원이 꾸며져 있다. 정원에서 4단 석계의 축대를 오르면 오른쪽에 사랑채가 있고 그 뒤로 연접해 사랑채 후면에서 1칸 물려 왼쪽으로 一자형의 중문칸채가 자리잡고 있다. ㄇ자형의 안채는 북쪽으로 중문칸채와 1칸 떨어져 있어 ㅁ자형을 이루고 있다. 바깥쪽에 광채가 있으며 기와를 얹은 맞담이 중문칸채 좌우로 뻗어서 이 광채를 포함한 안채의 양측을 둘러 쌓고 배후는 야산이 막고 있다. 따라서 전체적인 배치는 ㅁ자의 안채에 독립된 사랑채가 결합된 형태라 할 수 있다.

300여 년 전에 지어진 한옥으로 몇 차례 보수를 했으나 원형이 잘 보존되어 고건축을 공부하는 학자들뿐 아니라 여행자의 발길도 끊이지 않는다. 안채 뒤편으로는 담장이 둘러져 있지만 사랑채 앞에는 담장이나 대문 없이 바깥마당과 마을길이 바로 연결되어 있다. 이처럼 마을 사람들과 어울려 사는 생활 방식으로 인해 동학농민혁명 때나 한국전쟁 때도 마을 사람들의 보호 속에 별다른 피해 없이 잘 지낼 수 있었다고 한다.

이 집안의 간결한 제사는 소문이 자자한데 제수로 과일은 대추, 밤, 감 외에는 올리지 않는다. 조기는 단 한 토막을 목기에 받쳐놓는다. 아마도 조기 한 토막은 유

「윤증 초상」, 장경주 필, 비단에 채색, 59.0×36.2cm, 보물 제1495호, 1744년경 이모, 충남역사문화연구원.

明齋先生遺像

崇禎紀元後三戊申二月上澣

「윤증 초상」(신법), 이명기 필, 비단에 채색, 106.2×82.0cm, 1788년경 이모, 충남역사문화연구원.

『영당기적』, 19세기, 충남역사문화연구원.

레가 없을 것이다. 여기에 삼색 나물과 탕, 적이 추가 되지만 탕과 적도 최소량으로
간결하다. 이러한 유래는 명재 윤증이 남긴 '제사는 엄정히 하되 간결히 하라'는 유
지에 따른 것이라 한다. 또 이 집안의 '교동댁 전독 간장'이 유명한데 간장, 된장 담
그는 방법이 특이하고 맛이 독특하다. 사랑채 앞에 연못이 있고 석가산이 조성되어
있으며 수백 년 된 배롱나무와 산수유 등이 어우러진 정원도 운치 있다.

　윤증 집안의 유품은 상투관, 빗, 빗치개, 살쩍밀이, 신, 백목화, 합죽선, 월자,
첩지, 비녀, 인장, 혼천의, 해시계 등의 생활자료와 『영당기적』, 「윤증초상」 등의 회
화류, 겨울철 여성의 방한모인 아얌 등 복식류가 있으며 고택과 유봉영당 등에 보관
되어 있다. 복식류를 비롯한 각종 생활자료는 윤증과 그의 후손들이 사용하던 것
으로 당시 양반가의 생활상을 보여주는 자료다. 이 가운데 혼천의와 해시계는 우리
나라 초기 천문과학 형성 과정과 당시 유학자들의 우주관을 보여준다. 이밖에 「명
재선생유상」 등을 비롯한 영정 및 관련 자료들은 『영당기적』에 상세히 기록되어 있

윤증 가의 유품들.

어 제작 시기나 제작에 참여한 여러 화가를 확인할 수 있다. 이 유품은 1970년 중요 민속자료 제22호로 지정되었으며, 2004년 9월 25일 관계 전문가의 추가지정 조사 실시 결과 복식류(아얌 1점), 인장·벼루 등 생활자료(32점), 회화류(14점)가 추가 지정되었다.

명재 종택의 고문서와 전적들은 윤선거 이후 400여 년 동안 형성된 자료들이다. 근래 일부 자료는 종택에서 유출되기도 했으나, 다행히 최근 1만 점이 넘는 종택의 전래 자료가 충청남도역사문화연구원에 영구 기탁되어 전문가의 손길을 기다리고 있다.

● 노강서원

논산시 광석면 오강리에 위치한 노강서원은 1675년(숙종 1)에 세워졌으며 1682년(숙종 8)에 사액되었다. 제향 인물은 윤황을 주향으로 하고 윤문거·윤선거·윤증 3인을 추향했다. 창건 당시는 윤황과 윤선거 부자만 봉안했는데 1682년 사액과 더불어 선거의 형 문거를 차향次享에 봉안했다. 그 뒤 1717년(숙종 43) 정쟁으로 인해 윤선거·윤증 부자의 관직이 삭탈되면서 사액 현판까지 철거되었다가 1722년 (경종 2) 두 사람의 관직 회복과 더불어 현판이 복액되었고 1723년(경종 3) 윤증을 추향했으며, 1781년(정조 5) 중수했다. 대원군의 서원 훼철령에도 철폐되지 않고 비교적 잘 보존된 서원이다.

윤황은 노성을 가향으로 삼아 살아온 파평 윤씨의 일족이며 추향 3인은 그의 자손들이다. 학맥으로 보면 윤황은 성혼의 문인이고 윤선거는 김장생의 문인이자 충청오현五賢에 드는 서인의 거두이며 윤증은 소론의 영수다.

이 서원의 성향은 기호계이며 제향인들의 면면으로 볼 때 파평 윤씨의 대표적 문중 서원이라 할 수 있지만, 그럼에도 불구하고 서원의 건립부터 운영에 이르는 과정을 보면 노강서원은 기호 지방에 막강한 영향력을 행사했다. 처음 서원의 건립을 발의했던 인물은 김수항을 비롯해 광성부원군 김만기, 영상 여성제, 좌상 조사석, 우상 신익상, 민유중 등으로 당대의 명상·명현들이다. 특히 노강서원의 영건문營建

노강서원의 모습과 서원에서 오늘날 지내는 추향제의 모습.

文을 지은이는 김수항이다. 그는 김상헌의 손자이자 송시열과 함께 활약한 서인의 중진이며 훗날 노론에 가담해 윤증 등을 공격하기도 했다. 그러나 노강서원 건립 당시는 노·소론의 갈등이 첨예화되기 전이므로 김수항이 영건문을 썼다. 이로써 볼 때 이 서원은 파평 윤씨의 문중 서원이면서 동시에 기호계의 서원으로 인정받았음을 알 수 있다. 숙종조에 들어 조정 대신들 간에 윤선거 문집의 판본 훼철이 크게 논의된 적이 있는데, 그때 훼철 반대론자들은 윤선거 문집의 부록에 김수항의「노강서원영건문魯岡書院營建文」이 실려 있음을 들어 상신의 찬이 실려 있는 문집을 어찌 훼철할 수 있느냐며 훼판 금지를 요청했다. 노론 대신 김수항의 글이 소론의 거유 윤선거의 문집을 보호했던 셈이다. 이 무렵은 노소 간의 대립이 격화되었던 시기인데 노강서원과 김수항의 인연이 소론 측의 보호벽이 되고 있다.

노강서원은 외삼문, 강당, 동재, 서재, 사우로 구성되어 있다. 이 가운데 사우는 정·측면 각 3칸에 겹처마 맞배지붕이고, 강당은 정면 5칸, 측면 3칸에 겹처마 맞배지붕, 동재와 서재는 정면 4칸, 측면 1칸의 홑처마 맞배지붕 건물이다. 특징적인 것은 강당이 크고 화려하다는 점인데, 그것은 사당의 구조를 그대로 따라 만들었기 때문이다. 양 측면에 설치되어 있는 내림처마가 여느 전통 가옥에서는 보기 드문 독특한 장치로 고건축을 연구하는 학자들의 관심을 끈다. 노강서원은 충청남도 유형문화재 제30호다.

● 종학당, 정수루

노성면 병사리에는 노성의 파평 윤씨 문중에서 수백 년 동안 운영해오던 서당인 종학당宗學堂이 있다. 이는 파평 윤씨 종중의 자제와 문중의 내·외척, 처가의 자제들까지도 합숙·교육시키기 위해 1640년경 윤순거가 세운 것이다. 당시 윤순거는 파평 윤씨 문중 자제의 교육 틀을 마련하기 위해 종제 윤원거, 아우 윤선거와 같이 종약 및 가훈을 제정하고 종학당을 건립했으며, 책·기물·재산 등을 마련하고 윤순거 자신이 초대 당장이 되어 초창기 학사 운영의 기반을 닦았다. 그러나 원래 종학당의 전신이자 유서가 되는 것은 종학당 바로 뒤편, 서북쪽으로 약 50미터 거리

종학당 전경.

에 있는 정수암淨水庵, 일명 정수루淨水樓다. 이 건물은 누각과 서재가 있어 선비들이 학문을 토론하며 시문을 짓던 곳이었다. 명재 윤증이 2대 학장을 맡아 완전한 기틀을 다졌는데, 이때 명재가 이곳에서 공부하는 학생들이 아침에 일어나 낮에 무엇을 어떻게 공부하며 저녁에 잠자리에 들 때까지 무엇을 마땅히 지켜야 하는지를 제정한 「초학주일지도初學晝日之圖」가 있다. 이를 현판에 새겨 종학당에 걸고 학생들이 실천하도록 했는데 이 현판이 오늘날까지 전한다.

이 정수암과 종학당은 창건 후 340여 년 동안 헤아릴 수 없이 많은 인재를 배출한 학문의 요람이었으니, 노성 파평 윤씨 가문의 대과 급제자 46인의 대다수가 이곳 출신이었다고 전해진다. 한 장소에서 공부한 사람들이 과거에 40명 이상 배출된 곳은 조선시대 600여 년의 역사를 통틀어 전국 어디에서도 없던 일이다. 정수루 정면

'백의정승'을 배출한 소론의 명가

중앙에는 「정수루淨水樓」 현판이 걸려 있고, 양옆으로 「향원익청香遠益淸」 「오가백록吾家白鹿」 현판이 함께 걸려 있다. 서재 마루와 누각이 연결되어 있는 구조로, 예부터 학문을 토론하고 시문을 짓던 장소로 활용되었다. 1910년 이전까지 전통적인 방식으로 운영되었지만 신교육 제도의 도입으로 폐쇄되었다. 이후 화재가 일어나 학사 건물이 소실되었다가 1970년에 이르러 윤선거의 5대손인 정규가 재건축해 지금에 이르고 있다. 종학당은 정면 3칸 측면 2칸의 건물로, 중앙 1칸은 대청을 겸한 통간마루이고, 양쪽 1칸은 방으로 되어 있으며, 팔작지붕을 올렸다. 건물 주변을 담으로 둘렀고, 남측에 낮은 솟을대문이 있다.

한편 정수루 남쪽에 최근에 지어진 강당이 있다. 이곳은 파평 윤씨 문중의 자녀들이 매년 여름 찾아와 예절 교육을 받는 곳으로, 종학당의 전통을 잇고 있다.

종학당은 1997년 12월 정수루, 숙사와 함께 충청남도 유형문화재 제152호로 지정되었다.

● 병사리 묘역과 관련 유적

노성면 병사리에 파평 윤씨 문중의 묘역이 있다. 노성의 파평 윤씨 문중은 풍수지리설로 와우형臥牛形이라 전하는 이곳에 윤창세의 묘소가 마련된 이후 윤창세의 자손들은 '노종 5방파'로 발전했다. 묘역에는 노종 5방파 직계 선조들의 묘소와 6기의 신도비가 건립되어 있다. 이 가운데는 타성의 묘소도 자리하고 있는데, 그것은 외손봉사의 흔적이다. 주요 인물의 묘소와 유적은 다음과 같다.

① 윤창세尹昌世 묘소: 묘비, 문인석, 석주, 동자석, 상석이 마련되어 있다. 묘비는 1634년(인조 12)에 건립된 것으로, 전면에 '증가선대부 이조참판 효렴 윤공지묘 정부인 청주경씨 부贈嘉善大夫吏曹參判孝廉尹公之墓 貞夫人淸州慶氏祔'라고 쓰여 있다. 비문은 현손 윤무교가 짓고, 윤순거가 글씨를 썼다.

② 해평 윤씨海平尹氏 묘소: 묘비는 1796년(정조 20)에 건립된 것으로, 옥개형이다. 묘비 전면에는 '유명조선 세자시강원필선 증이조판서 시충헌 윤공휘전지배 증정부인 해평윤씨묘有明朝鮮世子侍講院弼善贈吏曹判書諡忠憲尹公諱烇之配贈貞夫人海平尹氏墓'라

고 각자되어 있다. 비문은 조윤형이 짓고 전을 썼으며, 윤광안이 글씨를 썼다.

③ 윤동도尹東度 묘소: 묘비는 1775년(영조 51)에 건립된 것으로, 옥개형이다. 묘비 전면에 '영의정 시유당 윤공동도묘領議政諡柳塘尹公東度墓'라고 각자되어 있다. 비문은 윤광소가 짓고, 윤동휴가 글씨를 썼다.

④ 류연柳淵 묘소: 류연은 윤창세의 외조부다. 묘비 전면에 '통정대부 류공지묘 부인 남양 홍씨 부通政大夫柳公之墓 夫人南陽洪氏 祔'라고 각자되어 있다.

⑤ 윤창세 묘비명: 파평 윤씨 선영 하단에 서향으로 세워져 있다. 윤창세는 본관이 파평, 자는 흥백, 호는 효렴이다. 효심이 지극했으며, 임진왜란 때 의병으로 싸우다가 진중에서 전사했다. 이 일로 훗날 이조참판으로 추증되었다. 묘비명은 김류가 짓고, 윤순거가 글씨를 썼으며, 김광현이 전한 것이다. 비는 1634년(인조 12)에 건립된 것으로 높이는 212센티미터, 폭 80센티미터, 두께 26.5센티미터다. 대좌는 방형으로 윗면에 복련을 조각했으며, 비신을 받기 위한 홈이 마련되었다. 비신은 대리석재로 전면에만 음서되어 있고, 비명으로는 '증이조참판 윤공 묘비명贈吏曹參判尹公墓碑銘'이라 쓰여 있는 전액과 함께 그의 일대기가 적혀 있다. 이 비신은 대좌와 이수의 홈에 맞춰졌다. 이수는 운룡문으로 이루어져 있는데, 두 마리 용이 구름을 헤치고 하나의 여의주를 차지하려는 모습이다. 이수의 크기는 비신의 폭보다는 넓으며 대좌의 폭보다는 좁은 편으로 높이는 비신의 3분의 1쯤 된다.

⑥ 윤전尹烇 신도비: 1821년(순조 21) 노성면 병사리에 건립된 윤전 신도비는 파평 윤씨 선영 하단에 서향으로 세워져 있다. 윤전은 조선조의 문신으로 자는 정숙靜叔이고, 호는 후촌後村이다. 1636년(인조 14) 병자호란 때 필선으로 강화도에 들어가 적과 싸우다가 전사했고, 훗날 이조판서에 추증되었으며 시호는 충헌忠憲이다. 비석은 옥개형으로, 이시수가 짓고, 신작이 글씨와 전篆을 썼다. 두전頭篆은 '증이조판서 시충헌 후촌 윤공 신도비명贈吏曹判書諡忠憲後村尹公神道碑銘'이라 되어 있으며, 비석 전체에 윤전의 가계와 공적에 관한 내용이 적혀 있다.

⑦ 윤진尹搢 신도비: 1766년(영조 42) 노성면 병사리에 건립된 윤진 신도비는 파평 윤씨 선영 하단에 서향으로 위치해 있다. 윤진의 자는 자경子敬, 호는 덕포德浦이

며, 윤선거의 아들이다. 1652년(효종 3) 생원시에 급제하고 1666년(현종 7) 별시에 장원급제한 뒤 여러 벼슬자리를 거치다가 1679년 왕의 명을 어겼다는 죄목으로 파직당하고, 1690년 다시 청풍부사와 순창군수를 역임한 후 1681년 사간을 마지막으로 벼슬을 그만두었다. 훗날 이조판서에 증직되고 다시 좌찬성에 추증되었다. 신도비는 최규서가 짓고, 심성진이 전을 썼으며, 윤동도가 글씨와 추기追記를 썼다. 두 전은 '행부제학 증좌찬성 덕포 윤공 신도비명行副提學贈左贊成德浦尹公神道碑銘'이라 새겨져 있다.

⑧ 윤순거 신도비: 1811년(순조 11) 노성면 병사리에 건립된 윤순거 신도비는 파평 윤씨 선영 하단에 서향으로 세워져 있다. 윤순거는 자가 노직魯直이고, 호는 동토童土다. 윤황의 아들로 어려서는 성문준成文濬에게 수학했고, 시는 강항姜沆에게, 예는 김장생에게 배웠다. 1633년 사마시에 합격해 1636년(인조 14) 병자호란 때 아버지 황이 귀양가고, 숙부 전은 강화도 싸움에서 순절하자 집안과 나라의 변을 통탄하고 고향으로 돌아와 종약宗約·동약洞約을 제정하고는 학문에 전념했다. 1646년 대군의 스승으로 불려 조정에 들어간 뒤 여러 벼슬을 거치다가 사퇴하고, 사직서 영, 군자감 정, 상의원 정 등을 지냈다. 저서로는 『동토집』 『노릉지』 등이 전한다. 비석은 높은 기단 위에 비신을 세우고 옥개석을 올린 형태이며, 비문은 윤증이 짓고, 윤무교가 글씨와 전서를 썼다. 두전은 '장령 증이조참판 동토 윤선생 신도비명掌令贈吏曹參判童土尹先生神道碑銘'이라 새겨져 있다.

⑨ 병사리 파평 윤씨 재실: 파평 윤씨 재실과 선영이 마련된 것은 윤창세가 아버지 윤돈의 묘소를 정하면서부터라고 한다. 파평 윤씨 재실인 병사는 1574년(선조 7)에 건축되었다고 하며, 1630년대에 윤순거가 선조 묘소 수호사로 지었던 건물과 덕포공 진의 재실을 포함해 구한말에 지어진 영사당永思堂, 성경재, 관리사 등의 건물로 구성되어 있다. 수호사로 쓰인 건물은 정면 7칸, 측면 2칸의 민도리집으로 방주를 사용한 팔작지붕을 올렸다. 영사당은 5칸 건물로 원주를 사용했고, 도리는 전면 모두 소로 수장을 해 품위를 높였으며, 팔작지붕을 올렸다. 파평 윤씨 재실은 충청남도 문화재자료 제299호다.

⑩ 충헌공 윤전 재실: 건축 연대는 정확히 알려져 있지 않고 다만 1800년대에 묘소를 관리하기 위해 지은 재실이라고 한다. 윤전은 노강서원에 제향된 윤황의 아우이자, 기호 거유 성혼의 문인이다. 1610년(광해군 2) 문과에 급제했고, 1613년 폐모 상소를 올린 이들의 처벌을 주장하다가 파직당했다. 이듬해 박사에 기용되었고, 1615년 호조좌랑으로 재직하던 중 대북파의 탄핵을 받아 파직당했다가 1623년 인조반정으로 경기도 도사에 복직되었다. 1624년(인조 2) 이괄의 난 때에는 공주로 몽진하는 인조를 호종했고, 1627년 정묘호란 때에는 호소사 김장생의 종사관으로 활동했다. 1636년 병자호란 때 강화도에서 전사했다. 건물은 ㄱ자형 안채와 ㄴ자형 문간채를 튼 ㅁ자형을 이루면서 배치되어 있다. 안채는 대청을 중심으로 안방과 윗방, 건넌방, 부엌 등을 드렸고 문간채에는 중문을 중심으로 문간방과 물건을 넣어두는 고방, 그리고 헛간 등을 드려 사용하고 있다. 건물 구조는 3량집으로 간결하며, 지붕은 홑처마 팔작지붕을 이루고 있다. 충헌공 윤전 재실은 충청남도 문화재자료 제350호다.

⑪ 덕포공 재실: 파평 윤씨 재실 안에 있다. 덕포는 윤진尹搢(1631~1698)의 호로, 자는 자경子敬, 윤선거의 아들이다. 윤진은 1652년(효종 3) 생원시에 급제하고 1667년(현종 7) 별시에 장원급제한 뒤 여러 벼슬자리를 거치다가 1679년 왕명을 어겼다는 죄목으로 파직당하고, 1681년 사간을 마지막으로 벼슬을 그만두었다. 훗날 이조판서에 증직되고 다시 좌찬성에 추증되었다. 재실 건물은 ㄱ자형 구조로 지붕은 맞배와 팔작이고, 기둥은 네모나다. 집 전면은 모두 소로수장으로 처리했으며, 측면과 배면은 민도리집 형태다. 1997년 12월 23일 충청남도 문화재자료 제359호로 지정되었다. 파평 윤씨 덕포공파 재실은 덕포 윤진이 돌아가신 곳이라 '덕포선생고택德浦先生古宅'이라 부르고 있다.

• 유봉영당

노성면 병사리 유봉마을에 위치한 유봉영당酉峰影堂은 명재 윤증의 영정을 모시고 있던 건물이다. 윤증은 1629년 한양에서 태어나 8세 때 병자호란을 겪었으며

魯岡院喬出正本越三朔始成成藏于再從孫
東周家丙申夏始奉安于酉峯精舍即
先生居第也　歃養公錄　先生遺事有曰門
下諸人壽欲成　先生影子而恐　先生不從東
洙先生栗曰自古聖賢無不有畫像至於晦翁則
左以為重累畫其真又自作其資而吾東儒
先獨無聞焉者何武　先生答曰似以中國則
人多精於畫法而我國不能然故也又栗曰然

則雖戒為之扵道理恐無害也　先生沉吟良
久不復咎門人李晉聖得畫工末入白畫真之
意則　先生峻辭却之遂不得已從外模出欲
扵其後從容仰白而恐　先生令其敗去趑趄
遷延竟至不果門下諸人之罪可勝贖我雖能
一幅丹青傳寫七分宛然揚休之容如帶春
風之像到今音容永閟之後得以瞻拜而仰
墜則德宇依俙氣像彷彿若將聞笑語

崇禎紀元後再辛卯夏　影子二本成
正面
反面
畫師卞良
別有司尹東周
金時濟
鄭錫老
尹懋敎
李晉聖
辛卯四月始後于淨水菴出草本移次于

而永馨咳豈非為士林後學之大幸也武
方門人之李栗也　先生敎以　先君于末有
畫像吾何可為遽嚴禁之自是不敢復請
讓以自外模出其時適行鄉飲禮　先生臨
祖下師混在眾中瞻望　顏色又從容隙
窺見遂成　影子人多稱反面之右為逼真
云
崇禎紀元後再甲子四月　影子移摹四本

正面一畫師張敬周
反面三畫師縉紳李養源
別有司縉紳李養源
尹光紹
章甫洪南斗
尹莊敎
成鳳齡
李漢達
沈漢坡

『영당기적』.

40세에는 노성 병사리에 낙향해 강당을 건립하고, 후학 양성과 학문 정진에 전념해 많은 인재를 배출하다가 1717년 86세로 세상을 떠났다. 윤증 사후 그의 문하에 있던 유생들이 영당과 경승재를 건립했으며 1744년 영정을 봉안하고 춘추로 제향을 봉행해왔다. 제향일은 매년 음력 3월 15일과 9월 15일이다. 영당 건립 후 중수가 거듭되었는데, 최근 기록에 따르면 8대손인 윤덕병이 거금을 희사해 경승재와 영당을 중수한 뒤 세 차례에 걸쳐 주변 정리가 이뤄졌다. 유봉영당은 영당·경승재 및 고택 유허지로 구성되어 있다. 경승재는 정면 3칸, 측면 2칸의 팔작지붕에 익공 양식으로 가구하고, 누마루식으로 조영했다. 영당은 경승재 북동쪽에 자리해 있는데, 정면 3칸, 측면 2칸의 팔작지붕 건물이다. 영정은 중앙의 어각에 봉안되어 있다.

윤증 초상 일괄은 초상 5점과 전적 1점으로 구성되어 있다. '숭정기원후재갑자사월모崇禎紀元後再甲子四月摹'라는 묵서가 있는 측면전신좌상은 1744년 작품으로, 『영당기적』에 '숭정기원후 재갑자사월 영자이모사본 정면일측면삼 화사장경주崇禎紀元後 再甲子四月 影子移摹四本 正面一仄面三 畫師張敬周'라고 밝혀져 있어 장경주의 작품으로 확인된다. '숭정기원후삼무신이월모崇禎紀元後三戊申二月摹'라는 묵서가 쓰인 1788년작 「윤증 초상」 2점은 『영당기적』의 내용을 통해 볼 때 이명기가 모사했음을 알 수 있다. 『영당기적』에 따르면 정면 1본과 측면 1본은 신법을 가미해 그렸고, 구본의 화법을 후대에 전하지 않을 수 없어 구법을 따라 측면 1본을 그렸다고 한다. 이명기가 제작한 현전하는 초상화 2점은 장경주 필 「윤증 초상」과 흡사한 구법에 따라 그린 측면상과 이명기의 개성적 화풍으로 그린 입체 표현이 선명한 신법의 측면상이다. 정면과 측면의 흉상 2점은 화면에 묵서가 남아 있지 않아 제작 연대를 정확히 알 수 없으나 정면상과 측면상은 같은 비단에 같은 화가의 솜씨로 추정된다. 측면상을 전신상과 견줘보면 크기나 기법이 장경주가 그린 초상화와 같다.

초상화와 함께 전하는 『영당기적』은 윤증 초상의 제작과 관련된 기록을 담은 필사본으로, 1711년 변량이 윤증 초상을 처음으로 그렸던 사례부터 1744년 장경주, 1788년 이명기, 1885년 이한철이 모사할 때까지 네 차례의 제작 사례를 기록했다. 그 내용은 제작 일정 및 제작된 초상의 수, 구본 및 신본의 봉안 과정 등을 상세히 담고 있다.

조선시대 사상사에서 윤증이 차지하는 비중과 함께 현존하는 장경주와 이명기가 그린 「윤증 초상」은 조선 후기를 대표할 만한 뛰어난 회화적 격조를 띠어 중요하다. 아울러 『영당기적』은 초상화 제작과 이모 과정 그리고 세초의 전통을 알려주는 귀중한 자료다. 2006년 12월 29일에 보물 제1495호로 지정된 이들 작품 외에도 종가에는 1919년 및 1935년작 전신좌상 및 소묘 초본이 여러 점 전하고 있다. 현재 윤증 초상 일괄 유물은 충청남도역사문화연구원에 기탁되어 있다.

9장

"사람, 글, 재산은 다른 사람에게 빌리지 않는다"

― 한양 조씨 주실 가문 강윤정

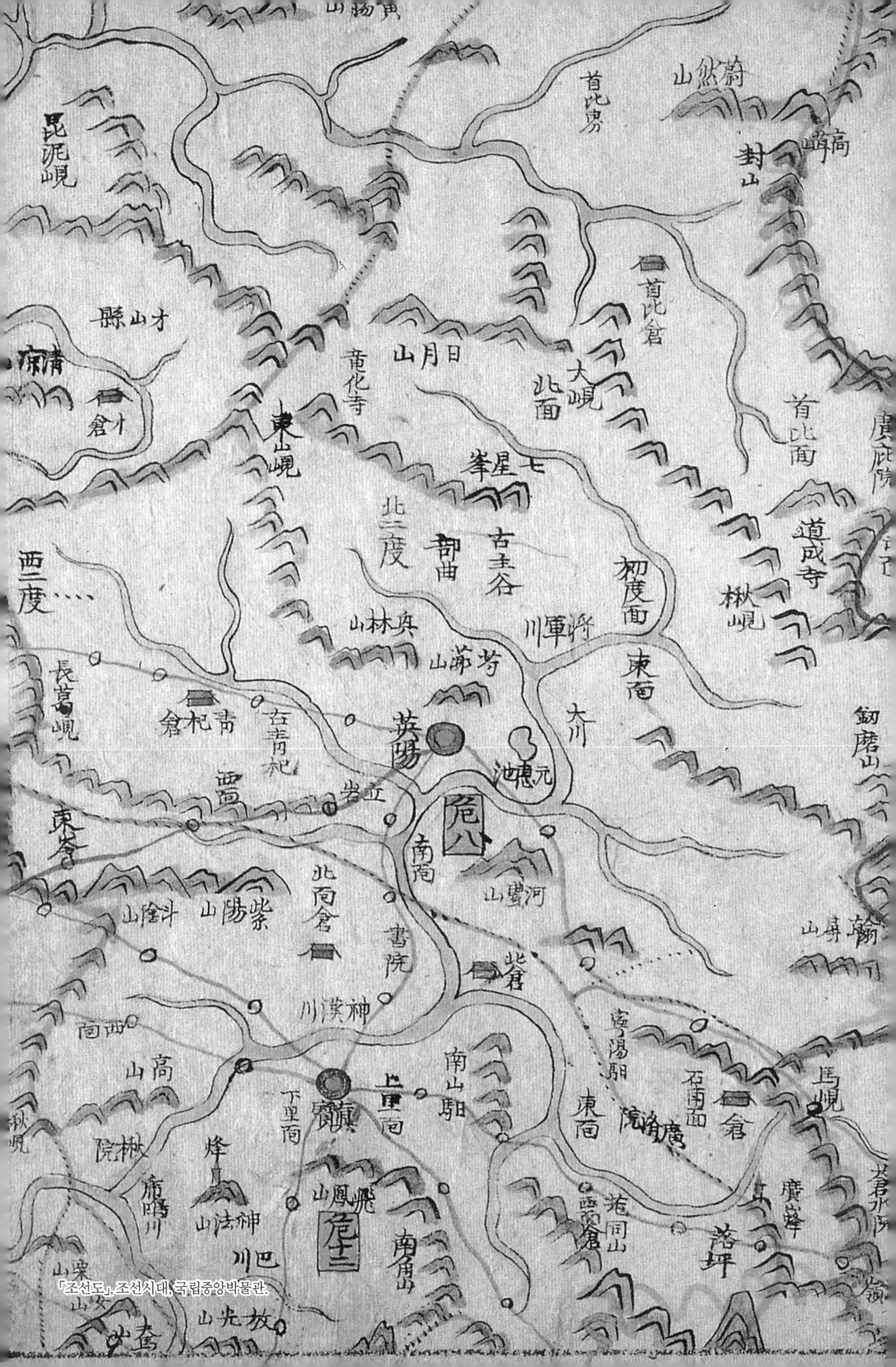

「조선도」, 조선시대, 국립중앙박물관.

주실마을은 경상북도 영양군 일월면 주곡리에 위치한 마을이다. 일월산 한 자락 끝에 자리하고 있다. 영양에서 31번 국도를 따라 4킬로미터쯤 올라가다보면 좌측으로 918번 도로가 나온다. 이 도로를 따라 다시 3킬로미터를 가면 길을 뒤덮는 숲이 나온다. 여기가 바로 주실마을 입구다. 숲을 지나면 이전과는 사뭇 다른 전경이 펼쳐진다. 마을이 마치 호리병 형상을 한 입구 쪽으로 기울어져 있다. 주실은 계곡의 폭이 펼쳐지는 곳에서 시작되고 다시 좁아지는 곳에서 마감된다.

물을 댄다는 의미의 '주注' 자는 한자이고, 골짜기를 뜻하는 '실'은 순우리말이다. 의미는 '물을 대는 골짜기' '물이 대어지는 골짜기' 정도로 풀이된다. 실제로 계곡의 양쪽 골짜기(용골·논골·성지골·새미골·감복골·앞산골 등 크고 작은 많은 골짜기)에서 물을 공급받고, 또 이를 밖으로 대주는 두 역할을 모두 하고 있다.

이 마을은 시인 조지훈趙芝薰(1920~1968)의 생가가 있는 곳으로 유명하다. 그러나 조지훈에 대해 좀더 상세히 알고 있는 사람이라면 1927년 신간회新幹會 활동을 했고 훗날 한의학의 기초를 닦은 그의 부친 조헌영, 형이자 요절한 천재 시인 조동진을 기억할 것이다. 더 나아가 조선시대 영남 유학사의 전개 과정을 이해하고 있는 이라면 주실마을이 오늘날과 같은 명망을 얻은 것이 조지훈과 그들 부자 때문만은 아님을 잘 알고 있을 것이다. 산간오지에 자리한 이 작은 마을이 유명해진 것은 17세기 이래로 영명한 인물들이 끊임없이 배출되었기 때문이다.

주실마을 전경.

주실마을의 사족으로 입지를 다지다

한양 조씨의 시조는 고려 때 조순대부 첨의중서사를 지낸 조지수趙之壽다. 한양 조씨 가문에서는 조선 개국공신이 배출되었는데, 태조 때 이조판서를 지낸 조인옥趙仁沃과 태종 때 찬성사를 지낸 온溫이다. 이 집안에서 나온 저명한 인물이 바로 조광조趙光祖로, 그는 개국공신 온의 현손으로서 당대의 이름난 도덕가요 성리학자였다. 율곡 이이는 김굉필·조광조·정여창·이언적을 '동방사현東方四賢'이라 일컬은 바 있다.

한양 조씨가에서는 그중에서도 여말 선초의 무신인 조인벽趙仁璧의 아들 4형제(온溫·연涓·후侯·사師)의 후손이 가장 번창했다. 중종 때 형조판서를 지내고 청백리에 오른 조원기趙元紀, 중추부판사를 지낸 조혜趙惠, 인조 때 대제학·이조판서 등을

주실마을은 시인 조지훈의 생가가 있는 곳으로 유명하다. 자택 서재에서 찍은 조지훈(오른쪽)의 모습.

"사람, 글, 재산은 다른 사람에게 빌리지 않는다"

「팔인수묵산수도」, 조중묵, 비단에 수묵, 72.5×34.0cm, 19세기 중반, 삼성
미술관 리움.

지내고 『동사록東槎錄』을 지은 조경趙絅, 현종·숙종 때 명필로 이름을 높였던 조위명趙威明 등이 그들이다. 이외에 헌종 때 문장과 시詩의 천재로 알려진 조수삼趙秀三과 그의 손자로 초상화에 뛰어났던 조중묵趙重黙이 있다.

이렇듯 본래 한양에 뿌리를 두었던 이 집안은 기묘사화로 이리저리 피해다니다가 9세 조종趙琮(조연의 증손자)이 삶의 터전을 영주로 삼으면서 영남과 인연을 맺게 되었다. 영주는 외가 및 처가와 연고가 있었던 지역이다. 그러다가 손자 조원趙源이 1535년 영양으로 옮겨왔고, 이어 그의 손자대에 와서 영양의 각 지역으로 분가하여 살게 되었다. 한양 조씨의 영양 시대가 열린 것이다.

조원이 처음 정착한 곳은 처가가 있는 원당리元塘里였다. 이곳에서 그는 조광인趙光仁과 조광의趙光義 두 아들을 남기고 일찍 세상을 떠났는데, 이 두 형제는 영양 일대의 사족들과 활발한 교유를 통해 사족으로서 지역적 기반을 확고하게 다져나갔다. 영양에 입향한 지 수십 년도 지나지 않아 사족사회에 편입된 것은 지속적인 사환士宦 덕분이었다. 이들 형제는 '해동이로海東二老'라 불리는 등 영양에서 안정을 찾았고, 그 아들대에 이르러서는 입지를 더 단단히 다졌다.

더욱이 아들대에 이르러 한양 조씨는 영양의 각 지역으로 분가해 살게 되었다. 조광인의 아들 검儉은 도계리道溪里, 임任은 원당리, 그리고 조광의의 아들 건健은 가곡리佳谷里, 전佺은 주곡리注谷里, 즉 주실마을에 정착했다. 아울러 이 무렵은 한양 조씨의 혼인관계가 영양을 넘어 영해·안동지역의 사족들에게로 확대된 시기이기도 하다.

이는 경제적 기반이 있었기 때문에 가능했던 듯하다. 새로운 거주지로 택해진 지역에는 조씨 집안의 토지가 있었을 것으로 여겨지는데, 임진왜란 때 이들 집안에서 제공한 군수물품의 규모가 이러한 추측을 가능케 한다. 임진왜란이 일어나자 광의와 검·임·건·전 4인은 군수물품을 지원하는 등 의병 지원에도 적극적이었다. 이 가운데 검은 곽재우 장군 휘하에 종군하면서 쌀 500곡, 말 수십 필, 가동 40명을 내놓았다고 한다.

삼불차의 호은 종가

주실마을의 입향조인 한양 조씨 13세 조전(1576~1632)의 자는 여수汝壽이며, 호는 호은壺隱이다. 지금 주실마을 한가운데 자리잡고 있는 호은 종택의 '호은'은 바로 조전을 가리킨다. 묘갈명에 따르면 그는 어린 시절부터 기개가 있었고 일찍이 무예에 힘썼으나 형제가 적다 하여 무예를 그만두었다고 한다. 또한 형인 조건趙健이 후사 없이 일찍 죽었기 때문에 홀로 가문을 이끌어가야 했다. 임진왜란이 일어나자 아버지와 종형제들과 더불어 군량미를 조달하는 등 의병에 참가했으며, 이 일로 관직을 제수받았다. 조전이 이곳 매방산 기슭에 터를 닦은 것은 1629년이다. 그 뒤 한

『백농실기』, 조창용.

호은 종택.

양 조씨 가문은 학문과 사환 그리고 영남 명문가와의 혼인을 통해 명문 사족으로 성장했다. 그는 1632년(인조 10) 57세로 세상을 떠났다.

호봉壺峰 조덕순趙德純, 옥천玉川 조덕린趙德鄰 형제에 이르러서는 형제가 모두 문과에 급제해 이름을 떨치기도 했다. 그러나 조덕린이 붕당의 폐해와 노론을 비판하는 상소를 올렸다가 탄핵을 받는 바람에 더 이상 중앙으로 나아가지는 못했다. 비록 관계로의 진출은 막혔지만 '문한지향文翰之鄕' 주실은 학행과 도의가 뛰어난 인물을 많이 길러냈다. 이들을 이은 근대 시기의 인물로는 조승기(독립유공자, 의병항쟁), 조인석(애국계몽운동)과 근영·헌영·준영·애영 다섯 부자, 민족 시인 조지훈이 있다.

주실마을을 다녀간 사람이라면 호은 종가의 '삼불차三不借'에 대해 한번쯤 들어봤을 것이다. 삼불차란 사람·글·재산을 다른 사람에게 빌리지 않는다는 뜻이다. 이 가운데 '문불차文不借'의 전통이 이어져온 것은 학문에 대한 탁월함과 자신감을 보여준다. 이러한 전통은 주실마을 입향조 이래 마을의 자랑스러운 전통이 되어왔다. 그만큼 자존 의식을 지켜왔다는 뜻이다.

이 때문일까? 주실 한양 조씨는 조선 후기 200여 년 동안 정치적 핍박 속에서도 붓을 놓지 않았다. 그리고 그 가학의 결과물은 시문집의 편찬과 간행으로 이어졌다. 대표적인 저작으로는 조덕린의 『옥천집玉川集』을 비롯해 조운도의 『월하집月下集』, 조진도의 『마암집磨巖集』, 조술도의 『만곡집晩谷集』, 조거신의 『매오집梅塢集』, 조성복의 『학파유고鶴坡遺稿』, 조근복의 『송오유고松塢遺稿』, 조거남의 『고은집古隱集』, 조병연의 『용산일고蓉山逸稿』, 조언유의 『심재유고心齋遺稿』, 조승기의 『남주집南洲集』, 조시용의 『취암집翠巖集』, 조진용의 『소고문집小皐文集』, 조병희의 『석농유고石農遺稿』, 조창용의 『백농실기白農實記』, 조인석의 『초경독본初徑讀本』 『소녀필지少女必知』, 조헌기의 『매서유고梅墅遺稿』 등이 있다.

마을 사람들의 역사가 더해지면서 공간 또한 확대되었다. 마을 안에는 호은 종택과 더불어 옥천 종택이 자리하고 있다. 옥천 종택은 입향조 조전의 증손자 옥천 조덕린의 종가다. 이 집에서 희당·운도·진도·술도·거신·만기(독립유공자, 건국훈

주실마을에 자리하고 있는 만곡정사(위)와 청주정사.

장) 등의 명사가 태어났다. 이들 가운데 운도와 술도가 1765년에 건립한 월록서당은 교육의 터전으로 제 역할을 했다. 이와 더불어 주실에는 학문과 수양 공간도 늘어났다. 호은정사壺隱精舍와 만곡정사晩谷精舍, 창주정사滄洲精舍, 학파정鶴坡亭·침천정枕泉亭이 주실마을에 자리하고 있다. 영양 지역의 누정 가운데 16~19세기에 건립된 것이 모두 30개인데 그 가운데 한양 조씨 문중에서 건립한 것이 15개나 된다.

조덕순, 천재를 발하다 일찍 마감한 삶

조덕순(1652~1693)의 자는 현보顯甫이고 호는 호봉壺峰이다. 그는 1652년(효종 3) 6월 14일 조군의 장남으로 태어났다. 그와 관련된 자료로 묘표와 고유문·행장·묘지명이 남아 있어 이를 통해 간략하나마 행적을 살펴볼 수 있다. 유년기에 덕순은 숙부 조병趙頯에게서 글을 배웠다. 그는 경전의 장구를 세세히 따지지는 않았지만 대의와 강령을 잘 파악했으며, 논리정연하고 생기가 있었다고 한다.

조덕순은 1679년(숙종 5) 진사시에 합격했다. 그 뒤 서울로 올라가 아우 조덕린과 함께 성균관에서 수학했다. 그가 문과에 급제한 것은 10여 년 뒤인 1690년(숙종 16)의 일이다. 그는 장원으로 급제했으며, 성균관 전적으로 임명받았고, 몇 달 사이 감찰·예조좌랑·정랑을 거쳐 병조정랑에 올랐다. 그해 9월 충청도 도사로 나갔다. 당시 충청도 관찰사 이인징李麟徵도 일찍이 장원으로 급제한 문신이었다. 감사와 도사가 모두 장원급제 출신이라 세간의 화제가 되었다.

그러나 이 무렵 송사에 패소한 자가 조정의 고관에게 조덕순을 무고했고, 이로 인해 그는 파직을 당했다. 이듬해인 1692년(숙종 18) 결성현감을 제수받았으나 노모를 보살펴야 한다는 이유로 부임하지 않았다. 그해 6월 다시 예조정랑을 거쳐서 병조정랑이 되었고 12월에 사헌부지평으로 자리를 옮겼다. 한 달 뒤 홍문관의 직책을 맡기자는 논의가 있었으나 그는 신병을 이유로 사퇴하고, 한직인 오위도총부 사직

司直으로 자리를 옮겼다. 그러던 중 다음 달인 1693년(숙종 19) 정월 15일에 서울의 집에서 세상을 떠났다. 이때 그의 나이 42세였고, 벼슬살이를 한 지 채 3년도 되지 않았을 때였다. 부음이 전해지자 그의 재주를 아깝게 여긴 임금은 관재棺材를 보내주라고 명하면서 그의 죽음을 애도했다. 당시 서울에서 벼슬을 하던 아우 조덕린이 형의 상여를 호송해 고향으로 내려왔다. 이때 한강까지 장례 행렬을 따른 이가 수백 명이었다고 한다.

행장의 기록에 따르면 그는 우뚝한 키에 당당한 용모를 갖추었다. 문과에 장원 급제하고서 관료의 길로 나아간 처음 몇 달은 그의 천재가 순탄하게 빛을 발했으나 충청도 도사로 부임해 송사에 휘말린 때부터 세상과 어긋났고, 갑작스럽게 세상을 떠나고 말았다.

조덕린, 뛰어난 관료의 삶을 살다 당쟁에 휘말리다

조덕린趙德鄰(1658~1737)은 1658년에 조군의 차남으로 태어났다. 자는 택인宅仁, 호는 옥천玉川이다. 그의 나이 7세 때 숙부 조병에게서 형 조덕순과 함께 글을 배우기 시작했다. 1670년(현종 11) 가을 부형을 따라 도산서원의 강회에 참석했다. 1671년(현종 12)에는 부친의 명에 따라 안동의 이보李簠에게 나아가 현량책을 공부했다. 이보는 그의 사촌 조덕후의 장인으로 당시 안동 지방의 이름난 선비였다. 그 다음 해에 15세 소년 조덕린은 형과 함께 모친 유씨를 모시고 안동 하회의 외가로 와서 훈도를 받았다.

1676년(숙종 2) 19세 되던 해에 조덕린은 향시를 통과했고 그다음 해에는 진사시에 합격했다. 이해에 그는 예천 맛질 권수하權壽夏의 딸에게 장가를 갔는데 권씨 부인은 김응조金應祖의 외손녀였다. 1678년(숙종 4)에는 성균관에 입학했다. 1681년(숙종 7)에는 처남 권기와 함께 예천 용문사에서 『주역』을 공부했다. 1685년(숙종

江陵五臺山地圖

一曰淸冷山一曰五臺山西淸冷之名何爲也此山周圍城郭千峰萬
壑與西城淸冷山一毫石羔故補之也五臺之羇何爲也東有滿月山
觀音聖臺道場昔年無弗大師見咸西山大師有詩柀懸去株根魚等萬
初夢不到入間事迹有令南臺積錚山地藏聖道場西飛臺莊靈山
大勢至菩薩道場出臺衆玉山殑勤聖道場中臺地廬山釋
迦峩峩全身四刹封業也東西南出中名山攝刹敢鄒曰五臺山之名
也皆三輝古寺月精之名滿月山脉書頭故鄒曰月精寺東玄二
十里許有白日洞是故東白日西月精應狸而右月精寺萬寶
書內藏山此山眒係瑜富西以 史閣而侍地征則東有大關嶺
南有飛鳳山坤有陵裵時西有雲頭嶺亂有鸞鸞嶺艮有狗
宿峽嶺英有鐵王山自 史閣相距道里皆爲六十餘里四隅均
同千曲萬四東不得道涉焉不得地走是果是四臺陰之天峙前云
五臺之南和氣備之五臺之磓氣騰乙出靑靑鸞鸞巖葉水浦等地角道
巖裝王山飛鳳山沸鳴竜屯米西等地爲

「강릉오대산지도」, 95.0×56.3cm, 19세기, 영남대박물관.

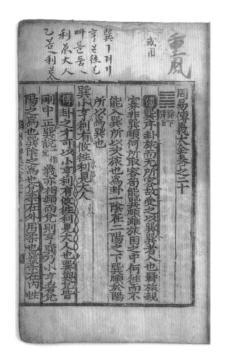

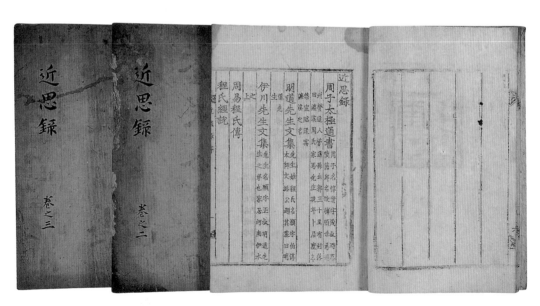

『주역』(위), 23.5×18.5cm, 『근사록』, 주희·여조겸 편, 32.9×22.7cm, 조선시대, 국립진주박물관.

11) 겨울에는 청량산 용혈사에서 『이정전서二程全書』를 학습했다. 1686년(숙종 12) 29세 되던 해 봄, 조덕린은 형 덕순과 함께 다시 성균관에 유학했다. 1689년(숙종 15) 가을 동당책시東堂策試에 합격했다. 1690년 겨울에 조덕순이 먼저 문과에 장원 급제했고, 1691년에는 조덕린도 증광문과에 급제했다.

그가 처음 받은 관직은 승문원 정자였다. 정자는 정9품에 불과하지만 정원에서 논의되는 언론, 즉 정사를 기록하는 춘추관의 기주관을 겸했다. 따라서 문장에 뛰어난 문관을 골라서 임명했다. 조덕린의 기주가 빠르고 자세하여 한 경연관은 "근년의 기주관 중에 조덕린 같은 사람이 없었다"며 탄복했다고 한다. 1692년(숙종 18) 봄에 임시 관직으로 춘추관에 입직했는데, 따로 한어漢語를 공부한 일이 없으면서도 문서를 막힘없이 독파했다. 관료로서 실무 능력이 뛰어났던 것이다.

조덕순이 갑자기 세상을 떠난 1693년(숙종 19) 가을 제원역(충청남도 금산군 제원면 소재의 역원)의 찰방으로 부임했으며, 겨울에 세자시강원 설서를 제수받았다. 그러나 1694년(숙종 20) 4월 갑술환국으로 서인이 정권을 장악하자 신병을 이유로 사임하고 귀향했다. 그해 겨울 조정으로부터 예조좌랑을 제수받았으나 나아가지 않았다. 이듬해 주실마을에 초당을 지었다. 벼슬에 대한 뜻을 접은 그는 침식을 잊을 정도로 주자서를 열심히 읽었다. 1703년(숙종 29) 봄에는 「태극도설」을 탐구했다. 1708년(숙종 32) 12월 춘양 소라召羅에 별서를 지어 은거한 뒤 독서와 학문에 전념했다. 1707년(숙종 33) 정월 뜻밖에 강원도 도사를 제수받으니, 1694년 겨울 예조좌랑을 사퇴한 이후 14년 만의 일이었다. 벼슬을 받고 고향에서 동해안으로 나가 바닷길로 강릉으로 간 그는 오대산·금강산을 탐방하고 청평산에 오르는 등 관동 지방의 절승지를 두루 구경했다. 이때 기행시와 함께 『관동록』을 남겼다.

그해 조덕린은 소라의 옥천산 아래 별서로 돌아가 독서와 강학에 열중했다. 1709년(숙종 35) 전라도 고산현감을 제수받았으나 사양했다. 그 뒤 조덕린은 향내의 사우들과 교유하며 학문에 전념했다. 그러던 중 1716년(숙종 42) 6월 다시 충청도 도사를 제수받아 부임했다. 1725년(영조 원년) 3월에는 홍문관 수찬에 임명되었다. 이때 거듭 사임 상소를 올렸지만 허락받지 못해 결국 상경했다. 조덕린이 조정에 나아가기는 1694년 귀향 이후 31년 만의 일이었으며, 이때 그는 이미 68세의 노인이 되어 있었다. 그해 5월 세자시강원 필선으로 옮긴 뒤에 홍문관 교리, 용양위 부사과를 거쳐서 9월에는 사간원 사간이 되었다. 그다음 달인 10월에는 사직을 청하는 상소를 올렸다. 이 글에서 그는 시무時務 10개조를 올렸다. 이 상소문이 올라오자 노론들 사이에 큰 물의가 일어났다. 성학을 배워서 마음을 바르게 하라는 것, 실제의 덕을 닦아 하늘의 뜻을 따르라는 것, 백성을 보호하여 나라의 근본을 굳건히 하라는 것 등은 유신儒臣의 건의로서 문제될 것이 없었지만 관원의 선임을 정밀히 하여 정치를 바로잡으라는 조항과 공도公道를 넓혀 사사로움을 없애라는 조항은 바로 노론의 전횡에 대한 직접적인 비판이었다. 그는 이 글을 통해 새 임금에게 탕평의 실질적인 시행을 건의한 것이다. 이 상소를 올린 날 대신들은 조덕린을 함경도 종성 땅에 귀양보낼 것을 청했다. 조덕린은 다시 상소문을 올린 뒤 고향으로 내려갔으나 그해 11월 결국 종성으로 귀양을 가게 되었다. 종성은 30여 년 전에 이현일이 유배생활을 했던 곳이었다. 귀양지에서 독서하는 선비의 생활은 누구든 다를 바 없었다. 그는 『근사록』과 『주역』의 괘를 매일 한 편씩 읽었다. 1727년(영조 3) 봄, 자제들에게 편지를 보내 소라의 별서 뒤편에 사미정四未亭을 짓도록 했다. 그해 7월 그는 귀양에서 풀려났다. 그리하여 그전의 직책인 사간원 사간을 임명받고 서울로 돌아온 뒤 홍문관 부응교와 응교를 거쳐서 8월에 다시 사간이 되었으나, 병을 이유로 물리치고 고향으로 돌아왔다. 그 뒤에도 여러 관직에 제수되었으나 응하지 않았다.

1728년(영조 4) 3월 이인좌의 난이 일어났다. 이에 조정은 안동을 주시했고, 조덕린의 품계를 통정대부로 올려주었으며 영천의 이형상과 함께 영남 상하도의 호소사로 임명했다. 그는 안무사와 함께 반적의 진압책을 협의하는 한편 민심을 수습하는 데 힘썼다. 이 일로 그는 원종일등공신에 올랐다. 6월에는 동부승지로 임명을 받았으나 상소를 올려 거듭 사임했다. 그러나 그가 영남의 이름 있는 유신임을 알고 있었던 임금은 경연의 입직入直을 명했고 이에 참찬관으로 입시하여 어전에서 진강하였다.

그는 서울에 올라온 지 두 달여가 지난 7월에 네 차례나 사직을 청한 끝에 고향

"사람, 글, 재산은 다른 사람에게 빌리지 않는다"

으로 돌아올 수 있었다. 그러나 1736년(영조 12) 9월부터 그동안 잠잠했던 「을사십조소」가 다시 논란거리로 떠올랐다. 이듬해 6월 결국 조덕린을 제주도에 위리안치시키라는 명령이 떨어졌다. 그는 한여름의 더위를 무릅쓰고 귀양지인 제주도로 향했다. 이 길은 그의 마지막 행보가 되었다. 도중에 이질에 걸려 10여 일을 고생하다가 7월 20일 전라도 강진의 후풍관에서 생애를 마쳤다.

근대의 길을 새롭게 열다

　　주실의 근대는 여느 곳과 마찬가지로 일제강점과 그 궤를 같이한다. 제국주의 침략에 대응한 주실마을의 첫 대응은 위정척사 사상에 바탕을 둔 의병항쟁이었다. 1895년 을미사변과 단발령이 있자 전국에서 의병 봉기가 일어났다. 영양에서도 1896년 1월 17일(양력 1896년 2월 29일) 영양의진이 결성되었다. 그 중심에 주실마을 남주南洲 조승기趙承基(1836~1913), 조영기趙永基, 조병희趙秉禧, 조후용趙厚容(1833~1906)이 있었다. 이들 가운데 조승기는 영양의진 의병장으로 활약했다. 그가 남긴 유묵은 뒷날 『남주선생문집』 8권으로 엮었다.

　　주실마을의 의병항쟁은 1905년 이후에도 지속되었다. 1905년 이후의 의병진은 화승총이나 죽창과 같은 열악한 무기를 들고 100여 명 안팎의 소규모 병력이 소총과 연발총으로 무장한 일본군과 싸워야 하는 형편이었다. 이때 의병진이 채택한 전략은 산간 험지에 근거지를 두고 수시로 이동하면서 습격하는 유격전이었다. 이러한 전략을 펼치기 위한 적격지 가운데 하나가 태백산맥의 일월산 주변이었다. 주실마을은 바로 영양 일대에서 활약한 의병진을 도운 기록이 여러 곳에서 확인된다. 또한 조철용은 1908년 의병항쟁에 참여했다가 봉화 재산전투에서 전사했고, 그 외 여러 사람이 의병항쟁에 직간접적으로 참여한 것으로 알려져 있다.

　　주실마을은 1896년 영양 의병진의 의병장 조승기를 배출한 것을 비롯해

월록서당, 경북 영양군 일월면 주곡리 소재.

1905년 이후 1910년까지 의병 자원의 공급처 혹은 의병활동을 지원하는 마을로 자리를 굳혔다. 그러나 주실마을에도 변화의 바람이 불기 시작했다. 이를 선도한 사람이 조병희였다. 그 계기는 1899년 영남 유생들이 장조, 즉 사도세자에 대한 전례 문제로 상소하기 위해 상경하면서부터였다. 그가 사상적 전환을 이루는 데는 장지연과 단재 신채호의 영향이 컸다. 그는 이들과의 만남을 통해 양계초의 『음빙실문집飮氷室文集』을 접하게 되었고, 이를 계기로 단발을 결행했으며, 개명지식인으로 전환했다. 이때가 1899년이었다. 이는 안동의 류인식보다 3~4년 앞선 것이었다.

조병희는 스스로 '집안을 바꾸는 선각자'가 되기로 결심하고, 집안의 20대 청년 다섯 명을 선정해 이들을 문명개화의 선봉대로 삼기로 했다. 이들 다섯 명 가운데 조종기·조인석·조두석 3인은 귀향하여 월록서당에 영진의숙英進義塾을 설립해 주실마을의 근대 교육을 열었다. 그리고 조창용과 조술용 두 사람은 서울에 남아 신학문을 본격적으로 배웠다. 조창용은 그 뒤 애국계몽운동 단체인 대한협회 대구지회 서기로 활동하기도 했다. 1908년에는 연해주와 상해 등지에서 활동하다가 체포되었으며, 1910년대에는 대종교에 입교하여 대종교단에서 활동하기도 했다. 그가 남긴 기록으로는 『백농실기白農實記』가 있다.

그러나 이들의 행보에는 고통이 따랐다. 마을의 개화를 선도했던 조병희와 조창용은 주로 외지에서 구국운동을 추진할 수밖에 없었다. 조병희의 『석농유고石農遺稿』에는 고향을 떠나서 개화혁신운동을 펼친 선각자의 고뇌가 잘 드러나 있다.

그럼에도 불구하고 이들의 노력으로 1910년 이후 주실마을은 변화하기 시작했다. 종부의 개가 허용, 노비 해방, 동고사 시행, 양력 과세, 향약의 개정, 제사 간소화 등이 추진되었다. 이것은 엄청난 변화였다. 주실마을의 이러한 변화는 전통의 창조적 변용이라는 형식, 그것도 개인주의적인 방식이 아니라 마을 공동체와 문중 공동체 단위로 집단적으로 이뤄졌다. 이러한 창조적 문화 변용은 근대화의 시련기를 통해 비로소 가능했다.

조창용, 유교 기반 위에서 계몽운동에 투신하다

조창용(1875~1948)은 7세 때 백부 석농 조병희에게서 글을 배웠고, 15세에는 영양읍의 백일장에서 장원을 했다. 이후 17세에 월록서당, 19세에 임산서당霖山書堂에서 수학했다. 조창용은 1899년 백부 조병희를 따라 서울로 갔다. 이미 상경활동 과정에서 개화사상을 흡수하고 삭발을 결행했던 선각자 백부 조병희의 권유로 조술용·조종기·조인석·조두석 등의 집안 청년들도 함께 상경했던 것이다.

조창용은 1905년 10월 국민교육회 안에 있던 사립국민사범학교 속성과에 입학했다. 국민교육회는 1904년 9월 서울에서 신교육을 실시할 목적으로 조직된 계몽운동 단체였다. 조창용은 1906년 7월 국민사범학교 속성과를 제1회로 졸업했고,

사범학교를 다니며 동시에 1906년 3월 사립법률전문학교(보성학교普成學校)에 입학해 같은 해 9월 수료하고, 또 1907년 7월 관립일어야학교官立日語夜學校를 수료하기도 했다. 1907년 8월 조창용은 국민교육회 간사원으로 재직하면서 경기도 양주에 있는 일성학교一盛學校에서 교직생활을 시작했다. 이어서 그는 기독교에 입교해 연동교회의 사찰위원이 되었다.

1907년 조창용이 서울에서 국민교육회와 경기도 양주에서 일성학교 교사로 활동할 때, 그의 강력한 후원자였던 백부 조병희는 경북 청도에 거주하며 대구를 중심으로 활동하고 있었다. 1907년 6월 방학을 맞아 조창용은 백부를 방문했다가 대구의 협성학교 교사로 근무해달라는 제의를 받았다. 그리하여 협성학교에 관여하게 되었고 대한협회 대구지회 서기로도 활동했다.

1908년 1월 조창용은 블라디보스토크에 있는 한민학교韓民學校로부터 초빙을 받아 블라디보스토크로 건너갔다. 그곳에서 한민학교 교사를 잠시 맡다가 5월 장지연과 함께 상해로 건너갔다. 그곳에서 조창용은 대동회관大同會館의 서기로 활약했으며, 기관지인 『대동보大同報』 발간에 관여했다. 그해 7월 그는 국내로 돌아왔는데, 일제 경찰에 검거되어 금고 3월형 처분을 받았다.

1909년 2월 조창용은 대구공립보통학교에서 부훈도로 근무하며 여자부를 맡았다. 11월 대구공립보통학교를 사직한 그는 장지연이 주필로 있던 『경남일보』에 입사했다. 『경남일보』는 경남 지역의 유지들이 자금을 모아 창간한 우리나라 최초의 지방 신문이었는데, 조창용은 주주 모집활동을 담당했다.

2년여 동안 『경남일보』에 근무하던 그는 1911년 사직하고 다시 북간도로 향했다. 1912년의 일이다. 그는 룽징龍井의 중국 관립학당에서 강의를 하는 한편, 대종교大倧敎 시교당施敎堂에 머물면서 원도직願禱職을 맡았다. 거기서 대종교 지도자 박찬익朴贊翊을 만나기도 하고, 상하이에서 『민립보民立報』 발간에 관여했던 신규식申圭植과 서면으로 교유하기도 했다. 그러다가 1913년 귀국한 그는 『경남일보』에 복귀했다. 그러나 잦은 일제 경찰의 체포와 고문으로 1914년부터 정신착란증에 걸려 불우한 여생을 보내던 그는 1948년 세상을 떠났다.

"사람, 글, 재산은 다른 사람에게 빌리지 않는다"

조창용은 영양 주실 출신 가운데 최초로 근대 교육을 받고 계몽운동에 투신한 인물이었다. 그는 유교 전통의 기반 위에 서서 서구 사상을 받아들였고, 나아가 블라디보스토크로 망명해서는 독립운동 기지 건설운동에 참여했다.

애국계몽운동의 후예들

1629년 조전이 주실에 정착한 이후로 문집과 유고를 남긴 사람이 무려 63인에 이른다. 주목할 것은 문학이든 학문이든 세상에 소용되어야 한다는 정신이 깔려 있다는 점이다. 대표적인 인물로 옥천 조덕린을 들 수 있다. 마을의 월록서당은 유학을 새롭게 익히던 곳이고, 호은정사나 만곡정사 등도 이러한 뜻을 잇던 대표적인 장소다. 이러한 전통은 20세기에도 그대로 이어졌다. 조헌영과 조애영 남매, 조동진과 조지훈 형제가 대표적인 예다.

조헌영趙憲泳(1899~1988)은 조인석의 차남이다. 조인석은 1900년경 조병희를 따라 서울로 갔다가 개화사상을 접하고 마을로 돌아와 신학문을 가르치던 인물이다. 그의 두 아들 근영과 헌영은 와세다 대학, 셋째 준영은 보성고보를, 넷째 애영은 배화여고를 다녔으니 그가 신교육에 얼마나 적극적이었는지를 알 수 있다. 조헌영은 일본에 머물 당시 신간회 도쿄지회장을 지냈고, 귀국해 신간회 총무간사를 맡았다. 조선어학회가 주관한 '한글맞춤법통일안'의 심의위원을 지냈으며, 해방 뒤에 1·2대 제헌의회 의원으로 당선되기도 했다. 그러나 무엇보다도 주목할 만한 점은 한의학을 학문적으로 정립한 일이다. 그는 원래 영문학도였으나 일본 유학 시절 병에 걸린 친구를 치료하기 위해 독학으로 『동의보감』을 연구한 것이 한의학의 초석을 닦는 계기가 되었다. 그는 『통속한의학원론』을 비롯한 여러 권의 저술을 남겼는데, 이는 한의학의 과학성과 민족 의학으로서의 가치를 처음으로 이론화한 입문서로 평가받는다. 조헌영은 한국전쟁 때 납북되었다. 그 뒤에도 한의학 연구서를 내는 등 한의학에 몰두하다가 1988년 5월 작고했다고 전한다.

조애영趙愛泳(1911~2000)은 조헌영의 누이동생으로 여류 시조시인이다. 그녀는 주실마을의 전통 속에서 자라났다. 내방가사를 학습했고, 한문과 한글의 습자 공부를 했다. 그러나 그녀가 전통문화 속에서만 성장한 것은 결코 아니었다. 1922년 영양공립보통학교에 이어, 1927년 서울 배화여자고등보통학교에 입학했다. 시조집 『슬픈 동경憧憬』과 『은촌隱村내방가사집』을 남겼다. 그녀는 많은 사람에게 "맑은 양심, 굳센 의지, 불같은 정열의 소유자"로 비쳤는데 그러한 면모는 그의 작품에서 잘 드러난다.

세림世林 조동진趙東振(1917~1937)은 조헌영의 맏아들이다. 그는 영양공립보통학교에 재학하던 중 1931년 마을 소년들을 모아 '소년회'를 조직했고, 이후 어린이날을 기념해 문집 『꽃탑』을 발간했다. 1935년 잠시 서울로 올라가 문인들과 교유했으나 그해 말 주실마을로 돌아왔다. 1937년 3월 조동진은 스물한 살의 나이로 세상을 떠났다. 이를 뽑고 난 뒤 치기와 울분으로 마신 술이 화근이었다. 그가 남긴 것이라고는 그의 사후 오일도와 아우 조지훈이 그의 시를 모아 출간한 『세림시집』이 전부다.

조헌영의 차남 조지훈(1920~1968, 본명 조동탁)도 문학에 입문했다. 그는 「고풍의상」과 「승무」 「봉황수」로 시단에 데뷔했다. 해방 뒤에는 민족문화 전반에 걸친 연구에 몰두했다. 학자로서 업적으로 손꼽히는 것은 역시 『한국문화사서설』(1964)과 『한국민족운동사』(1964)다. 앞의 것은 무엇보다도 한국 민족문화에 대한 전반적인 이해와 나아가야 할 방향을 제시해주었다는 점에서 의의가 크며, 뒤의 것은 갑신정변에서 해방 때까지의 민족운동사를 정리한 것으로 민족운동사의 연구 방향을 제시했다.

10장

실학정신으로 근대의 선구가 되다

— 여주 이씨 퇴로 가문

이영춘

「경상남도」, 『대한전도』, 19.4×27.0cm, 1899, 영남대박물관.

퇴로 가문, 신구병진의 정신

　오늘날 밀양시 부북면 퇴로리에 근거를 두고 있는 여주 이씨驪州李氏 퇴로 가문(자유헌파自濡軒派)은 우리 민족의 근대화 과정에서 전통적인 양반 가문이 어떻게 적응해나가고 또 능동적으로 사회에 공헌하면서 발전해왔는가를 보여주는 특별하고 흥미로운 사례다.

　여주 이씨 밀양파는 15세기 후반에 서울에서 밀양으로 이주해 현재의 삼랑진 용성리, 단장면 무릉리, 단장리, 사연리 등지에 흩어져 거주하다가 400여 년 뒤 도원桃源 이종극李鍾極의 세 아들 항재恒齋 이익구李翊九(1838~1912), 정존헌靜存軒 이능구李能九, 용재庸齋 이명구李命九가 1890년(고종 27)에 거주지를 단장면 무릉리에서 부북면 퇴로리로 옮긴 뒤 현재까지 동족 마을을 이루면서 살고 있다.

　밀양은 경남 내륙 지역에 위치해 보수적인 유교문화 전통이 강한 곳이다. 이곳에는 고려 중기의 문인 서하西河 임춘林椿이 무신의 난을 피해 정착한 뒤 조선 초기에 대사성을 지낸 정재貞齋 박의중朴宜中, 대제학을 지낸 춘정春亭 변계량卞季良, 사림파의 영수 점필재佔畢齋 김종직金宗直 등이 중심지로 삼아 활동했다. 특히 점필재를 제사하는 예림서원禮林書院은 밀양 유림들의 중심지가 되었다.

퇴로마을 전경과 『퇴리십팔영退里十八詠』(아래).

再從妹金室玉成寫我退里十八詠
自大邱寄來字畵頗雅健余喜而
藏之因復請一灘河兄書原詩於
每章之右以便觀覽一灘以八三
歲老翁不辭而應之益感友誼之
篤焉時公元二千二年浴佛日
　　　　　　　　老碧識

退里十八詠

15세기 후반 밀양에 입향한 여주 이씨 일가도 이곳의 유력 양반들과 혼맥으로 연결되고 경제적 토대를 갖추면서 지방 사족으로 정착했다. 이 가문은 16세기 중반에 부사를 지낸 월연月淵 이태李迨(1483~1536)와 승지를 지낸 금시당今是堂 이광진李光軫(1513~1566)이 숙질간에 문과에 급제해 관직에 나간 것 외에는 대체로 재야에서 학문에 전념했지만, 그럼에도 밀양의 유림사회에서 상당한 명망을 유지해 왔다.

1890년 항재의 형제들이 산골 고향인 단장리에서 평야지대인 퇴로리로 옮겨 가면서 상당한 농장을 마련해 경제적으로 유력해졌다. 이에 더해 1905년에 개통된 경부선 철도가 밀양을 지나게 된 것이 이 가문의 근대화를 촉진했다. 철저히 유교적인 전통 속에서 살아왔던 가문이 어떻게 '신구병진新舊竝進'이라는 구호를 내걸 만큼 근대적인 정신을 갖게 되었는지 흥미롭다. 이는 항재가 성재性齋 허전許傳(1797~1886)의 문인이 되어 성호학파의 실학에 심취한 것이 큰 계기가 되었다. 그의 시문집에는 전통 유학을 엄수하면서도 근대 문화에 적응하려는 의지가 담겨 있다. 성리학의 고정관념에서 벗어나 역사를 통한 성찰을 중시했고, 국가에 위기가 닥쳤을 때에는 선비의 실천으로 '농사에 힘씀服田力穡'과 '상공업에 종사함通商惠工'도 마다하지 않았다. 이러한 항재의 학문과 정신은 그의 장자 성헌省軒 이병희李炳憙(1859~1938)와 조카 퇴수재退修齋 이병곤李炳鯤(1882~1948)에게도 큰 영향을 미쳐 도학道學을 중시하면서도 이에 고착되지 않고 새 시대가 요구하는 근대 학문 탐구와 실천에 힘쓰게 했다.

1907년에 항재는 향리에 화산의숙華山義塾을 세우고 일본인 교사 두 명을 초빙해 자손들에게 신학문과 측량기술 등을 가르치다가 1910년 나라가 망하자 이를 폐지했다. 이병희는 뒤를 이어 1921년에 사립 보통학교인 정진의숙正進義塾(훗날의 정진학교)을 설립했고, 1909년에는 마을에 인쇄소인 동문사同文社를 세워 『성호집星湖集』 등을 간행하기도 했다. 그들은 자제를 가숙家塾에서 가르치기도 했지만, 그들이 세운 신식 학교에 보내기도 하고 서울로 보내 유학을 시키기도 했다. 그들 가문에서는 곡식을 모아 빈민들을 구제하는 사창社倉을 만들었고, 약포藥鋪와 정미소도 운영했

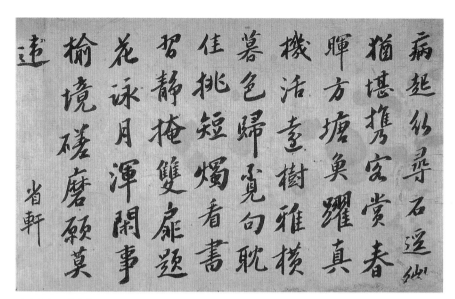

이병희시고, 장서각.

으며, 자손들 중에는 상업(퇴로상점退老商店)과 잠업蠶業에 종사한 이들도 있었다.

19세기 후반의 급격한 사회 변동 속에서 퇴로의 이씨들은 전통적인 유학의 가치를 고수하면서도 실학적 기반 위에서 새로운 세계에 적응할 학문 태도를 기르고 신교육에 앞장섰다. 그 결과 오늘날까지 많은 학자와 교육자, 관료와 정치가를 배출할 수 있었으며, 지역사회의 근대화에도 기여할 수 있었다.

경제력과 학문을 기반으로 이름을 떨치다

여주를 본관으로 하는 이씨는 시조를 달리하는 세 파가 있다. 즉 고려 중기에 인용교위를 지낸 이인덕李仁德을 시조로 하는 교위공파校尉公派, 이은백李殷伯을 시조로 하고 이규보李奎報를 중시조로 하는 문순공파文順公派, 향공진사鄕貢進士 이세정李

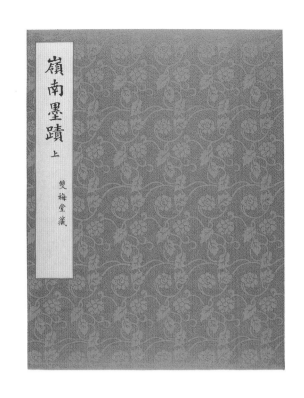

이씨 가문에서 수집하여 전승된 『영남묵적』, 장서각.

『영남묵적』에 장정된 퇴계 선생의 유묵.

世貞을 시조로 하고 회재晦齋 이언적李彦迪이 현조인 경주파慶州派다. 이 가운데 족세를 가장 크게 이룬 파가 교위공파인데, 밀양 퇴로 가계도 여기에 속한다.

여주 이씨는 고려 중기까지 여주의 향리였으나 고려 후기에 중앙 정계로 진출했고, 조선 초기에는 전국적인 명문 사환가로 올라섰다. 시조의 9세손인 기우자騎牛子 이행李行(1352~1432)은 문과에 급제해 예문관 대제학을 지냈고, 그의 아들 적逖과 적迹은 모두 문과에 급제한 뒤 직제학과 대사헌을 지냈으며, 원遠은 무공으로 병조 판서를 지내고 후에 정국공신 여천군驪川君에 봉군되었다. 그들의 혼맥을 살펴보면, 이적李逖의 아들 자攻는 양녕대군의 사위였으며, 손자 증석曾碩은 밀산군密山君 박거 겸朴居謙의 사위였다. 또 한명회韓明澮는 이적李逖의 외손이었다. 이처럼 일찍이 조선 초기에 상당한 문벌을 이루었던 것이다.

15세기 후반에 시조의 13세손인 이사필李師弼이 밀양의 부호였던 유자공柳子恭의 딸과 결혼함으로써 밀양에 정착해 오늘날의 단장면 무릉리, 단정리, 사연리, 삼 랑진 용성리 등지에 흩어져 살았다. 이후 그의 후손들은 밀양의 여러 유력 가문과 통혼하여 사회·경제적 토대를 굳혔다.

그 혼맥을 보면 밀양 일대의 밀양 박씨, 문화 유씨, 진양 하씨, 벽진 이씨, 함안 조씨, 밀양 손씨 등과 연혼관계를 유지했고, 멀리는 고령의 전의 이씨, 경주의 영일 정씨, 하회의 풍산 류씨 일가와도 혼인했다. 근세에는 그 혼맥이 성주의 청주 정씨淸 州鄭氏(한강寒岡의 후손), 광암의 인동 장씨(여헌旅軒의 후손), 진주의 재령 이씨, 안동 오천의 광산 김씨, 토계兎溪의 진성 이씨(퇴계退溪 후손) 등 영남 전체로 널리 퍼져나 갔다. 이러한 혼맥은 밀양의 여주 이씨가 학문과 행실에서 명망을 유지했을뿐더러 경제력이 뒷받침되었기에 가능했다.

이 가문에서는 16세기 중반에 입향조 이사필의 셋째 아들인 월연月淵 이태李迨 (1483~1536, 한림, 부사)와 금시당今是堂 이광진李光軫(1513~1566, 승지)이 문과에 급 제해 관직에 나아갔고, 장남인 이원李遠과 손자 광로光輅가 생원·진사가 되기도 했 다. 그 뒤에는 벼슬길에 나아간 사람이 별로 없었고 대체로 재야에서 학문에 주력 하며 가학과 가업을 이었다.

鳳兮歌張終

洙泗聖已遠

千秋啓沃洪

河南復開端

「이만백 시권」, 장서각.

이휘춘 서한(1800, 위), 이장박 서한(1831, 아래), 장서각.

[표 1] 시조始祖 이인덕李仁德(인용교위仁勇校尉)

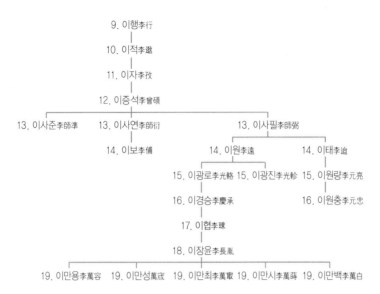

이사필의 직계로는 5세손 장윤長胤에게 다섯 아들인 만용萬容·만성萬成·만최萬
宧·만시萬蒔·만백萬白이 있었는데, 그 막내가 자유헌自濡軒 이만백(1656~1716)으로
그가 퇴로 가문의 직계 선조다. 그로부터 지유之道-(계系)섭涉-교橋-휘춘輝春-장박
章璞-종극鍾極(도원桃源)까지 6세 동안에는 줄곧 한 줄기로 내려와 자손이 귀했다.
이 때문에 종족은 번성하지 못했지만, 그들의 재산은 흩어지지 않고 유지될 수 있
었다.

도원桃源 종극鍾極(1811~1859)은 바로 항재의 부친으로 비로소 삼형제를 낳아
가문이 번성할 기틀을 마련했다. 항재 이익구李翊九(1838~1912)는 아우 정존헌靜存軒
이능구李能九, 용재庸齋 이명구李命九와 함께 1890년(고종 27)에 300여 년 동안 살아
오던 단장면 무릉리를 떠나 부북면 퇴로리로 이거했다. 이주 이유는 분명하지 않지
만, 농장 확대와 관련이 있는 듯하다. 단장면 일대는 깊은 계곡을 끼고 있어 수량이
풍부했기에 한발의 염려는 없었지만 경작지가 적어 농장을 넓혀나갈 여지가 없었던
것으로 보인다. 반면 퇴로리 일대에는 제법 광활한 평야가 있었지만 당시까지는 수

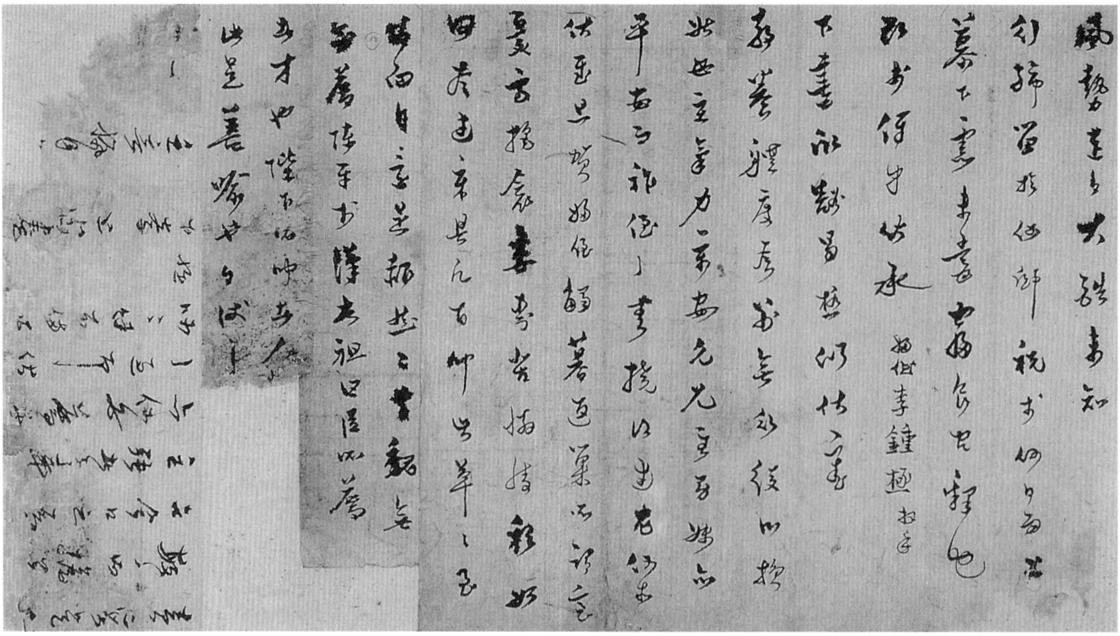

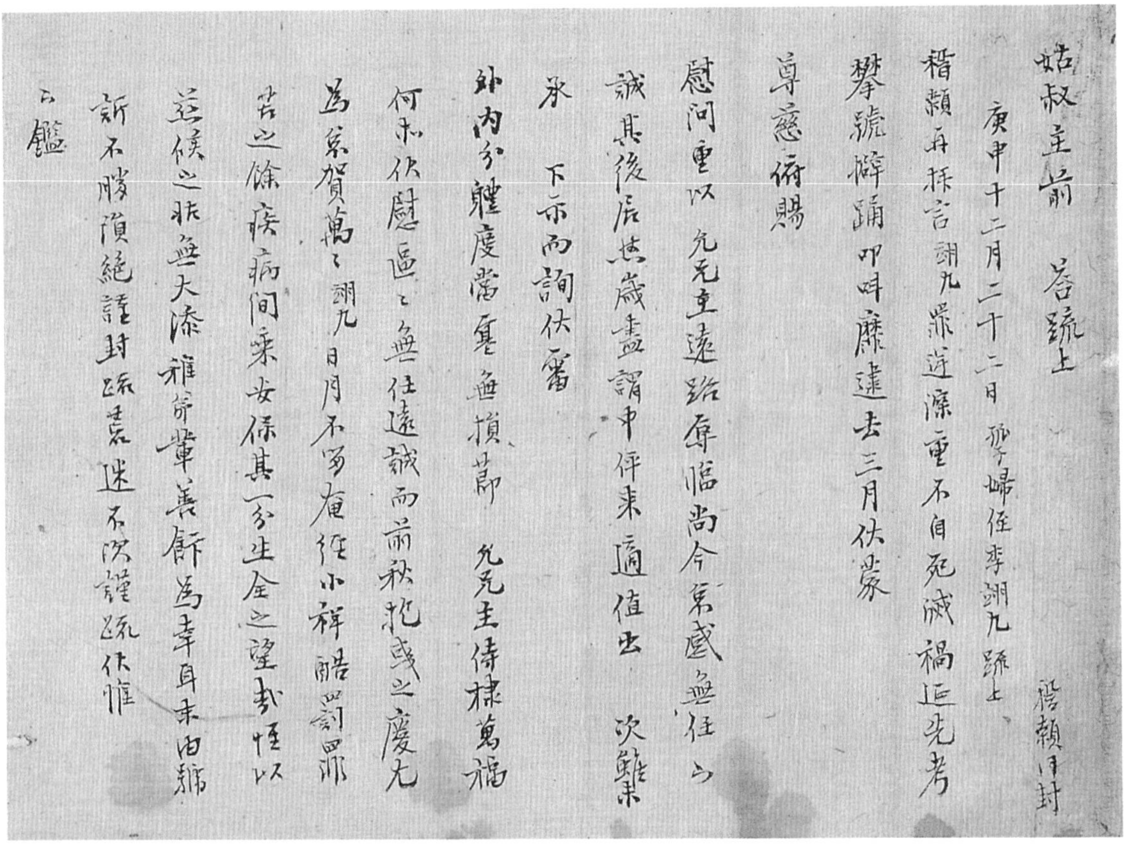

이종극 서한(1842, 위), 이익구 서한(1860, 아래), 장서각.

리시설이 갖춰지지 않아 벼농사가 쉽지 않았기에 땅값이 저렴했다. 그리하여 그들은 축적된 자산을 이곳에 투입해 상당한 농장을 확보할 수 있었다. 그들이 퇴로리로 이거한 뒤에 이 들판에 커다란 가산저수지가 생겨 한전旱田이 옥토가 되었으므로 항재 삼형제의 재산은 크게 불어났다.

그들은 단장면에서 세전한 전답도 그대로 지켰고, 퇴로리에 새로이 농장을 확보한 것 외에도 밀양 여러 지역에 많은 토지를 보유하고 있었다. 밀양 전역에 농장을 확대하게 된 데에는 1909년에 정존헌의 아들 도하桃下 이병규李炳圭가 중심이 되어 결성한 밀양 식산조합殖産組合의 활동이 큰 역할을 했던 듯하다. 당시에는 일제의 식민정책에 의해 일본인들이 밀양에 대거 진출해 가난한 농민들의 토지를 매집하고 있었는데, 조선인들이 이를 막기란 어려웠다. 그리하여 이 지역의 농토가 장차 모두 일본인의 손으로 넘어갈 위기에 처해 있었다. 이러한 형편에서 이병규 등 밀양의 식자들이 일본인들에게 토지가 넘어가는 것을 막기 위해 조합을 결성하고 공동으로

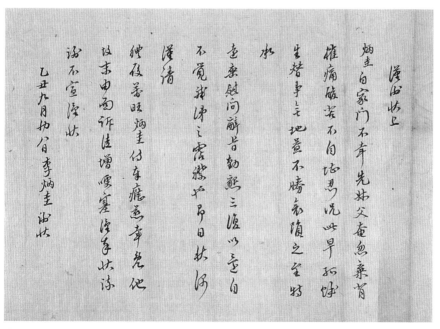

이병규 서한, 1925, 장서각.

[표 2]

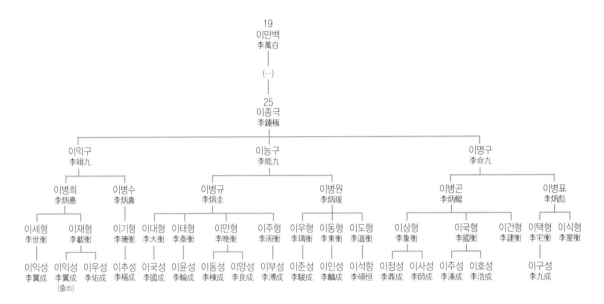

자금을 출연해 이 지역에서 전답이 나오는 대로 앞서 매집했다. 그런 까닭에 이 일대의 토지가 일본인들에게 넘어가는 것을 어느 정도 막을 수 있었고, 조합 회원들도 각처에서 농장을 확보할 수 있었다. 이 식산조합은 분란이 생겨 얼마 뒤 해체되고 농장은 회원들의 출자금에 따라 분할된 것으로 보이는데, 결과적으로 여주 이씨 집안의 농장도 이로써 확대된 듯하다. 그리하여 이병규는 항재 형제로부터 전답의 일부를 특별히 상급받기도 했다.

항재 삼형제는 퇴로리로 이주한 뒤 각기 저택과 산정山亭, 별서別墅를 지었다. 저택은 정침이 5~6칸 규모에 4칸 정도의 사랑채와 곳간이 딸린 기와집으로 중후한 규모를 갖추었다. 삼형제 각자의 정자는 동네 서편과 북쪽 산록에 자리잡고 있는데, 각기 4칸의 정침과 3칸의 정자, 곳간, 고직사庫直舍 및 연못을 두어 아름다운 풍광을 자랑하고 있다. 항재의 정자인 서고정西皐亭과 정존헌 이능구의 용현정사龍峴精舍는 동네 서쪽에 있고, 용재 이명구가 지은 삼은정三隱亭은 동네 뒤편 북쪽 산록에 있다. 이들은 선대에 지은 월연정月淵亭(이태李迨), 금시당今是堂(이광진李光軫), 도원정桃源亭(이종극李鍾極) 등과 함께 밀양에서도 이름난 정자가 되었다.

　항재의 선대는 6대에 걸쳐 외줄기로 내려왔지만, 그의 삼형제 이후에는 자손들이 번성했고 모두 퇴로리에 모여 살아 마을 전체가 이들의 동족 마을이 되다시피 했다. 그들의 계보를 대략 정리하면 [표 2]와 같다.

밀양 퇴로 가문의 학문과 사회활동

　항재 이익구는 일찍이 이익李瀷-안정복安鼎福-황덕길黃德吉을 이은 성호학파의 성재性齋 허전許傳의 문인이 되어 실학實學에 심취했다. 그도 물론 전통적인 성리학에 대해 가르침을 받았지만, 성재를 통해 실학 정신을 길렀다. 따라서 그는 성리학

「통문」, 장서각. 성호 선생 문집 간행 관련 통문이다.

「허전초상」, 비단에 채색, 136.0×71.5cm, 19세기, 경기도박물관. 항재 이익구는 허전에게서
실학을 배웠다.

퇴로 가문에 전하는 성호 이익 서한(1742, 위)과 안정복 서한(1774, 아래), 장서각.

의 고정관념을 벗어나 격동기에 있었던 조선의 현실을 직시할 수 있었고, 역사를 통한 성찰을 중시했다. 이러한 항재의 학문과 실천 정신은 그의 장자인 성헌省軒 이병희와 조카 퇴수재退修齋 이병곤李炳鯤(1882~1948)에게도 커다란 영향을 미쳤다. 그리하여 이 가문은 '신학문과 전통 유학의 병진新舊竝進'을 기치로 내걸고 전통적인 도학道學을 지키면서도 새 시대가 요구하는 근대 학문 탐구와 사회적 실천에 나설 수 있었다.

항재와 성헌 부자는 역사에 깊은 관심을 갖고 사서史書를 저술하고 많은 사료를 수집·편찬했다. 항재는 중국의 전국시대부터 당말唐末 오대五代까지의 역사를 요약하고 사론史論을 붙인 『독사차기讀史箚記』를 저술해 간행했고, 성헌 이병희는 『조선사강목朝鮮史綱目』 14책(태조~숙종)을 저술했다. 그는 후속 작업을 종제 이병곤에게 부탁했다. 퇴수재는 속편을 편찬하고자 1939년 1월부터 6월까지 서울에 머물면서 각종 사료를 수집했고, 경종 이후의 실록에서 중요한 기사들을 발췌해 등사하기도 했다. 이들을 정리·편집한 것이 『이가묵장사료총편李家墨莊史料叢編』 40책이다. 그러나 1940년대 일제의 민족말살 정책과 전쟁 등의 사정으로 인해 속편 작업은 끝내 완성을 보지 못했다.

퇴로의 이씨 일문은 전통적인 양반 지주로서 상당한 경제력을 보유하고 있었다. 당시의 경제는 말할 것도 없이 농장을 확보해 직접 운영하거나 소작을 주는 것이었다. 이들 가문이 퇴로리에 정착한 이후 1920년대 무렵에는 삼형제가 각기 소작료를 포함 1000석 내외의 수확을 거뒀으므로 합치면 3000석 정도의 경제 규모가 되었다. 그들은 여기서 더 이상 농장을 확대하지 않고 이 규모를 유지하면서 소득을 각종 사회활동에 쏟아부었다.

항재 일문이 가장 관심을 가지고 주력했던 분야는 신교육이었다. 항재는 1907년에 향리에 화산의숙을 설립하고 일본인 교사도 초빙했지만 1910년 8월에 국치國恥를 당하자 일본인 교사들에게 급료를 줄 수 없다 하여 내보내고 의숙을 폐지했다. 그러나 이들의 신교육에 대한 열망은 계속되어 1921년에 다시 이병희와 종형제들이 정진의숙을 세워 문중의 자제들과 인근 지역의 학생들을 모아 가르쳤다. 이

항재기恒齋記, 장석영 기記.

성헌 이병희.

溪院竹生同意想
寒潭月照倍精神 海士

항재의 시, 김성근 서書.

성헌의 시, 유희강 서書.

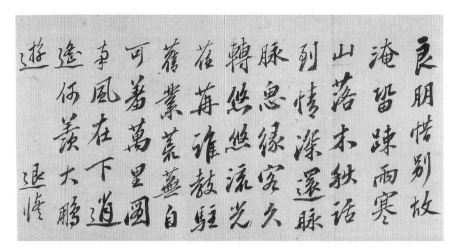

이병곤 시고, 장서각.

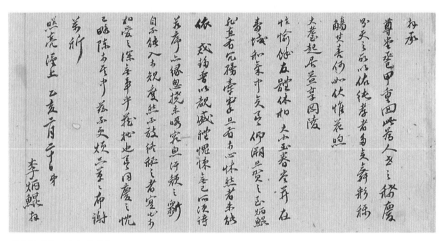

이병곤 서한, 1935, 장서각.

학교는 훗날 정진학교로 이름을 바꿔 1939년까지 유지했으나, 그해 4월에 일제의 탄압으로 폐교되었다. 이 학교는 1945년 해방 이후에 복교되어 공립 화양국민학교가 되었고, 1960년에는 정진국민학교로 이름을 고쳐 이 지역의 초등 교육을 담당했다. 설립 초기부터 이 학교의 학감은 이병곤이 맡았는데, 그는 1920년대 후반부터 1934년까지 장기간 교장을 역임했다.

해방 후인 1946년에는 이능구의 손자인 이주형李周衡 등이 밀양유도회密陽儒道會를 중심으로 중학교 설립을 추진해 공립 밀양중학교로 설립 인가를 받고 그해 8월 15일 초대 교장에 취임해 1948년 5월 31일까지 재임했다.

퇴로 이씨 일가는 학교를 세워 지역사회의 신교육을 주도했을 뿐만 아니라, 자제들을 서울로 유학 보내 신학문을 익히게 했다. 이는 부유한 가문의 경제력과 함께 편리한 철도 교통의 혜택을 입었기 때문이다. 이주형은 일찍이 서울의 휘문고보와 경성제국대학을 졸업했고, 그의 영향으로 퇴수재의 아들인 국형國衡과 건형建衡 및 조카 택형宅衡이 모두 휘문고보를 나올 수 있었다. 이주형은 훗날 밀양중학교 교장을 지내고 제헌국회의원이 되었으며, 국형은 군수, 건형은 대구사범 교원을 지냈다. 또 이능구의 손자 만형晩衡의 아들들도 모두 신교육을 받았는데 부산대 전자공학과 교수 이양성李良成은 그의 셋째 아들이다. 이러한 신교육과 함께 항재 일가는 전통적인 한문 가숙도 계속 운영하여 한문에 조예가 있는 자손들에게 유교 경전과 한학을 힘써 익히도록 했다. 이 가숙에서 배출한 대표적인 학자가 학술원 회원 이우성 교수다.

퇴로 이씨 일가는 1909년 향리에 신활자 인쇄소인 동문사를 설립해 『성호집』(50권27책), 『만성집晩惺集』, 이용구李龍九의 『시문집』(2권1책), 『항재집』(10권5책), 『독사차기』(8권 4책) 등 여러 책을 간행했다. 여기서 펴낸 『성호집』은 오늘날 실학 연구를 하는 데 귀중한 자료가 되고 있다. 동문사에서는 초기에 목판으로 책을 찍어내기도 했지만 곧 일본에서 신활자와 인쇄 기계를 들여왔다. 이러한 사업을 할 수 있었던 데에는 그들 가문의 유력한 경제력과 지리적 여건이 큰 도움이 되었다.

그들은 일찍부터 문중 사창社倉을 세워 춘궁기나 흉년에 지역사회의 빈민들을 구제했다. 사창은 남송의 주자가 창시한 이후 성리학자들이 이상적으로 여기는 사회 구호 제도였으므로 퇴로 이씨들이 이를 좇아 행한 것은 자연스러운 일이었다. 그러나 1894년에 일어난 동학운동이 밀양 사회에도 적지 않은 소동을 일으켰으므로 퇴로의 사창 운영도 그 영향을 받았을 것으로 여겨진다. 사창은 지역사회의 부유한

양반들이 곡식을 출연해 운영하는 것이지만, 당시 퇴로에는 여기에 협조한 양반들이 별로 없어 결국 항재 삼형제가 일정하게 곡물을 내어 관리했으므로 그 규모는 크지 않았고, 아마도 본동과 인근 마을 사람들 정도를 구제했던 듯하다.

항재 일가는 모두 의약에 조예가 있어 각기 소규모 약포藥鋪를 가지고 있었다. 이는 전통시대의 유학자들이 부모에 대한 효양孝養의 일환으로 의약과 치병에 많은 관심을 가졌던 까닭에 이 집안에서도 약포를 운영한 듯하다. 특히 이능구의 차자였던 율봉栗峰 이병원李炳瑗은 한약에 조예가 깊어 큰 약포를 운영했으므로 웬만한 질병은 처방하고 조제할 수 있었다. 그는 정식으로 한약사 자격증을 보유했던 백남승白南昇을 불러들여 마을에 약방을 열도록 주선했다. 이로써 이씨 일가는 물론이고 인근 마을 주민들도 혜택을 입을 수 있었다.

항재의 학문 정신에는 난세에 사는 선비의 도리로 '복전역색'과 '통상혜공'도 있었기에 이 집안에서는 일찍부터 상업이나 공업에 진출한 자제들이 있었다. 정존헌의 손자였던 태형泰衡은 1927년 무렵 퇴로 동네에 원동기로 가동되는 신식 정미소를 설립해 운영했다. 이 정미소는 대지주였던 이씨 일가가 필요해서 만든 것이었지만, 인근의 농민들도 편리하게 이용했다. 그의 아우 만형은 1920년대에 밀양 읍내에 퇴로상점이라는 제법 큰 규모의 잡화점을 열어 상업활동을 했다. 이 상점은 퇴로 이씨들이 읍내를 오갈 때의 거점이나 연락처가 되었고, 각종 정보를 교환하는 곳이 되기도 했다. 항재의 종손인 익성翼成은 용재의 손자였던 택형宅衡과 함께 1940년대에 잠업을 일으켜 1943년에는 밀양시 삼문동에 대규모의 잠종제조소蠶種製造所를 운영하고 뽕 모종을 농민들에게 분양해 양잠을 장려하기도 했다. 이 사업은 1945년 해방을 맞으면서 그에 따른 사회적 혼란으로 중지했으나 밀양 지역에 근대적 잠업을 발전시키는 계기가 되었다.

이렇게 퇴로의 이씨 가문은 서당, 학교, 사창, 인쇄소, 약포, 정미소, 상점 등 그들의 생활이나 사업에서 필요한 것은 무엇이나 직접 만들어 활용하는 성향을 지녔다. 그들의 본업은 유학이었고, 경제 기반은 각처에 산재해 있었던 농장이었지만, 소규모 상공업에도 진출했고 잠업과 같은 새로운 사업에 뛰어들기도 했다.

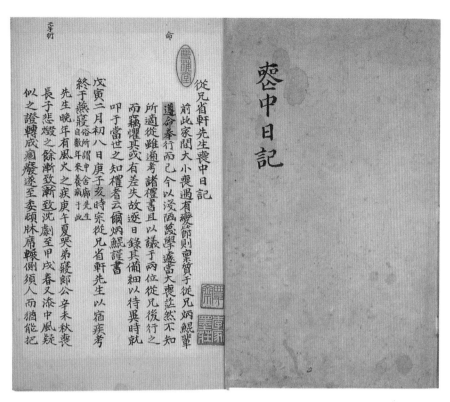

『성헌선생 상중일기』, 이병곤 찬, 1938, 장서각.

　　퇴로 이씨 일가는 1930년대 말 이후 끊임없이 일제 당국의 감시와 조사를 받았
다. 일제가 정진학교의 설립 운영과 각종 출판물의 간행을 빌미삼았던 것이다. 이
들 사업을 주관했던 이병곤은 '비협조 불복종'의 요주의 인물로 사찰을 받아오다가
1944년 2월 경상남도 경찰부 고등과에 체포·구금되었다. 그는 여기서 4월까지 2개
월 동안 조사를 받으며 고초를 겪다가 석방되었으나, 이때 그의 일기를 포함해 많은
서적이 압수되었고, 그중 일부는 후환을 두려워해 스스로 소각하기도 했다.

　　이병곤의 일기인 『퇴수재일기』는 필사본으로 전해오던 것을 2007년 12월 국사
편찬위원회에서 『한국사료총서』 제51호 상·하 2책으로 간행했다. 이 책은 한말에
서 일제강점기 그리고 대한민국 건국기까지인 1906년부터 1948년까지의 42년을 기

록한 일기 자료다. 그러나 일제 관헌의 압수와 본가에서의 소각으로 인해 많은 부분이 유실되었고 약 22년 치 일기만 남아 있다. 현재 보존되어 있는 원본은 모두 17책 분이다. 여기에 특수 일기라고 할 수 있는 『색우록色憂錄』(모친 간병일기)과 『우고록憂苦錄』(모친 상중일기), 『상중일기』(종형 성헌의 상중일기) 각 1책을 합편했다. 원편이라고 할 수 있는 『퇴수재일기』 자체도 중요하지만, 부록으로 붙인 특수 일기들도 매우 희귀한 자료다. 『퇴수재일기』는 향촌에서 평생을 은거하며 살았던 유학자의 기록이므로 밀양 지역사회 선비들의 교유관계나 예속생활에 관한 내용이 많다. 또한 가정생활, 독서·학문과 시문 집필, 유교 의례, 지인들과의 서신 왕래, 지주로서의 농장 관리 등 일상생활의 일기가 주류를 이룬다. 더불어 그의 집안에서 학교를 설립하고 그 자신이 다년간 교장을 역임했으므로 학교 관리와 교육, 관청 출입 등의 내용도 많은 부분을 차지한다. 뿐만 아니라 가숙에서 행해지던 전통적인 유교 교육에 관한 자료들도 수록되어 있다. 이 일기에는 관혼상제에 관한 유교 의례의 기록이 많이 보이는데, 특히 부친 상중 일기인 『여도일기茹荼日記』, 모친 상중의 일기인 『우고록』, 종형 성헌 이병희의 『상중일기』는 전통적인 유교식 상례의 모습을 생생히 기록하고 있어 이 방면의 연구에 귀중한 자료가 될 것이다.

이 일기에는 일제강점기의 행정기관과 경찰관서와의 크고 작은 마찰이 숱하게 기록되어 있다. 비록 1910년의 한일강제병합과 1919년의 3·1운동 등 민족운동을 기록한 전후의 일기들은 일제에 압수되어 대부분 사라졌지만 대략의 편린들은 전하고 있다. 이는 향촌의 유학자 계층과 일제 당국의 관계를 이해하는 데 상당한 도움이 될 것이다. 또한 이 책에 기록된 1945년 해방 이후 밀양 지역의 건국 준비 운동과 좌·우익 갈등 및 각종 사회단체들의 동향, 특히 퇴수재 자신이 회장으로 있었던 유도회와 좌파의 유교연맹 사이에 있었던 대립 및 분쟁은 해방 직후의 지역사 연구에 중요한 자료가 된다.

1945년 8월 해방을 맞자 퇴수재는 지방 유림의 강권에 의해 밀양유도회 회장과 밀양향교 전교典校를 역임하면서 새로운 유교 문화를 일으키고 그것으로 새 나라 건설에 이바지하고자 했으나, 옥고의 여독으로 병석에 있다가 1948년 10월에 고종

했다. 이주형은 1948년 5월 10일 선거에서 당선되어 제헌의원이 되었으나, 6·25 전쟁 때 납북되었다.

1장 조선 사회에 도학정치의 이상을 실천하다

『고려사』, 『석담일기』, 『세조실록』, 『숙종실록』, 『승정원일기』, 『영조실록』, 『용인이씨족보』, 『음애집』, 『인조실록』, 『장릉지』, 『정암집』, 『정조실록』, 『증보문헌비고』, 『한국계행보』, 『한양조씨대동세보』, 『해동명신록』, 『효종실록』

이근호, 「남양 홍씨 정효공파의 역사」, 『남양홍씨 정효공파─녹슨 거울을 닦아 미래를 비추다』, 화성시·화성문화원, 2010

이병휴, 『조선전기 기호사림파 연구』, 일조각, 1984

이정수, 「조선초기 공신전의 운영양태─조온 공신전권을 중심으로」, 『부대사학』 15·16합본, 1992

이태진, 「15세기 후반기의 '거족'과 명족의식─「동국여지승람」 인물조의 분석을 통하여」, 『한국사론』 3, 서울대 국사학과, 1976

정만조, 「조선시대 용인지역 사족의 동향」, 『한국학논총』 19, 1997

조준호, 「송시열의 도봉서원 입향논쟁과 그 정치적 성격」, 『조선시대사학보』 23, 2002

───, 「18세기 전반 근기남인의 분포와 무신란」, 『성호학보』 3, 2006

허흥식, 『한국의 고문서』, 민음사, 1988

2장 은군자와 도학자를 배출한 조선의 명가

『명종실록』, 『서원등록』, 『선조실록』, 『신독재유고』, 『연려실기술』, 『우계선생연보보유牛溪先生年譜補遺』, 『우계선생연보부록牛溪先生年譜附錄』, 『우계선생연보후록牛溪先生年譜後錄』, 『우계집』, 『월사집』, 『유교연원儒敎淵源』, 『율곡전서』, 『조두록』, 『증보문헌비고』, 『청송집』, 『청음집』, 『태학지』, 『퇴계집』

배종호, 『한국유학사』, 연세대학교출판부, 1974

이병도, 『한국유학사』, 아세아문화사, 1987

최영성, 『한국유학통사』, 심산, 2006

황의동, 『우계학파연구』, 서광사, 2005

현상윤, 『조선유학사』, 민중서관, 1949

경기문화재대관, 경기도, 1990

동국문묘십팔현연보東國文廟十八賢年譜, 한국명현유적연구소, 1966

문화유적총람, 문화재관리국, 1977

파주군지坡州郡誌, 파주군, 1993

한국민족문화대백과사전, 한국정신문화연구원, 1992

3장 "경敬으로 안을 곧게 하고 의義로써 밖을 반듯이 하다"

『남명집』『내암집』『미수기언』『삼우당실기』『세조실록』『세종실록』『송자대전』『신증동국여지
승람』『연산군일기』『창녕조씨족보』『창녕조씨문정공파파보』『퇴계집』『학기유편』『현재집』

이동환, 「조남명의 정신구도」, 『남명학연구』 창간호, 1991

4장 당쟁의 소용돌이 속에서 불세출의 문장과 언어를 이뤄내다

『송강집松江集』『영일정씨소은공파소종세보迎日鄭氏簫隱公派小宗世譜』

김덕진, 「송강 정철의 학문과 정치활동」, 『역사와경계』74, 부산경남사학회, 2010

김세곤, 『송강문학기행: 전남담양』, 열림기획, 2007

송강유적보존회, 『국역國譯 송강집』, 제일문화사, 1988

전남대학교도서관편, 『고문헌도록—계당위탁고문헌』, 2009

5장 임란의 한가운데를 학문과 충忠으로 관통해낸 구국의 경세가

『고문서집성古文書集成』15~18, 『군문등록軍門謄錄』『명종실록』『서애집西厓集』

『선조수정실록』『선조실록』『진사록辰巳錄』『우복집愚伏集』『입암일고立巖逸稿』

『징비록懲毖錄』

이수건, 「서애류성룡의 사회경제관」, 『서애연구西厓研究』2, 서애류성룡선생기념사업회, 1979

이재호, 「임진왜란과 류서애의 자주국방책」, 『역사교육논집』11, 1987

6장 엄격한 가정 경영과 과감한 실천으로 이름을 떨치다

노영구, 「공신선정과 전쟁평가를 통한 임진왜란 기억의 형성」, 『역사와 현실』51, 한국역사연구
회, 2004

문숙자, 『조선시대 재산상속과 가족』, 경인문화사, 2004

이수건, 『영남학파의 형성과 전개』, 일조각, 1995

──, 「월곡우배선의 임진왜란 의병활동」, 『민족문화논총』 13, 영남대학교 민족문화연구소, 1992

이수환, 「조선후기 영해지역 재지사족의 향촌지배」, 『울릉도, 독도, 동해안 주민의 생활구조와 그 변천, 발전』, 영남대학교 민족문화연구소, 2003

이헌창, 「18세기 황윤석가의 경제생활」, 『이재난고로 보는 조선 지식인의 생활사』, 한국학중앙 연구원, 2007

정구복, 『고문서와 양반사회』, 일조각, 2002

──, 「무안박씨 무의공가의 사회경제적 기반과 소장고문서의 성격」, 『고문서집성』 82-영해 무안박씨편(Ⅰ) 무의공(박의장)종택, 한국학중앙연구원, 2006

장동익 편저, 『농아당 박홍장의 생애와 임란구국활동』, 경북대학교 퇴계연구소, 2002

정수환, 「조선후기 영해 무안박씨가의 가계와 가계혼영의 한 양상─무의공종택 성책고문서를 중심으로」, 『고문서집성』 90-영해 무안박씨편(Ⅱ) 무의공(박의장)종택, 한국학중앙연구원, 2008

최효식, 「임진왜란 중 영천성 탈환전투의 고찰」, 『대구사학』 47, 대구사학회, 1994

7장 학통과 정파와 혼맥을 초월한 열린 가문

「금오설첩」(1751) 발문, 『경종실록』 『숙종실록』

김학수, 「추탄종책 소장 도첩류의 내용과 성격」, 한국학자료총서 36 『용인 해주오씨 추탄오윤겸 종택 전적』, 한국정신문화연구원, 2004

8장 '백의정승'을 배출한 소론의 명가

『경종실록』 『당의통략黨議通略』 『명재연보明齋年譜』 『사마방목司馬榜目』 『숙종실록』 『여지도서 輿地圖書』 『지장誌狀』 『현종실록』

김길낙, 「명재 윤증의 육왕학」, 『도산학보』 제5집, 도산학술연구원, 1996

김상오, 「회이사생론의 시비와 병신처분에 대하여」, 『전북대학교 문리과대학 논문집』 제1집, 1974

김영한, 「윤돈의 동복화회입의同腹和會立議」, 『향토연구』 1, 충남향토연구회, 1985

우인수, 「조선 숙종대 정국과 산림의 기능」, 『국사관논총』 제43집, 국사편찬위원회, 1993

──, 「조선 숙종조 남계 박세체의 노소중재와 황극탕평론」, 『역사교육논집』 19, 대구 역사교

육학회, 1994

유명종, 「명재 윤증의 무실학」, 『철학연구』 제26집, 김영달 교수 화갑기념호, 1978

윤사순, 「명재 윤증의 성리학적 실학」, 『도산학보』 제4집, 도산학술연구원, 1995

이문현, 「명재 유품과 종가 유물」, 『유학연구』 12, 충남대학교 유학연구소, 2005

이은순, 「명재 윤증의 학문과 정론」, 『백제연구』 제25집, 충남대학교 백제연구소, 1995

───, 「회니시비의 논점과 명분론」, 『한국사연구』 제48호, 1985

이해준, 「명재 윤증가의 고문서와 전적」, 『유학연구』 12, 충남대학교 유학연구소, 2005

이희환, 「임술고변과 서인의 분열」, 『인문논총』 21, 전북대 인문과학연구소, 1991

임선빈, 「명재 종택 전래 자료의 현황과 성격」, 『유학연구』 20, 충남대학교 유학연구소 논문집, 2009

임영란·강순애, 「명재 윤증가 소장 문중문고의 전적에 관한 서지적 연구」, 『서지학연구』 31, 2005

조중헌, 「노성 파평윤씨 노종파의 정착과 성장과정」, 『노성 파평윤씨 노종파 문중 소장 자료의 내용과 성격』(국사편찬위원회 대전·충남·충북 사료조사위원 워크숍 발표문), 2006

정경원, 「명재 윤증의 교육과 향촌 교육활동」, 『역사와 역사교육』 제2호, 1997

한국정신문화연구원, 『고문서집성 四 : 파평윤씨편坡平尹氏篇』, 1989

한우근, 「명재 윤증의 실학관─이조 실학의 개념재론」, 『동국사학』 제6집, 1956

현상윤, 『조선유학사』, 민중서관, 1949

『명재 윤증가의 수탁유물』, 충청남도역사문화연구원, 2009

9장 "사람, 글, 재산은 다른 사람에게 빌리지 않는다"

강윤정, 「삼불차, 지조의 주실마을」, 『기록인IN』 22호, 국가기록원, 2013 봄호

김희곤 외, 『영양의 독립운동사』, 영양문화원, 2007

안동대학교 안동문화연구소, 『유교문화권 전통 마을 2: 영양 주실 마을』, 예문서원, 2001

주실마을 보존선양회, 『주실마을 注谷里』, 2013

10장 실학정신으로 근대의 선구가 되다

『자유헌집』 『항재집』 『성헌집』 『퇴수재집』 『퇴리묵적』

『退守齋日記』, 『한국사료총서』 51, 국사편찬위원회, 2007

『韓國學資料叢書─驪州李氏 退老 雙梅堂 篇』 37, 한국학중앙연구원, 2006

김성준, 「慶南 密陽 근대교육의 요람 正進學校의 연구」, 『국사관논총』 23, 1991

민두기, 「『讀史箚記』 해제」, 『독사차기讀史箚記』, 여강출판사, 1985

박병련, 「嶺南 星湖學派의 存在樣相과 學問의 繼承-密陽 退老 驪州李氏 雙梅堂 文籍을 중심으로」, 『한국학자료총서』 37(驪州李氏 退老 雙梅堂篇 解題), 한국학중앙연구원, 2006

이영춘, 「『退修齋日記』 解題」, 『한국사료총서』 제51집(退修齋日記), 국사편찬위원회, 2007

이우성, 『退老里誌-Annals of Toero』, 정진문화사, 2003

지은이 소개

강윤정 경상북도독립운동기념관 학예연구 부장. 저서『사적史蹟으로 본 안동독립운동』, 공저
『오미마을 사람들의 민족운동』『안동 근현대사』, 공역『국역자료집-권오설(1, 2)』, 논
문「안동콤그룹의 조공재건운동」「백하 김대락의 현실인식과 민족운동」외 다수.

권오영 한국학중앙연구원 한국학대학원 인문학부 교수(한국사학 전공). 저서『최한기의 학
문과 사상 연구』『조선 후기 유림의 사상과 활동』『조선 성리학의 의미와 양상』, 『근대
이행기의 유림』외 다수.

김봉곤 순천대학교 지리산권문화연구원 연구교수. 공저『지리산과 인문학』『섬진강 누정산
책』, 논문「노사학파의 형성과 활동」「최부의 중국표류와 유학사상」「지리산권(남원,
함양)사족의 혼인관계와 정치, 사회적 결속」외 다수.

김학수 한국학중앙연구원 장서각 국학자료조사실장. 저서『끝내 세상에 고개를 숙이지 않는
다』, 공저『여헌 장현광의 학문 세계』『조선 양반의 일생』, 논문「17세기 영남학파 연
구」「고문서를 통해 본 조선시대의 증시행정」외 다수.

박병련 한국학중앙연구원 부원장. 공저『남명 조식-칼을 찬 유학자』『남명학파와 영남우도의
사림』『잠곡 김육』『여헌 장현광』『서계 박세당』『용비어천가와 세종의 국가경영』, 논문
「삼봉 정도전의 행정사상 연구」외 다수.

이근호 한국체육대학교 강사. 공저『조선시대 경기북부지역 집성촌과 사족』『정조의 비밀어
찰, 정조가 그의 시대를 말하다』, 논문「영조대 탕평파의 국정운영론 연구」「17세기 경
화사족의 인적관계망」외 다수.

이상필 경상대학교 한문학과 교수. 저서『남명학파의 형성과 전개』『남명 조식』『선비가의 학문과 지조』, 역서『남명집』외 다수.

이영춘 한중역사문화연구소 소장. 저서『조선후기 왕위계승 연구』『차례와 제사』『임윤지당』『강정일당』, 공저『조선시대의 청백리』『한국정치사상사』『잠곡 김육 연구』외 다수.

임선빈 한국학중앙연구원 장서각연구실 전임연구원. 공저『조선은 지방을 어떻게 지배했는가』『근대이행기 지역엘리트 연구 1』, 역서『심춘순례』『백두산근참기』, 논문「인조의 공산성주필과 후대의 기억」「금강의 지명변천과 국가제의」외 다수.

정수환 한국학중앙연구원 선임연구원. 저서『조선후기 화폐유통과 경제생활』, 논문「18세기 이재 황윤석의 화폐경제생활」외 다수.

명문가, 그 깊은 역사 – 500년 조선사회를 이끈 정신

ⓒ 권오영 외 9인 2014

초판 인쇄	2014년 4월 1일
초판 발행	2014년 4월 10일
지은이	이근호 권오영 이상필 김봉곤 박병련 정수환 김학수 임선빈 강윤정 이영춘
펴낸이	강성민
편집	이은혜 박민수 이두루
편집보조	유지영 곽우정
마케팅	이연실 정현민 지문희 김주원
온라인 마케팅	김희숙 김상만 한수진 이천희
독자모니터링	황치영
펴낸곳	(주)글항아리	출판등록 2009년 1월 19일 제406-2009-000002호
주소	413-120 경기도 파주시 회동길 210
전자우편	bookpot@hanmail.net
전화번호	031-955-8898(편집부) 031-955-8891(마케팅)
팩스	031-955-2557
ISBN	978-89-6735-105-2 03900

글항아리는 (주)문학동네의 계열사입니다.

이 도서의 국립중앙도서관 출판시도서목록(CIP)은 e-CIP홈페이지(http://www.nl.go.kr/ecip)와
국가자료공동목록시스템(http://www.nl.go.kr/kolisnet)에서 이용하실 수 있습니다.
(CIP제어번호 : CIP2014009658)